उत्तर प्रदेश का स्वतंत्रता संग्राम

महराजगंज

संरक्षण

योगी आदित्यनाथ

माननीय मुख्यमंत्री, उत्तर प्रदेश

मार्गदर्शन

श्री जयवीर सिंह

माननीय मंत्री, संस्कृति एवं पर्यटन विभाग, उत्तर प्रदेश

निर्देशन

श्री मुकेश कुमार मेश्राम

प्रमुख सचिव, संस्कृति एवं पर्यटन विभाग, उत्तर प्रदेश

अध्यक्ष-संस्थान

श्री शिशिर

निदेशक, संस्कृति निदेशालय, उत्तर प्रदेश

उपाध्यक्ष-संस्थान

राज्य स्तरीय परामर्श समिति

श्री मुकेश कुमार मेश्राम

प्रमुख सचिव, संस्कृति विभाग, उत्तर प्रदेश शासन—अध्यक्ष

श्री शिशिर

निदेशक, संस्कृति निदेशालय, उत्तर प्रदेश—सदस्य

श्री आनन्द कुमार

विशेष सचिव, संस्कृति विभाग, उत्तर प्रदेश शासन—सदस्य

प्रो. आर.के.पी. सिंह

कुलपति, डॉ. शकुंतला मिश्रा राष्ट्रीय पुनर्वास वि.वि., लखनऊ—सदस्य

प्रो. आलोक कुमार राय

कुलपति, लखनऊ वि.वि., लखनऊ—सदस्य

डॉ. आनन्द कुमार सिंह

निदेशक, उत्तर प्रदेश संग्रहालय निदेशालय, लखनऊ—सदस्य

प्रो. सूर्य प्रसाद दीक्षित

पूर्व अध्यक्ष, हिंदी विभाग, लखनऊ विश्वविद्यालय—सदस्य

डॉ. विद्याबिंदु सिंह

वरिष्ठ साहित्यकार, लखनऊ—सदस्य

प्रो. डी.पी. तिवारी

पूर्व अध्यक्ष, प्राचीन भारतीय इतिहास विभाग, लखनऊ विश्वविद्यालय—सदस्य

डॉ. रवि भट्ट

इतिहासवेत्ता, लखनऊ—सदस्य

डॉ. लवकुश द्विवेदी

निदेशक, अयोध्या शोध संस्थान, संस्कृति विभाग, उत्तर प्रदेश—सदस्य/सचिव

उत्तर प्रदेश का स्वतंत्रता संग्राम

महराजगंज

डॉ. अरुण कुमार त्रिपाठी

कार्यकारी संपादक

डॉ. आनन्द कुमार सिंह

राजकमल प्रकाशन

उत्तर प्रदेश
संग्रहालय निदेशालय
(संस्कृति विभाग, उ. प्र.)

उत्तर प्रदेश संग्रहालय निदेशालय, लखनऊ (संस्कृति विभाग, उ.प्र.) के सहयोग से

ISBN : 978-93-94902-59-6

मूल्य : ₹500

पहला संस्करण : 2023

प्रकाशक : राजकमल प्रकाशन प्रा. लि.
1-बी, नेताजी सुभाष मार्ग, दरियागंज
नई दिल्ली-110 002

शाखाएँ : अशोक राजपथ, साइंस कॉलेज के सामने, पटना-800 006
पहली मंज़िल, दरबारी बिल्डिंग, महात्मा गांधी मार्ग, प्रयागराज-211 001

वेबसाइट : www.rajkamalprakashan.com
ई-मेल : info@rajkamalprakashan.com

शब्द संयोजन : राजकमल प्रकाशन प्राइवेट लिमिटेड, दिल्ली-110 002

मुद्रक : बी.के. ऑफसेट
नवीन शाहदरा, दिल्ली-110 032

Uttar Pradesh Ka Swatantrata Sangram : MAHARAJGANJ
by Dr. Arun Kumar Tripathi
Executive Editor : Dr. Anand Kumar Singh

भूमिका

देश की आजादी के 75वें वर्ष में प्रविष्ट करने के उपलक्ष्य पर प्रधानमंत्री भारत सरकार माननीय नरेंद्र मोदी जी ने 12 मार्च, 2021 से 75 सप्ताह तथा पूरे देस भर में 'अमृत महोत्सव' के नाम से शुभारंभ किया। अमृत महोत्सव कार्यक्रमों का समापन 15 अगस्त, 2022 को किया जाएगा। 12 मार्च, 2021 को इन कार्यक्रमों की घोषणा करते हुए माननीय मोदी जी ने अपने संबोधन में यजुर्वेद के मंत्र 'मृत्योर्मुक्षीय मामृतात' का उल्लेख किया, जिसका तात्पर्य 'मृत्यु के भय से मुक्त होकर अमरता (अमृत) की ओर अग्रसर हो' से है। देश के सभी जनपदों को आजादी के 'अमृत महोत्सव' कार्यक्रमों से जोड़ने या आजादी के कार्यक्रमों को आयोजित करने की संकल्पना इसी दृष्टिकोण से किया गया है।

अमृत मार्ग की ओर अग्रसर होने का मार्ग क्या है? इसके लिए भारत आजादी के संघर्ष पर लिखे गए इतिहास का पुनरवलोकन व लेखन अनिवार्य है। जब इस देश के क्रांतिकारियों अथवा सेनानियों ने अपना सर्वस्व दाँव पर लगा दिया तो उनके हृदय में एक स्वप्न था। वह स्वप्न था 'स्वराज्य' का अर्थात् अपने लोगों का राज्य और अपने तंत्र का राज्य। उन लोगों ने जिस भारत की संकल्पना किया था उसमें अपनी संस्कृति, अपनी भाषा, अपनी शिक्षा, अपनी सामाजिक संरचना एवं राजनीतिक व्यवस्था की संरचना थी। इसी की पुनर्स्थापना के लिए ही महायनी लक्ष्मीबाई, बेगम हजरत महल, नाना साहब, शहीद मंगल पांडेय, चंद्रशेखर आजाद सहित अनेक देशभक्तों ने कुर्बानियाँ दीं।

आजाद का 'अमृत महोत्सव' सभी देशवासियों के लिए एक सुनहरा अवसर लाया है। जब देश के स्वाधीनता संघर्ष के इतिहास लेखन में अब तक भूले-बिसरे क्रांतिकारियों तथा उल्लिखित घटनाओं या तथ्यों को पुन: उजागर कर देश के समक्ष प्रकट कर

सके। जिससे देश का एक सत्यपरक इतिहास उजागर हो सके। जिससे देश-प्रदेश एवं जनपदों के उन अज्ञात अथवा अल्पज्ञात क्रांतिकारियों को वह सम्मान या स्थान प्राप्त हो जिसके वह हकदार थे।

इस महान लक्ष्य को प्राप्त करने के लिए उत्तर प्रदेस के मुख्यमंत्री माननीय पूज्यपाद महाराज योगी आदित्यनाथ के निर्देश पर शासन ने प्रदेश के सभी जनपदों की स्वाधीनता संग्राम में भागीदारी तथा उसकी प्राप्ति के लिए अपना सर्वस्व न्योछावर करनेवाले देश भक्तों पर अलग-अलग जनपदों पर पुस्तकें प्रकाशित करने का प्रशंसनीय निर्णय लिया है। जिसके लिए संस्कृति विभाग अग्रसर है।

पूर्वी उत्तर प्रदेश का हिमालय की तलहटी में बसा यह भाग प्राचनीकाल से धार्मिक आंदोलनों का केंद्र रहा है। जिसके प्रणेता भगवान् बुद्ध, सिद्ध योगी गुरु गोरखनाथ एवं स्वामी योगानंद विश्वविख्यात है। विदेशी आक्रांताओं से इस क्षेत्र के राजाओं ने प्राणपण से संघर्ष किया। जिनमें महाराज फतेह बहादुर शाही एवं सतासी के अनेकं राजाओं का इतिहास में बार-बार उल्लेख आता है।

ईस्ट इंडिया कंपनी एवं तत्पश्चात् ब्रिटिश सरकार के अंग्रेजी शासन के विरुद्ध सन् 1857 एवं उसके पश्चात् हुए संघर्ष में भी यह क्षेत्र अग्रणी रहा है। प्राचीनकाल से ही महराजगंज जनपद गोरखपुर जनपद का ही हिस्सा रहा है। इसलिए यहाँ का संघर्ष कभी गोरखपुर से अलग कर न तो देखा गया न ही लिखा गया। सन् 1857 ई. के स्वाधीनता संग्राम में महराजगंज जनपद के अंतर्गत आनेवाले निचलौल के राजा रंडुल सेना ने कंपनी शासन को उखाड़ फेंकने के लिए जीवन के अंत तक संघर्ष किया। जिसका मूल्य उन्हें अपनी रियासत खोकर देना पड़ा।

19वीं सदी के कांग्रेस कालीन आंदोलनों में यह क्षेत्र किसी से कम नहीं था। यद्यपि गहराजगंज जनपद का अधिकांश (लगभग 80-85 प्रतिशत) भू-भाग वनाच्छादित था तथा भूमि गोरखपुर के जमींदारों के हाथों में थी। यहाँ रहने वालों की आबादी बहुत कम थी, जो उनके खेतों में ही कार्य करते थे। महराजगंज का केंद्र अविकसित, मात्र 8 या 10 दुकानों तक ही सीमित था। जहाँ रात में अँधेरा-ही-अँधेरा रहता था। फ़िर भी यहाँ के निवासियों ने अंग्रेजों को चैन की नींद सोने नहीं दिया।

इस जनपद के स्वतंत्रता सेनानियों में प्रो. शिब्बन लाल सक्सेना को सभी जानते हैं। प्रो. सक्सेना 'गोरखपुर षड्यंत्र' कांड के मुख्य एवं प्रथम आरोपी थे। उनके ऊपर गोरखपुर दीवानी न्यायालय में सेशन जज के अदालत में शिब्बन लाल सक्सेना एवं अन्य पर मुकदमा ने 116/43 में केस चलाकर दस वर्ष की कड़ी सजा दिया। इसी क्षेत्र

के स्वतंत्रता सेनानी अक्षैवर सिंह ने सन् 1930 में सनहा आंदोलन का संचालन कर अंग्रेजी सरकार के कोपभाजक बने। जिसके लिए वह 1942 में 18 माह तक कैद व नजरबंद रहे। स्वतंत्रता सेनानी सुधा बिंदु त्रिपाठी (वास्तविक नाम यशदेव मणि त्रिपाठी उग्र क्रांतिकारी संगठन हिंदुस्तान सोशलिस्ट आर्मी से जुड़े रहे। उन्होंने जनपद के धानी बाजार एवं फरेंदा (अब आनंद नगर) में डकैती, लूटपाट से धन-संग्रह कर हथियारों की खरीद में संगठन के लिए सक्रिय योगदान दिया। जिसके लिए गोरखपुर द्वितीय श्रेणी मजिस्ट्रेट द्वारा 17 अप्रैल, 1943 को उन्हें सजा देकर जेल भेज दिया गया। खूँखार कैदी फरार कर गोरखपुर जेल से उन्हें फतेहगढ़ केंद्रीय कारागार स्थानांतरित कर दिया गया। जहाँ सुधा बिंदु त्रिपाठी 25 मई, 1943 से 31 अगस्त, 1946 तक बंद रहने के उपरांत रिहा किए गए। परंतु उन्होंने स्वतंत्रता सेनानी बनने के लिए कभी भी प्रयास या माँग नहीं किया।

आजादी की लड़ाई में 'महराजगंज' जनपद के योगदान को प्रकाश में लाने हेतु इस पुस्तक के विद्वान लेखक डॉ. अरुण कुमार त्रिपाठी ने विस्तृत गहन अध्ययन एवं विमर्श उपरांत इसे लेखनीबद्ध किया है। भारतीय स्वाधीनता संग्राम में 'महराजगंज' जनपद के योगदान को इतिहास की थाती में सँजोए रखने के क्रम में इस पुस्तक का प्रकाशन निश्चित रूप से प्रशंसनीय एवं आगे के लिए प्रेरणादायी होगा।

—डॉ. कृष्ण कुमार पांडेय

इतिहासकार एवं मुद्राशास्त्री

पूर्व प्राचार्य,

डी.ए.वी.पी. वी. कॉलेज, गोरखपुर

आत्मनिवेदन

भारत की स्वाधीनता के 75वें वर्ष के अवसर पर संकल्पित यह अमृत महोत्सव हमारे लिए स्वर्णिम अवसर लेकर आया है। स्वाधीनता संघर्ष के इतिहास लेखन में जिन महत्त्वपूर्ण तथ्यों को उपेक्षित कर दिया गया या रणनीतिबद्ध तरीके से पूरे विमर्श को असंतुलित कर दिया गया था, उसकी सत्यता को उद्‌घाटित करके स्वाधीनता संघर्ष का सत्यपरक विमर्श देश के सामने लाने का अवसर है। इस अवसर पर हमें अज्ञात या अल्पज्ञात क्रांतिवीरों के सर्वोच्च बलिदान को प्रकाशित करके लोगों के समक्ष लाना है। इसी बृहत् लक्ष्य के संधान की कड़ी में उत्तर प्रदेश संग्रहालय निदेशालय, लखनऊ के द्वारा जनपद महराजगंज के स्वतंत्रता संघर्ष का इतिहास लेखन की जिम्मेदारी मुझे दी गई है।

महराजगंज को केंद्र बिंदु बनाते समय मेरा ध्यान महराजगंज पर ही न केंद्रित होकर उस विशाल गोरखपुर परिक्षेत्र पर चला जाता है जो अतीत में एक विस्तृत भूखंड के रूप में उद्धृत किया जाता है। सनातन धर्म के अनुसार त्रेता युग के रामायण काल में इसे कारुपथ, द्वापर के महाभारत काल में मल्लराष्ट्र और वर्तमान कलयुग में बौद्ध काल के समय यह क्षेत्र महाजनपदों के पश्चात् गणतंत्रात्मक प्रणाली के उदय के समय कपिलवस्तु के शाक्यों, राम ग्राम के कोलियों, कुसीनारा और पावा के मल्लों, पीपलीवन के मोरियों का गणतंत्र था। डॉ. राजबली पांडेय ने गोरखपुर जनपद और उसकी क्षत्रिय जातियों के इतिहास में इस क्षेत्र को रामराज्य का अंग बताया है, जिसे श्रीरामचंद्र ने अपने राज्य के विभाजन कर अपने पुत्र लव को तारावती तथा कुश को कुशावती में विभाजित कर सौंप दिया। बौद्ध ग्रंथों के अनुसार चंद्रगुप्त मौर्य गोरखपुर के प्राचीन मोरिय गणराज्य कुल का कुलज थे, जिसने आचार्य चाणक्य के साथ मिलकर विशाल मगध साम्राज्य स्थापित किया था। मौर्य शासक चंद्रगुप्त के पश्चात् बिंदुसार

के पुत्र सम्राट अशोक के शासनकाल में गोरखपुर क्षेत्र प्रकाश में आया। उसने क्षेत्र की धर्म यात्राएँ की थीं तथा स्तूप निर्माण करवाया था। गोरखपुर में अनेक स्थानों पर खुदाई के समय कुषाण कालीन सिक्के एवं मृद्भांड प्राप्त होते हैं। सम्राट हर्षवर्धन के काल में गोरखपुर क्षेत्र पर कन्नौज के मौखरियों का शासन रहा। हर्षवर्धन के समय में निर्मित कोणीय परिवृत्त के कूप गोरखपुर एवं आसपास के क्षेत्र में आज भी विद्यमान है। बंगाल के पाल वंश के राजा सूर्यपाल द्वितीय के समय में गोरखपुर में विष्णु मंदिर एवं सूर पोखरा का निर्माण किया गया था।

मध्य काल के प्रारंभ में मुसलिम विजेताओं ने समय-समय पर गोरखपुर पर अनेक आक्रमण किए। उन्होंने सूर्यपाल द्वितीय द्वारा निर्मित विष्णु मंदिर को नष्ट किया तथा अलाउद्दीन खिलजी ने गोरक्षनाथ पीठ को ध्वस्त किया। अबुल फजल ने आईने अकबरी में लिखा है कि गोरखपुर को 'गोरखपुर सरकार' नाम से एक क्षेत्र के रूप में मान्यता प्रदान किया गया। आईने अकबरी के अनुसार गोरखपुर सरकार में 24 परगने या महाल थे।

मुगल काल में गोरखपुर सरकार के अंतर्गत गोरखपुर, बस्ती, देवरिया, कुशीनगर, सिद्धार्थ नगर, संत कबीर नगर, महराजगंज के अतिरिक्त चकला आजमगढ़ एवं चकला माहुल के 17 परगने, गोंडा के चकला नवाबगंज के 6 परगने तथा खैरीगढ़ के सात परगने समाहित थे। सन् 1920 में चकला आजमगढ़ एवं चकला माहुल के अधिकांश अंश गाजीपुर एवं जौनपुर को सौंप दिए गए। सन् 1857 के स्वतंत्रता आंदोलन को कुचलने में आई कठिनाइयों के कारण विद्रोह के समाप्त होने के पश्चात् 1865 ई. में परगना मगहर, परगना विनायकपुर तथा छह अन्य छोटे परगनों को लेकर गोरखपुर के पश्चिमी भाग में बस्ती जनपद का सृजन किया गया। सन् 1946 ई. में गोरखपुर के पूर्वी भाग की चार तहसीलों को अलग कर देवरिया जनपद का गठन किया गया। देश के आजाद होने के पश्चात् प्रशासनिक सुधारों के अंतर्गत अंग्रेजी शासन काल के जनपदों को विभाजित कर सर्वप्रथम दिसंबर 1988 में बस्ती को बाँटकर उत्तरी भारत में सिद्धार्थनगर जिला तथा गोरखपुर के उत्तरी भाग को अलग कर 1989 ई. में महराजगंज जिला, देवरिया के उत्तरी भाग को पृथक कर कुशीनगर जनपद, अंत में बस्ती जिले के पूर्वी भाग को पृथक् कर संत कबीर नगर जनपद का सृजन किया गया। शासकीय व राजनीतिक कारणों से समय के साथ कल का विशाल 'गोरखपुर सरकार' छोटे-छोटे हिस्सों में बँटकर अलग होते गए। अनेक जनपदों के कारण आज अति संकुचित और छोटे भूभाग पर ही शेष रह गया है परंतु अतीत की एकरूपता के कारण पूरे क्षेत्र में आज भी सांस्कृतिक एकता स्पष्ट परिलक्षित होती है।

महराजगंज की यह पावन भूमि प्राचीनकाल से ही क्रांतिधर्मी और सामाजिक, धार्मिक आंदोलन की भूमि रही है। जहाँ एक ओर यह बौद्ध धर्म के प्रवर्तक भगवान् बुद्ध की भूमि है, वहीं दूसरी ओर इस क्षेत्र को गणतंत्र की पहली प्रयोगशाला होने का श्रेय भी प्राप्त है। मध्यकाल में भी यह क्षेत्र अनवरत आक्रमणों के बावजूद भी प्रायः स्वतंत्र ही बना रहा। मुगल काल में इस क्षेत्र का महत्त्व इतना अधिक बढ़ गया था कि मुगलों ने गोरखपुर के फौजदार और अवध के सूबेदार का पद संयुक्त कर दिया था। मुगल अधिकारी बार-बार उठने वाले क्रांतियों को कुचलकर, सरकारी लगान वसूल कर संतुष्ट रहते थे। यहाँ के राजा अपनी सेना रखते थे तथा भूमि का विभाजन और स्थानीय कर के निर्धारण का निर्णय भी उन्हीं के पास था और वे अनेक राजनीतिक शक्तियों से संपन्न भी थे। इस तरह से मध्यकाल में महराजगंज सहित संपूर्ण गोरखपुर परिक्षेत्र अपने अलग-अलग और महत्त्वपूर्ण अस्तित्व को बनाए रखने में सफल रहा।

बक्सर के युद्ध में अवध के नवाब शुजाउद्दौला की पराजय के उपरांत इस क्षेत्र पर लॉर्ड वेलेजली की सहायक संधि प्रभावित हुई। बाद में 1801 में संघ के द्वारा नवाब ने इस पूरे क्षेत्र को अंग्रेजों को सौंप दिया। गवर्नर जनरल ने एक आदेश जारी कर गोरखपुर में एक अंग्रेज कलेक्टर और एक जज नियुक्त करने का निर्देश दिया। इसके पश्चात् गोरखपुर क्षेत्र में धीरे-धीरे देश को अंग्रेजी दासता से मुक्त कराने की छटपटाहट के साथ छिटपुट घटनाओं के द्वारा संघर्ष शुरू हो गया जो अठारह सौ सत्तावन के महासमर के रूप में परिणत हुआ। 1857 के स्वाधीनता संग्राम में महराजगंज सहित संपूर्ण गोरखपुर परिक्षेत्र धुरी बनकर उभरा। यहाँ की अधिकांश जनता किसान मजदूर थी लेकिन वे सब आज़ादी के लिए अपना सब कुछ न्योछावर करने को तैयार थे। गोरखपुर परिक्षेत्र की क्रांति अंग्रेजी शोषण और दमन के विरुद्ध थी। अंग्रेज नील और अफीम के एजेंट थे। जनता उससे तो पीड़ित थी ही, अकाल, सूखा और महामारियों के बावजूद लगान की विभीषिका से भी आंदोलित थी। अंग्रेजों का सबसे पुराना नील कारखाना पडरौना की बभनौली में स्थापित हुआ था। अंग्रेज एजेंटों की कोठियाँ पीपीगंज, गोरखपुर, महराजगंज, पडरौना, बस्ती, सलेमपुर, कप्तानगंज आदि में नील की खेती कराने के लिए बनाई गई थी, जिन्हें लोग नील साहब की कोठी के नाम से जानते थे। इन कोठियों में रहने वाले अंग्रेज एजेंटों का व्यवहार जनता एवं मजदूरों के प्रति अत्यधिक अमानवीय था।

अठारह सौ सत्तावन में अंग्रेजों की गतिविधियाँ नदियों के माध्यम से ही संचालित की जाती थीं। स्वतंत्रता संग्राम सेनानी चिंतामणि शुक्ला ने अपनी पुस्तक में लिखा है कि 25 मई, 1857 के बाद घाघरा के किनारे स्थित पैना गाँव के निवासियों ने नदी में

जा रही अंग्रेजी नावों को लूटना प्रारंभ कर दिया था। गोरखपुर परिक्षेत्र के क्रांतिवीरों ने गोरखपुर और आजमगढ़ को जोड़ने वाली नावों की कतारों को बड़हलगंज के निकट अवरुद्ध कर दिया था। गोरखपुर क्षेत्र को मुक्त कराने के लिए आजमगढ़ से उसके संपर्क मार्ग को काटना जरूरी था। तब आजमगढ़ में सेना की मुख्य छावनी थी। गोरखपुर में डब्ल्यू. पेटरसन, जिलाधिकारी और डब्ल्यू. विनयार्ड, जज के पद पर कार्यरत थे। पैना के जमींदारों के इस क्रांति का समाचार सुनकर गोविंद हरी सिंह की अध्यक्षता में नरहरपुर, सतासी, तिघरा और पांडेयपुर एवं इस परिक्षेत्र के अन्य अनेकों जमींदारों की गुप्त बैठक हुई। बैठक में अवध के आदेशों का पालन करने का निर्णय लिया गया तथा अपने निर्णय से बेगम हजरत महल को अवगत करा दिया। नरहरपुर के राजा हरि प्रसाद सिंह और उनकी टुकड़ी ने घाघरा की रक्षा में अद्वितीय योगदान दिया। वे अंत तक अंग्रेज सैनिकों से लोहा लेते रहे तथा गंगा और घाघरा के बड़हलगंज से भागलपुर तक के घाटों को बचाए रखा। अंत में वह अपने प्रिय हाथी जय मंगल पर सवार होकर किसी अज्ञात स्थान की ओर चले गए। अनेक इतिहासकारों का मानना है कि अंग्रेजों ने उन्हें पकड़कर फाँसी दे दी। इधर मगहर परगने के महुआडाबर गाँव की जनता ने उन 6 भगोड़े अंग्रेज अधिकारियों को मार डाला जो फैजाबाद में क्रांतिवीरों की घेराबंदी से निकलकर नाव द्वारा गोरखपुर में प्रवेश करना चाहते थे।

जून अठारह सौ सत्तावन तक इस पूरे परिक्षेत्र में क्रांति की व्यापक लहर दौड़ चुकी थी। परिणामस्वरूप गोरखपुर में मार्शल ला लगा दिया गया। बस्ती के अमोढ़ा के लोगों ने गोरखपुर के क्रांतिवीरों का सहयोग किया था। इसी दौरान इन क्रांतिवीरों ने मेजर होम्स की हत्या कर दी और सलेमपुर के अफीम के एजेंटों की कोठियाँ लूट ली गईं। इस समय जनता ने ऐसा रोल अदा किया कि अंग्रेजी शासन नाम की कोई चीज ही नहीं बची थी। होम्स की हत्या के बाद अंग्रेजों के निवेदन पर नेपाल के राजा ने 200 गोरखा सैनिकों को इस स्थिति को नियंत्रित करने के लिए गोरखपुर भेजा, जो 30 जून को वहाँ पहुँच गए थे। 26 जुलाई को सिगौली के क्रांति की सूचना मिली। डब्ल्यू. विनयार्ड ने इस विस्फोटक स्थिति के बारे में कर्नल व्राघटन से पत्राचार किया। व्राघटन काठमांडू से लगभग 3000 गोरखा सैनिकों की टुकड़ी के साथ गोरखपुर के लिए कूच कर गया तथा उसने निचलौल में डेरा डाला, किंतु गोरखपुर की क्रांति इतनी तेज थी कि गोरखाओं की टुकड़ियों के आने के बाद भी स्थिति नियंत्रित न हो सकी। उनकी मौजूदगी में कई तहसीलें लूट ली गईं। विनयार्ड ने गोरखपुर से भागते समय गोरखपुर का प्रबंधन अपने पाँच पिट्ठू राजाओं की काउंसिल को सौंप दिया। इस स्थिति में गोपालपुर के राजा कृष्ण किशोर

चंद के अलावा बाँसी और तमकुही के राजा भी शामिल थे। इस काउंसिल के निरीक्षण के लिए ज्वाइंट मजिस्ट्रेट एफ. एम. बर्ड को वहीं रहने का निर्देश मिला। सितंबर महीने में राप्ती नदी के निकट क्रांतिकारियों के आते ही बर्ड के सभी निजी रक्षक और सहायक भाग खड़े हुए। बँगले पर सहायक नाजिम मुशर्रफ खान ने कब्जा जमा लिया। क्रांति की इन अनेक घटनाओं के बाद अंग्रेजों ने लॉर्ड कैनिंग की आज्ञा से गोरखपुर को खाली कर दिया। मजिस्ट्रेट बर्ड किसी तरह भागकर बिहार के बेतिया पहुँच गया। विनयार्ड ने भी यूरोपीय जत्थे के साथ 13 अगस्त को गोरखपुर छोड़ दिया। मोहम्मद हुसैन ने गोरखपुर से भागते हुए यूरोपीय जत्थे पर गगहा में गोरखा कैंप पर आक्रमण किया, 200 लोग मारे गए किंतु गोरखा सेना ने अंग्रेजों की रक्षा की। 21 सितंबर, 1857 को मोहम्मद हसन ने गोरखपुर के आजादी की घोषणा कर दी और नाजिम के रूप में अपने शासन की शुरुआत की। सितंबर 1857 से जनवरी 1858 तक गोरखपुर पर क्रांतिवीरों का शासन कायम रहा। किंतु 11 जनवरी, 1858 को गोरखा सैनिकों के सहयोग की वजह से गोरखपुर के ऊपर एक बार पुन: अंग्रेजों का आधिपत्य स्थापित हो गया। मोहम्मद हुसैन के नायब नाजिम मुशर्रफ खान को सरे बाजार गोरखपुर में फाँसी दे दी गई। अनेक क्रांतिकारियों को हाथी पर बैठाकर पेड़ों से लटका दिया गया। डुमरी के बंधु सिंह को गोरखपुर के घंटाघर के पास स्थित एक पेड़ पर फाँसी दे दी गई। बढ़यापार के राजा तेज प्रताप बहादुर चंद की पदवी समाप्त कर उनकी संपत्ति को जब्त कर लिया गया। इस प्रकार से 1857 के महासागर की धुरी गोरखपुर परिक्षेत्र बना हुआ था।

1857 के महासमर के बाद ईस्ट इंडिया कंपनी से क्राउन को सत्ता का हस्तांतरण हुआ ब्रिटिश राज में अमानवीय अत्याचारों और अत्यधिक कार्य के कारण अकाल की विभीषिकाओं का दौर शुरू हुआ।19वीं शताब्दी के पूर्वार्ध में जहाँ सात अकाल पड़े थे और लगभग 15,00,000 लोग काल-कवलित हुए थे, वहीं उत्तरार्ध में 24 अकाल पड़े, इसमें दो करोड़ 85 लाख से अधिक लोगों की मृत्यु हुई। इन स्थितियों और तेजी से बदलती हुई अनेक राजनीतिक, धार्मिक और सामाजिक परिस्थितियों में महराजगंज सहित गोरखपुर परिक्षेत्र की क्रांतिधर्मी जनता पुन: उद्वेलित हुई। 8 फरवरी, 1921 को गोरखपुर के बाले मियाँ मैदान में गांधी जी का अपार जनसमूह के समक्ष भाषण हुआ। उन्होंने अपने संबोधन में फैजाबाद और रायबरेली के किसानों के हिंसक क्रांति की निंदा की और कहा कि “शैतानियत के सामने शैतानियत को रखकर हम स्वराज नहीं लेना चाहते।” गोरखपुर के लोगों से कहा कि गोरखपुर की चमक तब समझी जाएगी जब वकील मुख्तार अपनी वकालत छोड़ दें, स्कूल सरकारी न रहें, खिताब न रहे, कोई

दारू पीनेवाला न हो, कोई जुआ खेलनेवाला न हो और कोई वेश्यावृत्ति करनेवाला न हो। हर घर में एक चरखा हो और गोरखपुर के सब जुलाहे कपड़ा बुनने लगें। गोरखपुर की ऐसी चमक मैं देखना चाहता हूँ। गांधी जी के गोरखपुर के इस दौरे का असर रहा कि पूरे क्षेत्र में असहयोग आंदोलन में तीव्रता तथा राष्ट्रीय स्वयंसेवकों की भर्ती में तेजी आई। जलियाँवाला बाग नरसंहार की स्मृति में 15000 लोगों का जुलूस गोरखपुर की सड़कों पर निकला, ग्रामीण क्षेत्रों में भी धरना प्रदर्शन हुआ, विदेशी वस्त्रों की होली जलाई गई, अन्य गतिविधियों में अभूतपूर्व तीव्रता आई।

इन्हीं गतिविधियों की स्वाभाविक परिणति चौरीचौरा की अभूतपूर्व क्रांति के रूप में हुई, लेकिन दुर्भाग्यपूर्ण रहा कि स्वाधीनता संघर्ष में ब्रिटिश सत्ता के चोल हिला देने वाले इस कृत्य को गौरवान्वित करने के स्थान पर कुछ लेखकों द्वारा बुरी तरह से उपेक्षा किया गया। वास्तव में इन क्रांतिकारियों ने अपने तरीके से जो कुछ भी किया, वह पूरे राष्ट्र के लिए किया। इसमें उनका कोई व्यक्तिगत स्वार्थ नहीं था। स्वार्थ अगर था, तो वह पूरे राष्ट्र का। यह ऐसी घटना थी जो राष्ट्रवाद का ऐसा ज्वार था, जिसने तत्कालीन विश्व को आश्चर्यचकित कर दिया। इसका एक भयावह पक्ष यह भी है कि सेशन कोर्ट से 172 लोगों को फाँसी की सजा सुनाई गई। हाईकोर्ट में अपील के बाद भी 19 लोगों को फाँसी, 14 को आजीवन कारावास और अन्य अनेक को विविध कालखंडों के कारावास की सजा दी गई। लेकिन इससे भी अधिक भयावह यह कि इस घटना की निंदा करते हुए कांग्रेस के शीर्ष नेतृत्व द्वारा असहयोग आंदोलन की समाप्ति की घोषणा कर दी गई। पूरे देश ने स्वयं को ठगा सा महसूस किया।

चौरीचौरा के बाद पिपरीडीह सहजनवा, डोहरिया कला, खोपापार, बरहज, देवघाट, सिसही, भाटपार रानी नंदगंज, बैरिया आदि स्थानों पर क्रांति की मशाल जलती रही। पूरा गोरखपुर सहित पूर्वांचल अपने ऐतिहासिक गौरव के अनुरूप स्वाधीनता संघर्ष के लंबे कालखंड में आंदोलित रहा। आत्मबलिदान के प्रतिमान खड़े किए जाते रहे।

प्रस्तुत ग्रंथ में महराजगंज के स्वतंत्रता संघर्ष के इतिहास, भौगोलिक स्थिति, महत्त्व एवं सांस्कृतिक पृष्ठभूमि पर चर्चा करते हुए स्वतंत्रता संग्राम की बलिवेदी पर चढ़ने वाले अमर शहीदों के साथ-साथ स्वतंत्रता संग्राम सेनानियों की विशद वर्णन किया गया है। यह पुस्तक महराजगंज जनपद के स्वतंत्रता संघर्ष के इतिहास के जिज्ञासुओं के लिए अत्यंत उपयोगी है।

इस पुस्तक लेखन हेतु मुझे चुनने के लिए उत्तर प्रदेश संग्रहालय निदेशालय, लखनऊ के निदेशक डॉ. आनंद कुमार सिंह जी का आभार है। साथ ही इस पुस्तक लेखन में मेरा

सहयोग करनेवाले श्री करुणानिधि मिश्र सहित प्रो. रजवंत राव, प्रो. रविशंकर सिंह, डॉ. कृष्ण कुमार पांडेय, उपेंद्र पांडेय अचिंत्य लहरी सहित महराजगंज के विद्वानों का आभार है, जिनके बताए गए विषयवस्तु एवं पुस्तकों के संपर्क के द्वारा मेरा यह कार्य पूर्ण हुआ तथा उन सभी लेखकों एवं पुस्तकों के लेखक जिनसे हमने इस कार्य में सहयोग लिया है उनका भी आभारी हूँ। इसके अतिरिक्त महराजगंज के जिलाधिकारी, एसपी महोदय, मंडलायुक्त महोदय, प्रिय अनुज वीडियो अमरनाथ पांडेय जी का भी सहयोग के लिए धन्यवाद है। पुस्तक के टंकण एवं पृष्ठविन्यास को समय से पूर्ण करने के लिए कृष्णा कंप्यूटर संस्थान के श्री ब्रह्मानंद मिश्र को भी धन्यवाद।

अंत में तथागत भगवान् बुद्ध को प्रणाम करते हुए कृति उन्हीं के श्रीचरणों में समर्पित करता हूँ।

—डॉ. अरुण कुमार त्रिपाठी

क्रम

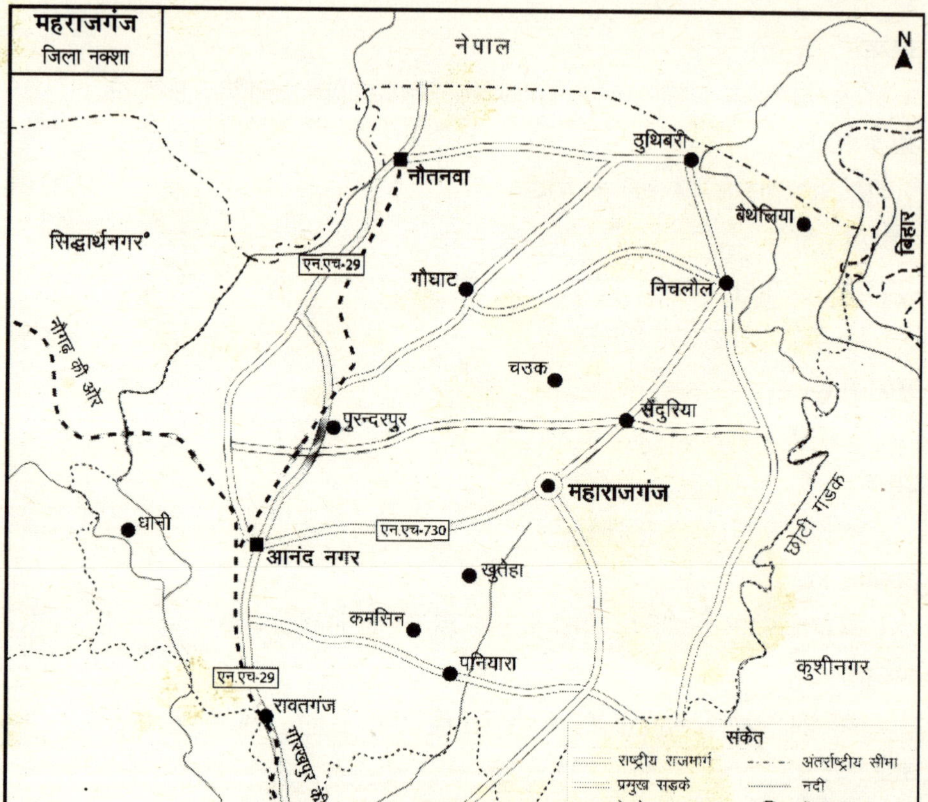
महराजगंज
जिला नक्शा
नेपाल
N
दुथिबरी
नौतनवा
बैथेलिया
सिद्धार्थनगर
एन.एच-29
गौघाट
निचलौल
बिहार
नौगढ़ की ओर
चउक
पुरन्दरपुर
सैंदुरिया
महाराजगंज
छोटी गंडक
धोसी
एन.एच-730
आनंद नगर
खुतेहा
कमसिन
पनियारा
कुशीनगर
एन.एच-29
रावतगंज
गोरखपुर की ओर
गोरखपुर
संकेत
राष्ट्रीय राजमार्ग
अंतर्राष्ट्रीय सीमा
प्रमुख सड़कें
नदी
रेलवे
जिला मुख्यालय
जिला सीमा
मुख्य नगर
राज्य सीमा
अन्य नगर / गाँव

अध्याय : 1

जिले का महत्त्व, भौगोलिक स्थिति, इतिहास, नामकरण एवं सांस्कृतिक पृष्ठभूमि

संविधान सभा के सदस्य स्वतंत्रता संग्राम सेनानी प्रो. शिब्बन लाल सक्सेना की कर्मभूमि महराजगंज बौद्ध धर्म के संस्थापक भगवान् गौतम बुद्ध का ननिहाल होने के कारण आध्यात्मिक एवं पर्यटन की दृष्टि से महत्त्वपूर्ण है। नेपाल देश से सटा यह जनपद बिहार राज्य के पश्चिमी चंपारण सहित यूपी के गोरखपुर, सिद्धार्थनगर व कुशीनगर जनपदों की सीमा से लगी है। पर्यटन की दृष्टि से कई ऐतिहासिक स्थलों को समेटे इस जनपद में गन्ने का अत्यधिक उत्पादन होता है।

महराजगंज लोकसभा क्षेत्र में पाँच विधानसभा क्षेत्र हैं। महराजगंज सदर, पनियरा, नौतनवा, सिसवा व फरेंदा विधानसभा।

महराजगंज जिला में भगवान् बुद्ध से जुड़ी ढेर सारी स्मृतियाँ हैं जिससे लोग अनजान हैं। यहाँ का रामग्राम, देवदह आदि क्षेत्र बुद्ध से जुड़ा है, जिसे इतिहासकारों ने समय-समय पर पुष्ट भी किया है। देवदह गाँव जहाँ भगवान् बुद्ध का ननिहाल माना गया है, वह नौतनवा तहसील में है। यह क्षेत्र करपथ के नाम से भी जाना जाता रहा है जो कोशल राजवंश का अंग हुआ करता था। सम्राट इक्ष्वाकु का यहाँ राज्य था, जिनकी राजधानी अयोध्या थी।

महराजगंज जिला गांधी जयंती 2 अक्तूबर, 1989 को गोरखपुर से अलग होकर अस्तित्व में आया। जबकि, आजादी के बाद से ही महराजगंज लोकसभा क्षेत्र रहा। इस क्षेत्र को पर्यटन केंद्र के रूप में विकसित किया जा रहा है। गोरखपुर-बस्ती मंडल के कई जिले विश्व शांति के प्रतीक महात्मा बुद्ध की ढेर सारी स्मृतियों से जुड़े हैं। नेपाल से लेकर कुशीनगर, सिद्धार्थनगर और महराजगंज में महात्मा बुद्ध की स्मृतियाँ हैं। इतिहासकार उनके बारे में तमाम खोज किए हैं तथा देशी-विदेशी पर्यटकों को लुभाने में महराजगंज

सफल रहा है। तमाम सैलानी नेपाल इसी रास्ते जाते हैं। महराजगंज लोकसभा क्षेत्र से पहले सांसद प्रो. शिब्बन लाल सक्सेना हुए तथा प्रसिद्ध सोहागीबरवा वन्यजीव अभ्यारण्य भी महराजगंज जिले में स्थित है।

भौगोलिक स्थिति

गांधी जयंती 2 अक्तूबर, 1989 को जनपद गोरखपुर से अलग करके जनपद महराजगंज का सृजन हुआ। महराजगंज जनपद हिमालय की तलहटी में युक्तप्रांत के तराई के जिलों में उत्तर-पूर्व की ओर स्थित है। सीमावर्ती स्थिति के परिप्रेक्ष्य में इस जनपद के उत्तर में नेपाल राष्ट्र, दक्षिण में गोरखपुर जनपद, पूरब में कुशीनगर जनपद तथा बिहार प्रांत का जनपद पश्चिम चंपारण तथा पश्चिम में सिद्धार्थनगर है। जनपद महराजगंज प्रदेश के पूर्वोत्तर कोने पर स्थित है। जिसका अक्षांशीय विस्तार 25.50´ से 26.20´ उत्तरी अक्षांश तथा 83.25´ से 84.20´ पूर्वी देशांतर के मध्य स्थित है, जो समुद्र तल से लगभग 200 फीट ऊपर है।

महराजगंज जनपद उपोष्ण कटिबंध में स्थिति है। हिमालय से मात्र 15 किलोमीटर दूर होने के कारण यहाँ पर इसकी अक्षांशीय स्थित की अपेक्षा हिमालय पर्वत का प्रभाव अधिक है। इस जनपद में पश्चिमी हवाएँ नवंबर से मई तक चलती हैं। स्थलीय क्षेत्र में प्रवाहित होने के कारण यहाँ हवाएँ शुष्क होती हैं। जून से अक्तूबर तक इस जनपद में दक्षिणी-पश्चिमी मानसून हवाएँ प्रवाहित होती हैं। इनकी उत्पत्ति समुद्र से होने के कारण वाष्प से भरी होती हैं, और इनसे ग्रीष्म ऋतु में वर्षा होती है। इस जनपद की जलवायु उपोष्ण मानसूनी है।

इस जनपद में मई एवं जून का औसत तापमान क्रमंश 30.38´ सेंटीग्रेट तथा 29.64 सेंटीग्रेट है। मई मास का तापमान 32.5´ सेंटीग्रेट रहता है। जनवरी माह का सर्वाधिक 21.75´ सेंटीग्रेट तथा औसत तापमान 13.81´ सेंटीग्रेट रहता है। मई से अक्तूबर तक का दैनिक औसत तापमान 18´ सेंटीग्रेट से कम नहीं होता है। अप्रैल से सितंबर माह का सर्वाधिक न्यूनतम तापमान 19.82´ सेंटीग्रेट से अधिक रहता है। कभी-कभी मई एवं अप्रैल के महीनों में पश्चिमी विक्षोभ के कारण तापमान में विषमता पाई जाती है।

हिमालय की तलहटी के निकट होने के कारण जनपद महराजगंज की वार्षिक वर्षा प्रदेश के अन्य भागों से अधिक है। जनपद के उत्तरी भाग में वर्षा की मात्रा अधिक है। किंतु दक्षिण भाग में वर्षा की मात्रा क्रमशः कम होती है। दक्षिणी-पश्चिमी मानसून का प्रभाव मध्य जून से प्रारंभ होता है, तथा मध्य जुलाई तक संपूर्ण जनपद मानसून के प्रभाव में आ

जाता है। जुलाई, अगस्त तथा सितंबर में मानसून का प्रभाव अधिक रहता है। बंगाल की खाड़ी से उत्पन्न होनेवाले चक्रवात उत्तर-पश्चिम दिशा की ओर से इस जनपद में प्रवेश करती है। इनके प्रभाव से जनपद की वर्षा प्रभावित होती है।

संपूर्ण जनपद मध्य अक्तूबर से उत्तर-पूर्वी शीत ऋतु की मानसून के प्रभाव में आ जाता है। नवंबर माह का औसत तापमान 20.6^0 से.ग्रे. तथा दैनिक तापांतर 16.51^0 से.ग्रे. कम रहता है। इस ऋतु में पश्चिम से आनेवाले चक्रवातों से कुछ वर्षा हो जाती है। यह वर्षा इस जनपद के रबी के उत्पादन के लिए वरदान है।

मार्च के प्रारंभ होते ही तापमान में क्रमशः वृद्धि होने लगती है। मार्च माह का औसत तापमान 22.63^0 से.ग्रे. रहता है। इस माह का उच्चतम तापमान 32.05^0 से.ग्रे. तथा न्यूनतम तापमान 13.88^0 से.ग्रे. है। इस ऋतु में अप्रैल माह का दैनिक तापांतर 17.93^0 से.ग्रे. तथा मई का दैनिक तापांतर 18.24^0 से.ग्रे. है। इस ऋतु में होने वाली वर्षा जायद फसल के लिए अच्छी होती है।

जनपद में प्रवाहित होने वाली नदियाँ—नारायणी, बड़ी गंडक, छोटी गंडक, रोहिणी, राप्ती, चंदन, प्यास, घोंघी एवं डंडा नदी है। इसके अतिरिक्त खनुआ नाला, बघेला नाला, सोनिया नाला तथा महवा नाला भी बहते हैं।

महराजगंज की मिट्टी हल्की बलुई पीलापन लिए हुए भूरी और हल्की दोमट मिट्टी है। हल्के रंग की दोमट मिट्टी अपनी उपजाऊ क्षमता के लिए प्रसिद्ध है। इस प्रकार गोरखपुर परिक्षेत्र की प्रमुख मिट्टी बलुई दोमट-मटियार दोमट मिश्रित जलोढ़ है। ऊपर और बनावट की दृष्टि से गोरखपुर परिक्षेत्र प्रकार से विभाजित किया जा सकता है—बाँगर और खादर। राप्ती और उसकी सहायक नदियों की पर्वती भूमि में बृहद कछारी प्रदेश फैला हुआ है। जो अत्यधिक उपजाऊ है। बाँगर पुरानी जलोढ़ मिट्टी होती है। इस मिट्टी का विस्तार जनपद के अधिकांश क्षेत्रों पर है।

महराजगंज भूकंप जोन C तृतीय में स्थित है। जो 4 से 6.5 परिमाण वाला क्षेत्र है।

राप्ती नदी तथा उसके प्रवाह का गोरखपुर परिक्षेत्र के लिए बहुत अधिक योगदान रहा है। संप्रति राप्ती नदी रोहिणी नदी से मिलकर दक्षिण की ओर मुड़कर गोरखपुर की पश्चिमी सीमा बनाती हुई प्रवाहित हो रही है लेकिन नगर में आज भी बहुत से ऐसे प्रमाण उपलब्ध हैं कि गोरखपुर नगर का अधिकांश क्षेत्र राप्ती नदी के छोड़े गए क्षेत्र पर ही बसा है। गोरखनाथ से उत्तर के क्षेत्रों को छोड़कर संपूर्ण दक्षिणी नगर स्थल पर बहुत अधिक संख्या में प्राकृतिक तालाब, पोखरे, गड्ढे एवं जलयुक्त सँकरे लंबे जलीय क्षेत्र उपलब्ध थे, जो राप्ती नदी के प्राचीन जलमार्ग के अवशेष प्रतीत होते हैं। नगर में खोदे जानेवाले

कुओं से प्राप्त जलीय जीवों के अवशेषों तथा नावों की लकड़ियों के टुकड़े भी राप्ती नदी की उपस्थिति का प्रमाण प्रस्तुत करते हैं। नगर के दक्षिणी-पूर्वी भाग में स्थित 7 वर्ग किलोमीटर से अधिक क्षेत्रफल में व्याप्त रामगढ़ ताल भी राप्ती नदी का ही परिव्यक्त या छाड़न झील है, जो अब विभिन्न प्रमाणों से सिद्ध हो चुका है। बीसवीं शताब्दी के प्रारंभ तक धर्मशाला बाजार के साथ सुमेर सागर पोखरी तक एक जलधारा अस्तित्व में थी जो बाद में अतिक्रमित होने के कारण अपशिष्टों के फेंकने तथा गंदे जल के प्रवाहित होने के साधन के रूप में प्रयोग हो रहा है। अब तो इसका अस्तित्व ही समाप्ति के कगार पर है।[1] राप्ती नदी का प्राचीन नाम अचिरावती प्राप्त होता है, जो अपभ्रंश रूप में इरावती है। कुछ काल के उपरांत इसे अजिरावती, एरावती, रावती तथा वर्तमान समय में राप्ती के नाम से प्रचलित है। यह नदी नेपाल में बुटवल के समीप लघु हिमालय की धौलागिरि श्रेणी के दक्षिण में रूमकोट के समीप से निकलकर नेपाल के प्युठान के समीप दक्षिण की ओर बहती हुई कुछ दूर चलने के पश्चात् पश्चिम की तरफ प्रवाहित होती है और नेपालगंज से कुछ पूर्व यह उत्तर दिशा में 20 किलोमीटर प्रवाहित होती हुई भारत देश के उत्तर प्रदेश राज्य के बहराइच जिले में प्रवेश करती हुई श्रावस्ती, बलरामपुर, सिद्धार्थनगर, खलीलाबाद होती हुई गोरखपुर जिले में प्रवेश करती है। आगे बढ़कर यह नदी बरहज दोहरीघाट के समीप यह घाघरा अर्थात् सरयू में मिल जाती है। सरयू नदी पूरब की ओर बहती हुई छपरा के समीप गंगा में मिल जाती है। अचिरावती नदी का उल्लेख काशिकाकार बामन तथा जयादित्य ने भी किया है।[2] राप्ती नदी गोरखपुर को मूल रूप से वर्डघाट के समीप स्पर्श करती है और यहाँ से दक्षिण की ओर मुड़ जाती है। घोघी, धमेल, मझना, आमी, तरैना, कुआनो, रोहिणी आदि राप्ती नदी में मिलने वाली नदियाँ हैं। राप्ती नदी का उल्लेख चीनी यात्री ह्वेनसांग ने अचिलो नाम से किया है जो श्रावस्ती नगर के दक्षिण-पूर्व की ओर बहती थी।[3] प्राचीनकाल में वाणिज्य एवं व्यापार के लिए राप्ती नदी सर्वाधिक उपयुक्त थी।

राप्ती की सहायक नदियों में रोहिणी नदी प्रमुख है। यह नदी नेपाल से निकलकर नौतनवा कस्बे के पास भारत में प्रवेश करती है। एक लंबा रास्ता तय करने के पश्चात् तथा गोरखपुर के पश्चिमीं डोमिनगढ़ नामक स्थान पर राप्ती में विलीन हो जाती है। रोहिणी से सिंचाई का काम बराबर होता आया है इस नदी का उल्लेख बौद्ध ग्रंथ की जातक कथाओं में तथा शाक्य और कोलीय गणराज्यों की मध्यवर्ती सीमा निर्धारण हेतु किया गया है। रोहिणी नदी के जल के बँटवारे के विवाद में रामग्राम के कोलियों तथा कपिलवस्तु के शाक्यों के बीच महात्मा बुद्ध ने मध्यस्थता की थी। रोहिणी में मिलने वाली बघेल, मदूही, पियास, बलिया, चिलुवा और कलना आदि अनेक नदियाँ इसको जल प्रदान करती हैं।

मझना नदी तुर्रा नाम का एक नाला परगना हवेली से प्रारंभ होकर गुर्रा नामक दूसरे नाले में मिल जाता है। गुर्रा रामगढ़ और नरही ताल से जल लेती हुई कुछ दूर तक राप्ती के समानांतर बहती है। फिर फरेंदा नामक नाले से मिलकर अपना आकार बढ़ा लेती है और दक्षिणी चलकर मझना नदी में मिल जाती है। इसमें एक और नदी मिलती है जिसका नाम कुर्ना या करुणा है। यह बालकुआँ से निकलती है और रुद्रपुर के आगे मझना नदी में मिल जाती है। मझना नदी समूगर के पास राप्ती में विलीन हो जाती है।

फरेंदा नाला पिपराइच के उत्तर में अस्तित्व में आता है दक्षिण दिशा में तुर्रा नदी के समानांतर बहता है। इसमें फरेन अर्थात् जामुन अधिक होने के कारण फरेंदा के नाम से प्रसिद्ध है।

महराजगंज़ का तापमान जनवरी माह में जाड़ा, मध्य नवंबर से फरवरी गर्मी, मार्च से मध्य जून वर्षा, मध्य जून से सितंबर तथा अक्तूबर से मध्य नवंबर तक आर्द्र मौसम बना रहता है। दक्षिण-पूर्वी मानसून मध्य जून तक पूरी तरह से छा जाता है। गर्मी के महीने में तीव्र पश्चिमी हवाएँ चलती हैं, जिन्हें लू कहते हैं। यह अत्यंत गर्म और शरीर को झुलसा देने वाली होती है। महराजगंज में पश्चिमी प्रांतों की तरह न तो कड़ाके की सर्दी पड़ती है न ही गर्मी। इसका प्रमुख कारण जनपद से हिमालय की निकटता और वर्षा का आधिक्य है।

महराजगंज की जलवायु का उसकी वनस्पति पर गहरा प्रभाव पड़ा है। 19वीं शताब्दी के अंत तक नेपाल से लगी जनपद की उत्तरी सीमा से राप्ती नदी के तटवर्ती भाग में होती हुई उनके संगम तक और उनके समांतर पूर्व अवैध रूप से जंगलों की शृंखलाएँ चली आईं। परंतु जनपद में ईस्ट इंडिया कंपनी का अधिकार होते ही धीरे-धीरे वनों की कटाई का काम शुरू हो गया जिससे जंगलों का नाश होना शुरू हो गया। लगभग 173 वर्ग मील का जंगल सरकार के अधीन है, सरकारी जंगल का विस्तृत भाग डोमखंड में स्थित है तथा 78596 एकड़ जंगल बड़े-बड़े जागीरदारों की व्यक्तिगत संपत्ति है, जोकि सदर महराजगंज में हैं। महराजगंज में मुख्य रूप से साल, खैर, शीशम सेमल, तेंदू, महुआ, जामुन, ढाक, नाम, बहेरा, हल्दू, इमली, अमलतास, असीम, सागवान के वृक्ष अधिक मात्रा में पाए जाते हैं।

जनपद में कई प्रकार के अन्न उत्पन्न होते हैं। यहाँ रवि और खरीफ दोनों फसलें उगाई जाती हैं। यहाँ मुख्य रूप से चावल, गन्ना, गेहूँ, मटर, अरहर, मक्का, मूँग, मसूर, जौ आदि फसलें प्रमुख रूप से उगाई जाती हैं।

महराजगंज की प्राकृतिक बनावट एवं जंगलों के कारण अनेक प्रकार के पशु-पक्षी पाए जाते हैं। चीता, तेंदुआ, भालू, सूअर, भेड़िया, चितकबरा हिरन, नीलगाय, लंगूर, लाल बंदर, गीदड़, लोमड़ी, खरगोश, जंगली बिल्लियाँ आदि जंगली जानवर पाए जाते हैं। जलचर जंतुओं में घड़ियाल, सूँस, नाक, कछुए, मछलियाँ, साँप, मेढक, जोंक आदि पाए जाते हैं।

2011 की जनगणना के अनंतिम आबादी के आँकड़ों के अनुसार[4]

क्र.स.	मद	इकाई	अवधि	विवरण
1.	भौगोलिक क्षेत्रफल	वर्ग किमी.	2011	2952
2.1	जनसंख्या			
2.1.1	पुरुष	संख्या हजार में	2011	1382
2.1.2	स्त्री	"	2011	1303
2.13	योग	"	2011	2685
2.1.4	ग्रामीण	"	2011	2550
2.1.5	नगरीय	"	2011	135
2.1.6	अनुसूचित जाति	"	2011	493
2.1.7	अनुसूचित जन जाति	"	2011	16.43
2.2	साक्षर व्यक्तियों की संख्या			
2.2.1	कुल	"	2011	1419.14
2.2.2	पुरुष	"	2011	881.67
2.2.3	स्त्री	"	2011	537.47

1. HTTPS://MAHARAJGANJ.NIC.IN/HI/%E0%A4%9C%E0%A4%A8%E0%A4% B8 %E0%A4%BE%E0%A4%82%E0%A4%96%E0%A5%8D%E0%A4%A F%E0%A4%B-F%E0%A4%95%E0%A5%80/

जनपद में कुल 11 नगर निकाय हैं, जिनके नाम क्रमशः महराजगंज, नौतनवा, निचलौल, सिसवां, घुघली, सोनौली, चौक, परतावल, पनियरा, बृजमनगंज व फरेंदा है।

इस जनपद में कानून व्यवस्था चार सर्किल—सदर, फरेंदा, नौतनवा, निचलौल एवं 18 थानों—कोतवाली महराजगंज, ठूठीबारी, सोनौली, चौक, निचलौल, बरगदवा, परसामलिक, नौतनवा, कोल्हुई, पुरंदरपुर, फरेंदा, बृजमनगंज, पनियरा, श्यामदेउरवा, घुघली, कोठीभार, सिंदूरिया एवं सोहगीबरवा के माध्यम से सुनिश्चित की जाती है। उक्त के अतिरिक्त एक महिला थाना भी है।

यह जनपद चार तहसीलों में विभक्त है, जिनके नाम क्रमशः महराजगंज, फरेंदा, नौतनवा तथा निचलौल है। जनपद में कुल 882 ग्राम पंचायतें व 101 न्याय पंचायतें हैं।

जनपद में कुल 12 विकास खंड हैं, जिनके नाम क्रमशः बृजमनगंज, धानी, परतावल, पनियरा, लक्ष्मीपुर, घुघली, मिठौरा, नौतनवा, फरेंदा, निचलौल, सदर तथा सिसवा है।

इतिहास

2 अक्तूबर, 1989 को राष्ट्रपिता महात्मा गांधी के जन्म दिन के पावन पर्व पर अस्तित्व में आनेवाले महराजगंज जनपद के इतिहास की रूपरेखा पुनर्गठित करना एक चुनौतीपूर्ण कार्य है। प्राचीन भारतीय साहित्य में इस क्षेत्र का कम ही उल्लेख हुआ है। ऐसी स्थिति में तर्कपूर्ण अनुमान का आश्रय लेते हुए उपलब्ध साहित्यिक एवं पुरातात्त्विक स्रोतों की सम्यक् समीक्षा के उपरांत इस जनपद का इतिहास निर्विवाद रूप से प्रस्तुत कर पाना कठिन कार्य है। फिर भी इसके गौरवशाली अतीत का उल्लेख इस प्रकार है।

महाकाव्य-काल में यह क्षेत्र कारुपथ के रूप में जाना जाता था, जो कोसल राज्य का एक अंग था। ऐसा प्रतीत होता है कि इस क्षेत्र पर राज्य करनेवाले प्राचीनतम सम्राट इक्ष्वाकु थे, जिनकी राजधानी अयोध्या थी। इक्ष्वाकु के उपरांत इस राजवंश को अनेक छोटे-छोटे राज्यों में बाँट दिया और अपने पुत्र कुश को कुशवती का राजा बनाया, जिसकी आधुनिक समता कुशीनगर के साथ स्थापित की जाती है। राम के संसार त्याग के उपरांत कुश ने कुशावती का परित्याग कर दिया और अयोध्या लौट गए। वाल्मीकि रामायण से ज्ञात होता है कि मल्ल उपाधिकारी लक्ष्मण पुत्र चंद्रकेतु ने इसके उपरांत इस संपूर्ण क्षेत्र के शासन सूत्र का संचालन करना प्रारंभ किया।

महाभारत में वर्णित है कि युधिष्ठिर द्वारा संपादित राजसूय यज्ञ के अवसर पर भीमसेन को पूर्ववर्ती क्षेत्रों को विजित करने का उत्तरदायित्व सौंपा गया था। फलतः भीमसेन ने गोपालक नामक राज्य को जीत लिया। जिसके बाँसगाँव स्थित गोपालपुर के साथ स्वीकृत किया जाता है। ऐसा प्रतीत होता है कि वर्तमान महराजगंज जनपद का दक्षिण भाग निश्चित रूप से भीमसेन की इस विजय यात्रा से प्रभावित हुआ होगा।

महाभारत के युग के उपरांत इस संपूर्ण क्षेत्र में क्रांतिकारी परिवर्तन हुआ। कोसल राज्य के अधीन अनेक छोटे-छोटे गणतंत्रात्मक राज्य अस्तित्व में आए, जिसमें कपिलवस्तु के शाक्यों और रामग्राम के कोलियों का राज्य वर्तमान महराजगंज जनपद की सीमाओं में भी विस्तृत था। शाक्य एवं कोलिय गणराज्य की राजधानी रामग्राम की पहचान की समस्या अब भी उलझी हुई है। डॉ. राजबली पांडेय ने रामग्राम को गोरखपुर के समीप स्थित रामगढ़ ताल से समीकृत करने का प्रयास किया है किंतु आधुनिक शोधों ने इस समस्या को निःसार बना दिया है।

कोलिय का संबंध देवदह नामक नगर से भी था। बौद्धग्रंथों में भगवान् गौतम बुद्ध की माता महामाया, मौसी महाप्रजापति गौतमी एवं पत्नी भद्रा कात्यायनी (यशोधरा) को देवदह नगर से ही संबंधित बताया गया है। महराजगंज जनपद के अड्डा बाजार के समीप स्थित बनसिहा-कला में 88.8 एकड़ भूमि पर एक नगर, किले एवं स्तूप के अवशेष उपलब्ध हुए

हैं। 1992 में डॉ. लाल चंद्र सिंह के नेतृत्व में किए गए प्रारंभिक उत्खनन से यहाँ टीले के निचते स्तर से उत्तरी कृष्णवर्णीय मृद्भांड (एन.बी.पी.) पात्र-परंपरा के अवशेष उपलब्ध हुए हैं। गोरखपुर विश्वविद्यालय के प्राचीन इतिहास विभाग के पूर्व अध्यक्ष डॉ. सी.डी. चटर्जी ने देवदह की पहचान बरसिहा कला से ही करने का आग्रह किया। महराजगंज में दिनांक 27.2.97 को आयोजित देवदह-रामग्राम महोत्सव गोष्ठी में डॉ. शिवाजी ने भी इसी स्थल को देवदह से समीकृत करने का प्रस्ताव रखा था। सिंहली गाथाओं में देवदह को लुंबिनी के समीप स्थित बताया गया है। ऐसा प्रतीत होता है कि देवदह नगर कपिलवस्तु एवं लुंबिनी को मिलाने वाली रेखा में ही पूर्व की ओर स्थित रहा होगा। श्री विजय कुमार ने देवदह के जनपद के धौरहरा एवं त्रिलोकपुर में स्थित होने की संभावना व्यक्त की है। पालि-ग्रंथों में देवदह के महाराज अंजन का विवरण प्राप्त होता है। जिनके दौहित्र गौतम बुद्ध थे। प्रो. दयानाथ त्रिपाठी की मान्यता है कि महाराज अंजन की गणभूमि ही कालांतर में विकृत होकर महराजगंज एवं अंतत: महराजगंज के रूप परिणित हुई। फारसी भाषा का गंज शब्द बाजार, अनाज की मंडी, भंडार अथवा खजाने के अर्थ में प्रयुक्त है, जो महाराजा अंजन के खजाने अथवा प्रमुख विक्रय केंद्र होने के कारण मुसलिम काल में गंज शब्द से जुड़ गया। जिसका अभिलेखीय प्रमाण भी उपलब्ध है। ज्ञातव्य हो कि शोडास के मथुरा पाषाण लेख में गंजवर नामक पदाधिकारी का स्पष्ट रूप से उल्लेख किया गया है।

छठी शताब्दी ई. पूर्व में अन्य गणतंत्रों की भाँति कोलिय गणतंत्र भी एक सुनिश्चित भौगोलिक इकाई के रूप में स्थित था। यहाँ का शासन कतिपय कुलीन नागरिकों के निर्णयानुसार संचालित होता था। तत्कालीन गणतंत्रों की शासन प्रणाली एवं प्रक्रिया से स्पष्टत: प्रमाणित होता है कि जनतंत्र बुद्ध अत्यंत लोकप्रिय थे। इसका प्रमाण बौद्ध ग्रंथों में वर्णित शाक्यों एवं कोलियों के बीच रोहिणी नदी के जल के बँटवारे को लेकर उत्पन्न विवाद को सुलझाने में महात्मा बुद्ध की सक्रिय एवं प्रभावी भूमिका में दर्शनीय है। इस घटना से यह भी प्रमाणित हो जाता है कि इस क्षेत्र के निवासी अति प्राचीन काल से ही कृषि कर्म के प्रति जागरूक थे। कुशीनगर के बुद्ध के परिनिर्वाण के उपरांत उनके पवित्र अवशेष का एक भाग प्राप्त करने के उद्देश्य से जनपद के कोलियों का दूत भी कुशीनगर पहुँचा था। कोलियों ने भगवान् बुद्ध के पवित्र अवशेषों के ऊपर रामग्राम में एक स्तूप निर्मित किया था, जिसका उल्लेख फाहियान एवं ह्वेनसांग ने अपने विवरणों में किया है। निरावली-सूत्र नामक ग्रंथ से ज्ञात होता है कि जब कोसल नरेश अजातशत्रु ने वैशाली के लिच्छवियों पर आक्रमण किया था, उस समय लिच्छवि गणप्रमुख चेटक ने अजातशत्रु के विरुद्ध युद्ध करने के लिए अठारह गणराज्यों का आह्वान किया था। इस संघ में कोलिय गणराज्य भी सम्मिलित था।

छठी शताब्दी ई. पूर्व के उपरांत राजनीतिक एकीकरण की जो प्रक्रिया प्रारंभ हुई उसकी चरम परिणति अशोक द्वारा कलिंग युद्ध के अनंतर शस्त्र का सदा के लिए तिलांजलि द्वारा हुआ। महराजगंज जनपद का यह संपूर्ण क्षेत्र नंदों एवं मौर्य सम्राटों के अधीन रहा। फाहियान एवं ह्वेनसांग ने सम्राट अशोक के रामग्राम आने एवं उसके द्वारा रामग्राम स्तूप की धातुओं को निकालने के प्रयास का उल्लेख किया है। अश्वघोष के द्वारा लिखित बुद्ध चरित (28/66) में वर्णित है कि समीप के कुंड में निवास करनेवाले एवं स्तूप की रक्षा करने की नाग की प्रार्थना से द्रवित होकर उसने अपने संकल्प का परित्याग कर दिया था।

गुप्तों के अभ्युदय के पूर्व मगध की सत्ता के पतन के बीच का काल जनपद के ऐतिहासिक घटनाओं के विषय में अंध-युग की भाँति है। ऐसा प्रतीत होता है कि कुषाणों ने इस क्षेत्र पर शासन स्थापित करने में सफलता प्राप्त की थी। कुषाणों के उपरांत यह क्षेत्र गुप्तों की अधीनता में चला गया। चौथी शताब्दी ई. के प्रारंभ में जनपद का अधिकांश क्षेत्र चंद्रगुप्त प्रथम के राज्य में सम्मिलित था, जिसने लिच्छवि राजकुमारी कुमारदेवी के साथ वैवाहिक संबंध स्थापित करके अपनी शक्ति एवं सीमा का अभूतपूर्व विस्तार किया। चंद्रगुप्त द्वितीय विक्रमादित्य के शासन काल में इस जनपद का क्षेत्र श्रावस्ती भुक्ति में सम्मिलित था। चीनी यात्री फाहियान (400-411 ई.) अपनी तीर्थ यात्राओं के क्रम में कपिलवस्तु एवं रामग्राम भी आया था। उसने आसपास के वनों एवं खँडहरों का उल्लेख किया है।

गुप्त काल के उपरांत यह क्षेत्र मौखरियों एवं हर्ष के आधिपत्य में रहा। हर्ष के शासन काल में ह्वेनसांग (630-644 ई.) ने भी पिप्पलिवन और रामग्राम की यात्राएँ संपन्न की थीं। हर्ष के उपरांत इस जनपद के कुछ भाग पर भरों का अधिकार हो गया। गोरखपुर के धुरियापुर नामक स्थान से प्राप्त कहल अभिलेख से ज्ञात होता है कि 9वीं शताब्दी ई. में महराजगंज जनपद का दक्षिणी भाग गुर्जर प्रतिहार नरेशों के श्रावस्ती भुक्ति में सम्मिलित था, जहाँ उनके सामंत कलचुरियों की सत्ता स्थापित की। जनश्रुतियों के अनुसार अपने अतुल ऐश्वर्य का अकूत धन-सम्पदा के लिए विख्यात थारू राजा मानसेन या मदन सिंह 900-950 गोरखपुर और उसके आसपास के क्षेत्रों पर शासन करता था। संभव है कि उसका राज्य महराजगंज जनपद की दक्षिणी सीमाओं को भी आवेष्ठित किए रहा है। गुर्जर प्रतिहारों के पतन के उपरांत त्रिपुरी के कलचुरि-वंश के शासक लक्ष्मण कर्ण (1041-1120) ने इस जनपद के अधिकांश भूभाग को अपने अधीन कर लिया था। किंतु ऐसा प्रतीत होता है कि उसका पुत्र एवं उत्तराधिकारी यशकर्ण (1073-1120) इस क्षेत्र पर अधिकार जमा लिया। अभिलेखिक स्रोतों से ज्ञात होता है कि गोविंद चंद्र गहड़वाल (1114-1154 ई.) का राज्य बिहार तक प्रसारित था। उसके राज्य में महराजगंज जनपद का भी अधिकांश भाग निश्चितत: सम्मिलित

रहा होगा। गोरखपुर जनपद के मगदिहा (गगहा) एवं धुरियापार से प्राप्त गोविंद चंद्र के दो अभिलेख उपर्युक्त तथ्य की पुष्टि करते हैं। गोविंद चंद के पौत्र जयचंद्र (1170-1194 ई.) की 1194 में मुहम्मद गोरी द्वारा पराजय के साथ ही इस क्षेत्र से गहड़वाल सत्ता का लोप हो गया और स्थानीय शक्तियों ने शासन-सूत्र अपने हाथों में ले लिया।

12वीं शताब्दी ई. के अंतिम चरण में जब मुहम्मद गोरी एवं उसके उत्तराधिकारी कुतुबुद्दीन ऐबक उत्तरी भारत में अपनी नवस्थापित सत्ता को सुदृढ़ करने में लगे हुए थे, इस क्षेत्र पर स्थानीय राजपूत वंशों का राज्य स्थापित था। चंद्रसेन श्रीनेत के ज्येष्ठ पुत्र ने सतासी के राजा के रूप में एक बड़े भूभाग पर अधिकार जमाया, जिसमें महराजगंज जनपद का भी कुछ भाग सम्मिलित रहा होगा। इसके उपरांत फिरोज शाह तुगलक के समय तक इस क्षेत्र पर स्थानीय राजपूत राजाओं का प्रभुत्व बना रहा। उदयसिंह के नेतृत्व में स्थानीय राजपूत राजाओं ने गोरखपुर के समीप शाही सेना को उपहार, भेंट एवं सहायता प्रदान किया था। 1394 ई. में महमूद शाह तुगलक दिल्ली की गद्दी पर आसीन हुआ। उसने मलिक सरवर ख्वाजा जहाँ को जौनपुर का सूबेदार नियुक्त किया। जिसने सर्वप्रथम इस क्षेत्र को अपने अधीन करके यहाँ से कर वसूल किया। इसके कुछ ही समय बाद मलिक सरवर ने दिल्ली सल्तनत के विरुद्ध अपनी स्वतंत्रता की घोषणा करते हुए जौनपुर में शर्की-राजवंश की स्थापना की तथा गोरखपुर के साथ-साथ इस जनपद के अधिकांश भूभाग पर अपना प्रभुत्व स्थापित किया।

छठी शताब्दी ई. पूर्व में अन्य गणतंत्रों की भाँति कोलिय गणतंत्र भी एक सुनिश्चित भौगोलिक इकाई के रूप में स्थित था। यहाँ का शासन कतिपय कुलीन नागरिकों के निर्णयानुसार संचालित होता था। तत्कालीन गणतंत्रों की शासन प्रणाली एवं प्रक्रिया से स्पष्टतः प्रमाणित होता है कि जनतंत्र बुद्ध अत्यंत लोकप्रिय थे। इसका प्रमाण बौद्ध ग्रंथों में वर्णित शाक्यों एवं कोलियों के बीच रोहिणी नदी के जल के बँटवारे को लेकर उत्पन्न विवाद को सुलझाने में महात्मा बुद्ध की सक्रिय एवं प्रभावी भूमिका में दर्शनीय है। इस घटना से यह भी प्रमाणित हो जाता है कि इस क्षेत्र के निवासी अति प्राचीन काल से ही कृषि कर्म के प्रति जागरूक थे। कुशीनगर के बुद्ध के परिनिर्वाण के उपरांत उनके पवित्र अवशेष का एक भाग प्राप्त करने के उद्देश्य से जनपद के कोलियों का दूत भी कुशीनगर पहुँचा था। कोलियों ने भगवान् बुद्ध के पवित्र अवशेषों के ऊपर रामग्राम में एक स्तूप निर्मित किया था, जिसका उल्लेख फाहियान एवं ह्वेनसांग ने अपने विवरणों में किया है। निरायवली-सूत्र नामक ग्रंथ से ज्ञात होता है कि जब कोसल नरेश अजातशत्रु ने वैशाली के लिच्छवियों पर आक्रमण किया था, उस समय लिच्छिवि गणप्रमुख चेटक ने अजातशत्रु के

विरुद्ध युद्ध करने के लिए अठारह गणराज्यों का आह्वान किया था। इस संघ में कोलिय गणराज्य भी सम्मिलित था।

1526 ई. में पानीपत के युद्ध में बाबर द्वारा इब्राहिम लोदी के पराजय के साथ ही भारत में मुगल राजवंश की सत्ता स्थापित हुई, किंतु न तो बाबर और न ही उसके पुत्र एवं उत्तराधिकारी हुमायूँ इस क्षेत्र पर अधिकार करने का कोई प्रयास कर सके। 1556 ई. में सम्राट अकबर ने इस ओर ध्यान दिया। उसने खाँ जमान (अली कुली खाँ) के विद्रोहों का दमन करते हुए इस क्षेत्र पर मुगलों के प्रभुत्व को स्थापित करने का प्रयास किया। 1567 ई. में खाँ जमान की मृत्यु के उपरांत अकबर ने जौनपुर की जागीर मुनीम खाँ को सौंप दी। मुनीम खाँ के समय में इस क्षेत्र में शांति और सुव्यवस्था स्थापित हुई। अकबर ने अपने साम्राज्य का पुनर्गठन करते हुए गोरखपुर क्षेत्र को अवध प्रांत के पाँच सरकारों में सम्मिलित किया। गोरखपुर सरकार के अंतर्गत चौबीस महल सम्मिलित थे, जिनमें वर्तमान महराजगंज जनपद में स्थित विनायकपुर और तिलपुर के महल भी थे। यहाँ सूरजवंशी राजपूतों का अधिकार था। इन महलों के मुख्यालयों पर ईंटों से निर्मित किलों का निर्माण सीमा की सुरक्षा हेतु किया गया था। विनायकपुर महल शाही सेना हेतु 400 घोड़े और 3000 पदाति प्रदान करता था। जबकि तिलपुर महल 100 अश्व एवं 2000 पैदल भेजता था। तिलपुर महल के अंतर्गत 9006 बीघा जमीन पर कृषि कार्य होता और इसकी मालगुजारी चार लाख दाम निर्धारित की गई थी। विनायक महल में कृषि योग्य भूमि 13858 बीघा थी और उसकी मालगुजारी 6 लाख दाम थी। तिलपुर, जिसकी वर्तमान समता निचलौल के साथ स्थापित की जाती है, में स्थित किले का उल्लेख अबुल फजल की अमरकृति आइन-ए-अकबरी में भी किया गया है।

अकबर की मृत्यु के बाद 1610 ई. में जहाँगीर ने इस क्षेत्र की जागीर अफजल खाँ को सौंप दी। तत्पश्चात् यह क्षेत्र मुगलों के प्रभुत्व में बना रहा। अठारहवीं शताब्दी ई. के प्रारंभ में यह क्षेत्र अवध के सूबे के गोरखपुर सरकार का अंग था। इस समय से लेकर अवध में नवाबी शासन की स्थापना के समय तक इस क्षेत्र पर वास्तविक प्रभुत्व यहाँ के राजपूत राजाओं का था, जिनका स्पष्ट उल्लेख वीन ने अपने बंदोबस्त रिपोर्ट में किया है। 9 सितंबर, 1722 ई. को सआदत खाँ को अवध का नवाब और गोरखपुर का फौजदार बनाया गया। सआदत खाँ ने गोरखपुर क्षेत्र में स्थित स्थानीय राजाओं की शक्ति को कुचलने एवं प्रारंभ में उसने वर्तमान महराजगंज क्षेत्र में आतंक मचानेवाले बुटकल घराने के तिलकसेन के विरुद्ध अभियान छेड़ा, किंतु इस कार्य में उसे पूरी सफलता नहीं मिल सकी।

19 मार्च, 1739 को सआदत खाँ की मृत्यु हो गई तथा सफदरजंग अवध का नवाब बना। उसने एक सेना तत्कालीन गोरखपुर के उत्तरी भाग (वर्तमान महराजगंज) में भेजा,

जिसने बुटवल के तिलकसेन के पुत्र को पराजित करके उससे प्रस्तुत धनराशि वसूल किया। इसके बाद दोनों पक्षों में छिटपुट संघर्ष होते रहे और अंतत: 20 वर्षों के लंबे संघर्ष के उपरांत बुटकल के राजा ने आत्मसमर्पण कर दिया।

5 अक्तूबर, 1754 को सफदरजंग की मृत्यु हुई और उसका पुत्र एवं उत्तराधिकारी शुजाउद्दौला अवध का नवाब बना। उसके शासन काल में इस क्षेत्र में सुख-समृद्धि का वातावरण उत्पन्न हुआ। डॉ. आशीर्वाद लाल श्रीवास्तव ने उसके शासन काल में इस क्षेत्र में प्रभूत मात्रा में उत्पन्न होनेवाले स्निग्ध और सुगंधित चावल का विशेष रूप से उल्लेख किया है। उस समय अस्सी प्रतिशत आबादी कृषि कार्य कर रही थी। 26 जनवरी, 1775 को शुजाउद्दौला की मृत्यु हुई और उसका पुत्र आसफुद्दौला गद्दी पर बैठा। उसके शासन काल में स्थानीय शासक, बाजारों की बढ़ती हुई शक्ति को कुचलने में असमर्थ रहे।

विभिन्न संधियों के द्वारा कंपनी की सेना के प्रयोग का व्यय अवध के ऊपर निरंतर बढ़ रहा था। फलत: 10 नवंबर, 1801 को नवाब ने कंपनी के कर्ज से मुक्ति हेतु कतिपय अन्य क्षेत्रों के साथ-साथ गोरखपुर क्षेत्र को भी कंपनी को दे दिया। इस संधि के फलस्वरूप वर्तमान महराजगंज का क्षेत्र भी कंपनी के अधिकार में चला गया। इस संपूर्ण क्षेत्र का शासन रूटलेज नामक कलेक्टर को सौंपा गया। जिसने सर्वत्र अव्यवस्था, अशांति एवं विद्रोह का दर्शन किया।

गोरखपुर के सत्तांतरण के पूर्व ही तत्कालीन अव्यवस्था का लाभ उठाते हुए गोरखों ने वर्तमान महराजगंज एवं सिद्धार्थनगर के सीमावर्ती क्षेत्रों में अपनी स्थिति सुदृढ़ करना प्रारंभ कर दिया था। विनायकपुर एवं तिलपुर परगने के अंतर्गत उनका अतिक्रमण तीव्रगति से हुआ जो वस्तुत: बुटवल के कलेक्टर के साथ इस जनपद में स्थित अपनी अवशिष्ट जमींदारी की सुरक्षा हेतु बत्तीस हजार रुपए सालाना पर समझौता किया था। बाद में अंग्रेजों ने उसे बकाया धनराशि न दे पाने के कारण बंदी बना दिया। 1805 ई. में गोरखों ने बुटवल पर अधिकार कर लिया और अंग्रेजों की कैद से छूटने के उपरांत बुटवल नरेश की काठमांडू में हत्या कर दी। 1806 ई. तक इस क्षेत्र का अधिकांश भू-भाग गोरखों के कब्जे में जा चुका था। यहाँ तक कि 1810-11 ई. में उन्होंने गोरखपुर में प्रवेश करते हुए पाली के पास स्थित कतिपय गाँवों को अधिकृत कर लिया। गोरखों से इस संपूर्ण क्षेत्र को मुक्त कराने के लिए मेजर जे.एस. वुड के नेतृत्व में अंग्रेज सेना ने बुटवल पर आक्रमण किया।

वुड संभवत: निचलौल होते हुए 3 जनवरी, 1815 को बुटवल पहुँच। बुटवल ने वजीर सिंह के नेतृत्व में गोरखों ने युद्ध की तैयारी कर ली थी, किंतु अंग्रेजी सेना के पहुँचने पर गोरखे पहाड़ों में पलायित हो गए। वुड उन्हें परास्त करने में सफल नहीं हो सका। इसी बीच गोरखों ने तिलपुर पर आक्रमण कर दिया और वुड को उनका सामना करने के लिए तिलपुर

लौटना पड़ा। उसकी ढुलमुल नीति के कारण गोरखे इस संपूर्ण क्षेत्र में धावा मारते रहे और नागरिकों का जीवन कष्टमय बनाते रहे। यहाँ तक कि वुड ने 17 अप्रैल, 1815 को बुटवल पर कई घंटे तक गोलाबारी की किंतु उसका अपेक्षित परिणाम नहीं निकला। तत्पश्चात् कर्नल निकोलस के नेतृत्व में गोरखों से तराई क्षेत्र को मुक्त कराने का द्वितीय अभियान छेड़ा गया। कर्नल निकोलस ने गोरखों के ऊपर जो दबाव बनाया, उससे 28 नवंबर, 1815 को अंग्रेजों एवं गोरखों के बीच प्रसिद्ध सगौली की संधि हुई किंतु बाद में गोरखे संधि की शर्तों को स्वीकार करने में आनाकानी करने लगे। फलत: डॉक्टर लोनी के द्वारा निर्णायक रूप से पराजित किए जाने के बाद 4 मार्च, 1816 को नेपाल नरेश ने इस संधि को मान्यता प्रदान कर दी। इस संधि के फलस्वरूप नेपाल ने तराई क्षेत्र पर अपना अधिकार छोड़ दिया और यह क्षेत्र कंपनी के शासन के अंतर्गत सम्मिलित कर लिया गया।

1857 के प्रथम स्वतंत्रता संग्राम ने इस क्षेत्र में नवीन प्राण-शक्ति का संचार किया। जुलाई 1857 में इस क्षेत्र के जमींदारों के ब्रिटिश राज्य के अंत की घोषणा की। निचलौल के राजा रंडुलसेन ने अंग्रेजों के विरुद्ध आंदोलनकारियों का नेतृत्व किया। 26 जुलाई को सगौली में विद्रोह होने पर वनियार्ड (गोरखपुर के तत्कालीन जज) के कर्नल राउटन को वहाँ शीघ्र पहुँचने के लिए पत्र लिखा, जो काठमांडू से निचलौल होते हुए तीन हजार गोरखा सैनिकों के साथ गोरखपुर की ओर बढ़ रहा था, गोरखों के प्रयास के बावजूद वनियार्ड आंदोलन को पूरी तरह दबाने में असमर्थ रहा। फलत: उसने गोरखपुर जनपद का प्रशासन सतासी और गोपालपुर के राजा को सौंप दिया। किंतु आंदोलनकर्ता बहुत दिन तक इस क्षेत्र को मुक्त नहीं रख सके और अंग्रेजों ने पुन: इस क्षेत्र को अपने पूर्ण नियंत्रण में ले लिया। निचलौल के राजा कमलेश को आंदोलनकारियों का नेतृत्व करने के कारण न केवल उसको पूर्व प्रदत्त राजा की उपाधि से वंचित कर दिया गया अपितु 1845 ई. में उसे दी गई पेंशन भी छीन ली गई।

1857 ई. के प्रथम स्वतंत्रता आंदोलन के उपरांत नवंबर 1858 ई में रानी विक्टोरिया के घोषणा पत्र द्वारा यह क्षेत्र भी सीधे ब्रिटिश सत्ता के अधीन हो गया। ब्रिटिश शासन काल में भी सामान्य जनता की कठिनाइयाँ दूर नहीं हो सकीं। भूमि संबंधी विभिन्न बंदोबस्तों के बावजूद कृषकों को उनकी भूमि पर कोई अधिकार नहीं मिल सका, जबकि जमींदार मजदूरों एवं कृषकों के श्रम के शोषण से संपन्न होते रहे। किसान एवं जमींदार के बीच का अंतराल बढ़ता गया।

1920 ई. में गांधी जी के द्वारा असहयोग आंदोलन प्रारंभ किया जिसका प्रभाव इस क्षेत्र पर भी पड़ा। 8 फरवरी, 1921 को गांधी जी गोरखपुर आए जिससे यहाँ के लोगों में ब्रिटिश राज के विरुद्ध संघर्ष छेड़ने के लिए उत्साह का संचार हुआ। शराब की दुकानों पर धरना

दिया गया और ताड़ के वृक्षों को काट डाला गया। विदेशी कपड़ों का बहिस्कार हुआ और उसकी होली जलाई गई। खादी के कपड़े का प्रचार-प्रसार हुआ। 2 अक्तूबर, 1922 को इस संपूर्ण क्षेत्र में गांधी जी का जन्मदिन अत्यंत उत्साह के साथ मनाया गया।

1923 ई. में पं. जवाहरलाल नेहरू ने इस क्षेत्र का दौरा किया, जिसके फलस्वरूप कांग्रेस कमेटियों की स्थापना हुई। अक्तूबर 1929 में पुनः गांधी जी ने इस क्षेत्र का व्यापक दौरा किया। 4 अक्तूबर, 1929 को घुघली रेलवे स्टेशन पर दस हजार देशभक्तों ने उनका भव्य स्वागत किया। 5 अक्तूबर, 1929 को गांधी जी ने महराजगंज में एक बिशप जनसभा को संबोधित किया। महात्मा गांधी की इस यात्रा ने इस क्षेत्र के देशभक्तों में नवीन स्फूर्ति का संचार किया, जिसका प्रभाव 1930-34 तक के सविनय अवज्ञा आंदोलनों में देखने को मिला।

1930 ई. के नमक सत्याग्रह के समय भी इस क्षेत्र ने महत्त्वपूर्ण भूमिका निभाई। नमक कानून के विरुद्ध सत्याग्रह, हड़ताल सभा एवं जुलूस का आयोजन किया गया। 1931 ई. में जमींदारों के अत्याचार के विरुद्ध यहाँ की जनता ने किसान आंदोलन में भाग लिया। उसी समय श्री सिब्बनलाल सक्सेना ने महात्मा गांधी के आह्वान पर सेंट एंड्रूज कॉलेज के प्रवक्ता पद का परित्याग कर पूर्वांचल के किसान-मजदूरों का नेतृत्व सँभाला। 1931 में सक्सेना जी ने ईख-संघ की स्थापना की, जो यहाँ के गन्ना उत्पादकों एवं मजदूरों के हितों की सुरक्षा हेतु संघर्ष के लिए उद्यत हुई। मई 1937 में पं. गोविंद वल्लभ पंत यहाँ आए और एक जनसभा को संबोधित किया। फरवरी 1940 में पुनः पंडित नेहरू यहाँ आए और गणेश शंकर विद्यार्थी स्मारक विद्यालय (G.S.V.S.) की आधारशिला रखी।

1942 ई. भारतीय इतिहास में एक युगांतकारी परिवर्तन की चेतना के लिए ख्यात है। इस चेतना का संचार इस क्षेत्र में भी हुआ और यह क्षेत्र भी कुछ कर गुजरने को तैयार था। इस समय यहाँ के आंदोलनकारियों का नेतृत्व श्री सिब्बनलाल सक्सेना कर रहे थे। अंग्रेजो भारत छोड़ो एवं करो या मरो का नारा जन-जन की वाणी में समाहित हो रहा था। अगस्त क्रांति के दौरान गोड़धोवा में शिब्बन लाल सक्सेना को उनकी गिरफ्तारी के समय गोली मारी गई किंतु वह गोली उनके कंधे के पास से निकलते हुए उस जमींदार को लग गई जिसने सक्सेना जी को बंदी बनाया था। गोरखपुर के तत्कालीन, जिलाधीश श्री ई.वी.डी. मास के आदेश पर 27 अगस्त, 1942 को विशुनपुर गबडुआ गाँव में निहत्थे एवं शांतिप्रिय नागरिकों पर गोली चलाई गई जिसमें सुखराज कुर्मी एवं झिनकू कुर्मी नामक दो क्रांतिकारी वीर शहीद हो गए। पुलिस की गोली से आहत काशीनाथ कुर्मी की 1943 में जेल में ही मृत्यु हो गई। सक्सेना जी को ब्रिटिश राज के विरुद्ध षडयंत्र रचने के आरोप में 26 महीने कठोर कारावास एवं 26 महीने काल कोठरी में रखा गया।

तीर्थ स्थान एवं मंदिर

इस जिला के उत्तरी छोर पर दुर्गा माता का प्रसिद्ध लेहड़ा मंदिर है जो अत्यंत सुखदायिनी है, जिनकी कृपा से सभी मनोकामना पूर्ण होती है। सीमा एवं नेपाल पहाड़ियों से सटे होने के कारण इस जिला का स्थान पर्यटन के लिए अत्यधिक महत्त्वपूर्ण है। यहाँ का सुंदर वातावरण सेहत के लिए अमृत वरदान है। जिले के प्रमुख स्थान इटहिया, झुलनीपुर बॉर्डर, परतावल बाजार, निचलौल एवं सिसवा है। नेपाल जाने के प्रमुख रास्ते सोनौली, ठूठीबारी, भगवान्पुर व झुलनीपुर है। गोरखपुर से महराजगंज यात्रा के लिए 50 किमी. की दूरी तय करनी पड़ती है।

अरदौना देवी का मंदिर

अरदौना में स्थित लेहड़ा देवी का मंदिर महराजगंज के प्रमुख धार्मिक स्थलों में से है। यह जगह फरेंदा (आनंदनगर) तहसील मुख्यालय से पाँच किमी. की दूरी पर स्थित बृजमनगंज मार्ग पर स्थित है। पुराने समय में यह स्थान आर्द्रवन नाम के सघन जंगल से घिरा हुआ था। पवह नदी के तट पर स्थित माँ वनदेवी दुर्गा का पवित्र मंदिर स्थित है। माना जाता है कि अरदौना देवी के मंदिर की स्थापना महाभारत काल में पांडवों के अज्ञातवास काल में स्वयं अर्जुन ने की थी। पहले समय में इस मंदिर को अरदौना देवी थान के नाम से जाना जाता था लेकिन बाद में इस मंदिर का नाम लेहड़ा देवी मंदिर रख दिया गया। वर्तमान समय में यह मंदिर लेहड़ा देवी मंदिर के नाम से ही जाना जाता है। अज्ञातवास काल के दौरान अर्जुन ने इस जगह पर वनदेवी की पूजा की थी। अर्जुन की पूजा से प्रसन्न होकर वनदेवी माँ भगवती दुर्गा ने उसे अमोघ शक्तियाँ प्रदान की थीं। माँ भगवती के आदेशानुसार अर्जुन ने इस जगह पर शक्तिपीठ की स्थापना की थी। बाद में यहीं अरदौना देवी के नाम से प्रसिद्ध हुई। इसके अतिरिक्त, स्थानीय लोगों का मानना है एक बार कोई युवती नाव से वह नदी पार कर रही थी। तब नाविकों ने उस युवती को बुरी नीयत से स्पर्श करना चाहा था। उस वक्त वनदेवी माँ ने स्वयं प्रकट होकर उस युवती की रक्षा की थी और नाविकों को नाव के साथ ही उसी समय जल समाधि दे दी थी।

तपस्थली

अरदौना मंदिर से कुछ ही दूरी पर एक प्राचीन तपस्थली है। इस जगह पर कई साधु-संतों की समाधियाँ हैं। इन्हीं साधु योगियों में एक प्रसिद्ध बाबा वंशीधर थे। बाबा वंशीधर एक सिद्ध योगी के रूप में प्रसिद्ध रहे हैं। अपने योग बल के द्वारा उन्होंने कई चमत्कार और लोक-कल्याण के कार्य किए थे। बाबा की शक्ति और भक्ति से कई वन्य जीव-जंतु उनकी आज्ञा को मानने

के लिए तैयार हो जाते थे। माना जाता है कि एक बार बाबा वंशीधर ने अपनी शक्तियों द्वारा एक शेर और मगरमच्छ को शाकाहारी जीव बना दिया था।

प्राचीन शिवलिंग : जिला मुख्यालय से लगभग 12 किमी. की दूरी पर कटहरा गाँव स्थित है। इस गाँव के समीप ही दो टीले स्थित हैं। इन टीलों पर दो प्राचीन शिवलिंग स्थित है। पहला शिवलिंग मंदिर के भीतर स्थित है वहीं दूसरा शिवलिंग खुले आसमान के नीचे स्थित है। माना जाता है कि इस जगह का संबंध शिव और बौद्ध मतावलंबियों से रहा है। प्रत्येक वर्ष शिवरात्रि के अवसर पर यहाँ बहुत बड़े मेले का आयोजन किया जाता है। काफी संख्या में लोग इस मेले में सम्मिलित होते हैं।

बनर सिंहागढ़

फरेंदा-सुनौली राजमार्ग से होकर,कोल्हुई बाजार से आगे राजपुर-मुड़ली होते हुए बनर सिंहागढ़ आसानी से पहुँचा जा सकता है। लगभग 35 हेक्टेयर के क्षेत्र में फैले, इस जगह पर कई टीले, स्तूप और तालाब आदि स्थित है। इसके अतिरिक्त यहाँ एक प्राचीन शिवलिंग और एक चतुर्भुजी मूर्ति भी स्थित है। प्रत्येक वर्ष शिवरात्रि के अवसर पर यहाँ मेले का आयोजन किया जाता है। कुछ लोग इसे वीरगाथा काव्य के नायक आल्हा-ऊदल के परम हितैषी, सैयद बनरस के किले के रूप में भी मानते हैं। कई पुरातत्त्वविद् इसे देवदह भी मानते हैं।

सोनाड़ी देवी

सोनाड़ी देवी चौक वन क्षेत्र पर स्थित है। इस जगह पर एक स्तूपाकार ऊँचा टीला है, जिसकी ऊँचाई 30-35 फीट है। इस जगह के आसपास कई छोटे-बड़े सरोवर भी स्थित हैं। माना जाता है, इस जगह पर एक विशाल वट वृक्ष स्थित है। यह वृक्ष हजारों वर्ष पुराना है। इस पेड़ की शाखाएँ इतनी अधिक लंबी हैं कि अब वह वृक्ष बन चुकी हैं। यह वृक्ष एक अद्भुत दृश्य दर्शाते हैं। इसके अतिरिक्त इस जगह पर गोरखपंथियों का एक मठ भी स्थित है।

शिव मंदिर

महराजगंज के इटहिया स्थित एक प्राचीन शिव मंदिर है। प्रत्येक वर्ष शिवरात्रि के अवसर पर स्थानीय लोगों के सहयोग से मेले का आयोजन किया जाता है। यह निचलौल कस्बे से लगभग दस किमी. उत्तर दिशा में स्थित है।

विष्णु मंदिर

महदेइया स्थित विष्णु मंदिर यहाँ के पुराने मंदिरों में से एक है। इस मंदिर में स्थित भगवान् की मूर्ति काफी प्राचीन है। विष्णु मंदिर के परिसर में एक तालाब स्थित है। माना जाता है कि इस तालाब से अन्य अनेक महत्त्वपूर्ण मूर्तियाँ प्राप्त हुई थीं।

साईं मंदिर

घुघली में निर्मित साईं मंदिर जनपद का एकमात्र साईं मंदिर है तथा श्रद्धालुओं के आकर्षण का प्रमुख केंद्र है। प्रतिवर्ष मकर संक्रांति, रामनवमी तथा दीपावली को यहाँ धूमधाम से मनाया जाता है।

आवागमन

सबसे निकटतम हवाई अड्डा गोरखपुर विमानक्षेत्र है। साथ ही गोरखपुर में स्थित सैनिक हवाई अड्डे से भी सप्ताह में दो उड़ानें जाती हैं, इसके अतिरिक्त निकटवर्ती कुशीनगर (पडरौना) में एक अंतरराष्ट्रीय हवाई अड्डा निर्माणाधीन है।

रेल मार्ग द्वारा महराजगंज आसानी से पहुँचा जा सकता है, हालाँकि जिला मुख्यालय तक रेल सेवा उपलब्ध नहीं है, परंतु गोरखपुर जंक्शन से ब्रॉड गेज आनंदनगर, नौतनवा आदि के लिए उपलब्ध है।

महराजगंज सड़क मार्ग द्वारा भारत के कई प्रमुख शहरों से जुड़ा हुआ है। साथ ही सोनौली राजमार्ग के द्वारा यह भारत और नेपाल को जोड़ता है।

सोहागी बरवा वन्य-जीव अभयारण्य

पूर्वी उत्तर प्रदेश के महराजगंज जिले में स्थित है और डब्ल्यूडब्ल्यूएफ-भारत के प्राथमिकता वाले बाघ परिदृश्यों में से एक तराई आर्क लैंडस्केप का हिस्सा है। अभयारण्य बाघों सहित विभिन्न प्रकार के वनस्पतियों और जीवों का घर है। अभयारण्य का एक हिस्सा बिहार के वाल्मीकि टाइगर रिजर्व के साथ है।

इस क्षेत्र को वर्ष 1987 में अभयारण्य घोषित किया गया था और यह 482 वर्ग किमी. के क्षेत्र में फैला हुआ है। यह महराजगंज जिले का प्रमुख आकर्षण है और इसमें आस-पास

के क्षेत्रों की सात वन श्रेणियाँ शामिल हैं। अभयारण्य नेपाल और बिहार में अभयारण्यों के बीच गलियारे के रूप में कार्य करता है। यह यूपी में बाघों के आवासों में से एक है। 2007 की जनगणना के अनुसार, यहाँ पाए जानेवाले पशु संख्या उनकी जनसंख्या को दर्शाते हैं—टाइगर (11), चीतल (हिरण) (586), जंगली बिल्ली, जंगली सूअर (2,546), गिद्ध (235), साँभर (139), बंदर (9,473), क्रेन, पायथन, क्रोकोडाइल एंड एलीगेटर (79), बाइसन (2,090), पोरपाइन (07), खरगोश (175), भालू (01), मयूर (78), वाइल्डफॉल (89), बबून (लैगून) (5,506)), क्रेन (257), कचनार (199), पाठा (89) सोहागी बरवा और कतर्निया घाट अभयारण्य (दुधवा टाइगर रिजर्व का हिस्सा) नेपाल के शिवालिक जंगलों के माध्यम से जुड़े हुए हैं। दो अलग-अलग ब्लॉकों में 139 किमी. में बाघों का कब्जा है।

पौराणिक ऐतिहासिक एवं सांस्कृतिक पृष्ठभूमि

महराजगंज का ऐतिहासिक एवं सांस्कृतिक दृष्टि से अत्यधिक महत्त्व है। ऋषियों के तप, यज्ञ तथा संबोधी प्राप्त ज्ञानियों एवं संतों-आचार्यों का उपदेश साथ ही समाज की जागृत ऊर्जा वाला भूमि होने के कारण इस क्षेत्र में विचार वाणी और क्रिया से संबंधित संस्कृति का चिंतन और जीवन के विकास में प्रयोग का प्राचीन परंपरा विद्यमान रही है। इस क्षेत्र को कारपथ कहा जाता था जो कोसल राज्य का अंग था। इस राज्य पर राज्य करनेवाले प्राचीनतम सम्राट इश्वाकु थे। इसकी राजधानी अयोध्या थी।

रामचंद्र

त्रेतायुग के प्राय: अंत में दशरथ के पुत्र रामचंद्र हुए।[4] सबसे बड़े महापुरुष और हिंदू-धर्म में विष्णु के अवतार माने जाते हैं। व्यक्तिगत, पारिवारिक, सामाजिक और राजनैतिक जीवन में जो आदर्श अपने व्यवहार से भगवान् राम ने उपस्थित किया वह अब भी भारतीय जनता को शिरोधार्य है। इसीलिए रामचंद्र मर्यादा पुरुषोत्तम कहलाते हैं। अपनी विमाता कैकेयी के षड्यंत्र से अपने भाई लक्ष्मण और श्री सीता के साथ ये अयोध्या से अपने पिता द्वारा निर्वासित किए गए। अपने वनवास के समय प्रयाग, चित्रकूट आदि स्थानों में घूमते हुए वे पंचवटी में आए। इसके पहले ही दक्षिणापथ के पश्चिमी भाग में आर्य क्षत्रियों के उपनिवेश और राज्य स्थापित हो गए थे, किंतु पूर्व का भाग अभी उनके अधिकार में नहीं था। इसका अधिकांश तो जंगल था और नदियों की घाटियों और जनस्थानों में वानर, ऋक्ष, राक्षस

आदि अर्द्धसभ्य और बर्बर जातियाँ बसती थीं। परंतु आर्य क्षत्रियों और राजाओं से पूर्व वहाँ ब्राह्मण ऋषि-मुनि पहुँच गए थे। ये लोग तपस्या करते और अपने धर्म और संस्कृति के प्रचार में लगे रहते थे। इनको इस प्रचार कार्य में राक्षसों से बड़ी बाधा पहुँचती थी। भगवान् राम ने इनकी रक्षा की प्रतिज्ञा की और दंडकारण्य में बहुत से राक्षसों को मारा भी। इससे लंका के राक्षस राजा रावण से उनका बैर हो गया और उसने छल से सीता का अपहरण किया। रामचंद्र ने दक्षिण की वानर, ऋक्ष आदि जातियों के नेता हनुमान, सुग्रीव, जांबवंत इत्यादि से मैत्री करके लंका पर आक्रमण किया। युद्ध में रावण मारा गया और सीता वापस आईं। इस सारी कथा का ऐतिहासिक महत्त्व यह है कि सारा दक्षिणापथ (लंका तक) राजनैतिक और सांस्कृतिक दृष्टि से रामचंद्र के द्वारा आर्यप्रभाव में लाया गया। वनवास से लौटने पर उन्होंने अश्वमेघ यज्ञ किया और भारतवर्ष के प्राय: सभी राजाओं ने उनका आधिपत्य स्वीकार किया।

रामचंद्र और गोरखपुर परिक्षेत्र

रामचंद्र के समय में ही गोरखपुर जनपद विशेष प्रकाश में आया। अश्वमेघ-यज्ञ के बाद उन्होंने अपने साम्राज्य को अपने भतीजों और पुत्रों के बीच मांडलिक राज्यों में बाँट दिया। केकय-देश के राजा युधाजित के निमंत्रण और सहायता से भरत ने अपने दो पुत्रों तक्ष और पुष्कल के साथ सिंधु नदी के दोनों तट पर स्थित गंधर्व देश (गंधार) जीता था। वह सारा प्रदेश भरत के पुत्रों को मिला। तक्ष ने तक्षशिला और पुष्कल ने पुष्कलावती नाम की राजधानी बसाई और वहीं पर राज्य करने लगे।[5] शत्रुघ्न ने यमुना के पश्चिम सात्वतों को हराया और माधव लवण नामक राक्षस को मारकर मथुरा को अपनी राजधानी बनाया। वहाँ पर उनके पुत्र सुबाहु और शूरसेन ने राज्य किया। शूरसेन के नाम पर वह प्रदेश शूरसेन कहलाया। लक्ष्मण के पुत्रों को जब मांडलिक राज्य देने की बात आई तब रामचंद्र ने लक्ष्मण से कहा—

"हे सुमित्रा के पुत्र! ये तुम्हारे दोनों कुमार अंगद और चंद्रकेतु धर्म के तत्त्व को समझने वाले और राज्यशासन के लिए आवश्यक दृढ़ पराक्रम वाले हैं। राज्य में इनका अभिषेक करने की मेरी इच्छा है। ऐसा देश बतलाओ जो रमणीय और बाधारहित हो और वहाँ पर ये दोनों धनुषधारी आनंद से विचरण कर सकें। वह ऐसा प्रदेश हो जहाँ न तो राजा को पीड़ा और न आश्रमों का विनाश हो।

हे सौम्य! ऐसा ही देश बतलाओ जिसको (इन कुमारों को) देकर हम अपराधी न कहलावें।"[6]

राम के ऐसा पूछने पर भरत ने कहा—"यह कारुपथ देश रमणीय और निरापद है। वहाँ पर महात्मा अंगद का पुर (राजधानी) और चंद्रकेतु का सुंदर और निरापद चंद्रकांत नामक पुर स्थापित कीजिए।"[7]

"भरत का कथन रामचंद्रजी ने मान लिया। उस देश को अच्छी तरह सुशासित करके (पहले) अंगद का वहाँ प्रवेश कराया। उनके लिए अंगदीया नाम की सुंदर पुरी निवेशित (स्थापित) हुई। यह पुरी अत्यंत सुंदर और सुंदर कर्म करनेवाले राम से भलीभाँति सुरतक्षित थी। मल्ल चंद्रकेतु की मल्लभूमि में स्वर्गपुरी के समान सुंदर प्रसिद्ध चंद्रकांता नाम की नगरी बसाई गई।"[8]

"इसके पश्चात् यह प्रबंध करके युद्ध में दुराधर्ष राम, लक्ष्मण और भरत बहुत प्रसन्न हुए और कुमारों का राज्याभिषेक कर दिया। अभिषेक करके उन दोनों राजकुमारों को अंगद को पश्चिमी भूमि और चंद्रकेतु को उत्तर की भूमि में–सावधानीपूर्वक स्थिर कर दिया।"[9]

अंगद और चंद्रकेतु के राज्यलाभ का जो वर्णन वाल्मीकि रामायण में दिया हुआ है उसका समर्थन महाकवि कालिदास अपने महाकाव्य रघुवंश[10] में इस प्रकार करते हैं—"रामचंद्र जी की आज्ञा से लक्ष्मण ने अपने पुत्र अंगद और चंद्रकेतु को कारापथ (वास्तव में कारुपथ) का राजा बनाया।" वायु और विष्णु पुराण भी इस बात से सहमत हैं कि लक्ष्मण ने अपने दो पुत्रों अंगद और चंद्रकेतु को हिमालय के निकट दो प्रदेश राज्य करने के लिए दिया जिनकी राजधानियाँ क्रमशः अंगदीया और चंद्रचक्रा (चंद्रकांता) थी।

अब प्रश्न यह है कि उपर्युक्त 'रुचिर, निरापद, राजा को पीड़ा न देनेवाला और आश्रमों का विनाश न करनेवाला' कारुपथ प्रदेश कहाँ था? पुराणों के अनुसार यह हिमालय की तलहटी में होना चाहिए। रामचंद्र के युग में, पूर्व में प्राग्ज्योतिष (कामरूप) से पश्चिम में गांधार तक दृष्टि डालने से, उस काल के राज्यों की स्थिति और हिमालय की तलहटी का भावी इतिहास ध्यान में रखते हुए, यही निष्कर्ष निकलता है कि जहाँ आधुनिक बस्ती जनपद का पूर्वी और गोरखपुर का पश्चिमी भाग है वहाँ कारुपथ स्थित था। इसके पक्ष में सबसे बड़ा प्रमाण यह है कि वाल्मीकि-रामायण में कारुपथ के पूर्वोत्तरी भाग को, जहाँ चंद्रकेतु की राजधानी चंद्रकांता बसाई गई थी, मल्लभूमि कहा गया है। भारतीय इतिहास में एक ही मल्लभूमि या मल्लराष्ट्र मालूम है और वह है गोरखपुर-जनपद का मल्लराष्ट्र जिसका विस्तृत वर्णन बौद्ध साहित्य में भरा पड़ा है।

मल्लराष्ट्र की स्थापना

उपर्युक्त के विवेचन से स्पष्ट है कि अयोध्या के सूर्यवंश के दो राजकुमार अंगद और चंद्रकेतु ने कारुपथ (बस्ती का पूर्वी और गोरखपुर का पश्चिमी भाग) में अपना मांडलिक

राज्य स्थापित किया। उनके साथ बहुत से सूर्यवंशी क्षत्रिय यहाँ आकर अवश्य बसे होंगे। कारुपथ प्रदेश में अंगदीया और चंद्रकांता नाम की दो सुंदर राजधानियाँ बसाई गई थीं। किंतु प्राचीन बस्तियों के भग्नावशेषों से उनका पता लगाना बहुत कठिन है। शाक्यों के इतिहास से मालूम होता है कि सूर्यवंशी थे और कारुपथ के पश्चिमी भाग में बसे हुए थे। संभवत: वे अंगद के ही वंशज थे।

इस संबंध में एक और बात विचारणीय है। कारुपथ का पूर्वी भाग मल्लभूमि क्यों कहलाया? इसका उत्तर वाल्मीकि रामायण में स्पष्ट दिया हुआ है। लक्ष्मण के पुत्र चंद्रकेतु की उपाधि 'मल्ल'[11] थी। उनका राज्य कारुपथ के पूर्वी भाग में स्थापित हुआ। इसलिए यह भाग 'मल्लभूमि' या मल्लराष्ट्र कहलाया। इसी उपाधि के अनुकरण पर इनके तथा इनके अभिजनों के वंशज 'मल्ल' कहलाए। मल्लभूमि के ऊपर श्री पं. राम प्रसाद जी पांडेय ने अपनी पुस्तक (गोरखपुर जिले का इतिहास) में अपना मत इस प्रकार प्रकट किया है?[12] "कारुपथ के पश्चिमी भाग में अंगद की राजधानी अंगदीया और उत्तरी भाग में मल्लों के प्रदेश में चंद्रकेतु की राजधानी चंद्रकांता स्थापित हुई। उसी प्रसंग में यह कहा गया है कि इस कार्य के लिए कारुपथ-प्रदेश जीता गया। अन्य प्रदेशों की भाँति इस कारुपथ और मल्लभूमि पर अनेक महाराजों का दिग्विजय दिखाई देता है।" इस अवतरण से यह ध्वनि निकलती है कि चंद्रकेतु के मांडलिक राज्य की स्थापना के पहले मल्लराष्ट्र नामक कोई राष्ट्र स्थापित था, जिसको जीतकर चंद्रकेतु को वहाँ का राजा बनाया गया। इस मत का सूर्यवंश के पूर्व इतिहास से मेल नहीं खाता। सभी पुराण इस विषय में एक मत हैं कि मनु ने अपने पुत्र इक्ष्वाकु को मध्य प्रदेश का राजा बनाया। कारुपथ (बस्ती का पूर्व और गोरखपुर का पश्चिमी भाग) प्रारंभ से ही मध्य प्रदेश का अभिन्न अंग था, यह अयोध्या के राज्य का भाग था, साम्राज्य का नहीं। अत: इसको फिर से जीतने का प्रश्न ही नहीं उठ सकता। इसको पहले से ही 'रम्य, निरापद और राजा को पीड़ा न देनेवाला' कहा गया है। इस प्रसंग में 'वश' करने का अर्थ है सुशासित करना, जीतना नहीं, गांधार तथा यमुना तटवर्ती (शूरसेन) प्रदेश के जीतने का जहाँ प्रसंग आया है वहाँ युद्ध की तैयारी और वास्तविक युद्ध का वर्णन पाया जाता है। रामचंद्र के पूर्व दशरथ, अज, रघु, आदि कई दिग्विजयी सूर्यवंशी राजा हुए, किंतु किसी के भी दिग्विजय में मल्लराष्ट्र का, स्वतंत्र अथवा अधीन राज्य के रूप में अस्तित्व सूचित नहीं होता।[13] चंद्रकेतु के कारुपथ में जाने के पहले मल्लभूमि और मल्ल जाति का कहीं भी उल्लेख नहीं मिलता। जब चंद्रकेतु की उपाधि स्पष्ट रूप से 'मल्ल' दी हुई है तब इस बात में थोड़ा भी संदेह नहीं रह जाता कि मल्लभूमि अथवा मल्लराष्ट्र के वे ही संस्थापक और क्षत्रिय मल्ल जाति के वे ही पूर्वज थे।

कपिलवस्तु के शाक्य

बौद्धग्रंथ दीघनिकाय[14] में शाक्यों का वंशपरिचय इस प्रकार दिया हुआ है, "शाक्य लोग राजा इक्ष्वाकु को अपना पूर्वज मानते हैं। प्राचीन काल में राजा इक्ष्वाकु की एक प्रिय रानी थी। उससे उत्पन्न राजकुमारों—ओक्कामुख, करकंड हत्थिनिक और सिनीपुर—को राज्य से निर्वासित कर दिया। अपने निर्वास के बाद से राजकुमार हिमालय की तलहटी में एक कमलसागर के किनारे रहते थे। वहाँ पर एक बड़ा शाक-उपवन था। अपने रक्त के दूषित होने के भय से उन लोगों ने अपनी बहनों से विवाह किया। राजा इक्ष्वाकु ने अपने मंत्रियों से पूछा कि उस समय राजकुमार कहाँ पर थे। मंत्रियों ने उत्तर दिया, "राजन् हिमालय की तलहटी में एक कमलसागर के किनारे एक बड़ा शाक-उपवन है। वहीं पर इस समय वे रहते हैं। अपने रक्त के दूषित होने के भय से अपनी बहनों[15] से उन्होंने विवाह कर लिया है।" इस पर राजा इक्ष्वाकु ने उत्कंठित शब्द कहे, "ये राजकुमार वास्तव में 'शक्य' हैं। वास्तव में राजकुमार बड़े समर्थ है। इसके पश्चात् वे शाक्य कहे जाने लगे। राजा इक्ष्वाकु[16] शाक्य जाति के पूर्वज थे।"

दीघनिकाय पर टीका[17] करते हुए बुद्धघोष ने शाक्यों की वंश-कथा इस प्रकार लिखी है—

"कथा का क्रम इस प्रकार है। कहा जाता है कि कृतयुग के राजाओं में राजा महासम्मत के पुत्र राज नामक थे। राज के पुत्र वरराज, वरराज के कल्याण, कल्याण के वरकल्याण, वरकल्याण के मांधाता, मांधाता के वरमांधातृ, वरमांधाता के उपोसथ, उपोसथ के चर, चर के उपचर,उपचर के मखादेव पुत्र थे। मखादेव के वंशजों में 84000 क्षत्रिय हुए। इसके पश्चात् ओक्काक (इक्ष्वाकु) के तीन वंश हुए। इनमें से तीसरे वंश वाले इक्ष्वाकु की पाँच रानियाँ थीं—भट्टा, चित्ता, जंतु, जालिनी और विशाखा। इनमें से प्रत्येक की पाँच सौ दासियाँ थीं। सबसे बड़ी के चार पुत्र थे—ओक्कामुख, करकंड, हत्थिनिक और सिनीपुर। उसकी पाँच कन्याएँ थीं—पिया, सुप्पिया, आनंदा, विजिता और विजितसेना। नौ बच्चों को जन्म देकर बड़ी रानी मर गईं। तब राजा ने दूसरी अत्यंत सुंदरी राजकुमारी से विवाह किया और उसको अपनी पटरानी बनाया। उससे जंतु नामक पुत्र उत्पन्न हुआ। पाँचवें दिन रानी ने उसका श्रृंगार करके उसको राजा दिखाया। राजा अत्यंत प्रसन्न हुआ और रानी को एक वर देने की प्रतिज्ञा की। रानी ने अपने संबंधियों से परामर्श करके राजा से अपने पुत्र के लिए राज्य माँगा। राजा ने उसकी भर्त्सना करते हुए कहा, "नीच स्त्री! तुम्हारा नाश हो। मेरे पुत्रों का तुम विनाश करना चाहती हो।" किंतु उसने एकांत में राजा को बारंबार उकसाया और कहा, "राजन् वचनभंग आपको शोभा नहीं देता।" इसलिए राजा ने अपने पुत्रों से कहा, "मेरे पुत्रो तुममें से सबसे छोटे जंतु को देखकर उसकी माता को एक वर दिया। वह अपने पुत्र के लिए

राज्य चाहती है। तुम हाथी, घोड़े रथ जो कुछ चाहो (राजा के व्यक्तिगत हाथी, घोड़े और रथ को छोड़) लेकर बाहर चले जाओ और मेरी मृत्यु के पश्चात् वापस आकर राज्य पर शासन करो।" ऐसा कहकर राजा ने आठ मंत्रियों के साथ राजकुमारों को बाहर भेज दिया।

राजकुमारों ने शोक और विलाप करते हुए कहा, "पिताजी हमारे अपराध क्षमा करें।" राजा और रानियों से विदा माँगते हुए उन्होंने कहा, "हम सभी भाई बाहर जा रहे हैं।" उसके बाद अपनी बहनों और चतुरंगिणी सेना के साथ उन्होंने प्रस्थान किया। बहुत से लोग यह सोचते हुए कि राजकुमार अपने पिता के मरने के बाद वापस आ जाएँगे, उनके साथ हो लिए। पहले दिन सेना एक योजन चली, दूसरे दिन दो और तीसरे दिन तीन। राजकुमारों ने आपस में परामर्श किया और कहा, "सेना बहुत बड़ी है। यदि किसी पड़ोसी राजा को परास्त करके उसका राज्य लेना हो तो यह पर्याप्त न होगी। फिर हम दूसरों पर अत्याचार क्यों करें? जंबूद्वीप बड़ा विशाल है। हम लोग कोई जंगल साफ कर नगर बसाएँ। इसीलिए हिमालय की ओर चलते हुए नगर के लिए एक उपयुक्त स्थान चुना।"

"उस समय हमारे बोधिसत्व एक कुलीन ब्राह्मण परिवार में उत्पन्न हुए थे। वे कपिल[18] नाम से पुकारे जाते थे। संसार का परित्याग कर वे यति हो गए। हिमालय की तलहटी में कमल सागर के किनारे शाक-उपवन में पत्तों की कुटी में निवास करते थे। वे भूकंप-विज्ञान जानते थे और अस्सी हाथ ऊपर आकाश और अस्सी हाथ नीचे पृथ्वी के दोषों को देख सकते थे। जब सिंह, बाघ और दूसरे हिंसक जंतु हरिण और शकरों का पीछा करते हुए और बिल्ली चूहों और मेढकों का पीछा करती हुई उस स्थान पर पहुँचते थे तो उनकी गति रुक जाती थी और वे वापस लौट आते थे। इस स्थान को पृथ्वी पर सर्वोत्तम समझकर कपिल ने वहाँ पर अपनी कुटी बनाई।"

राजकुमारों को एक नगर के लिए उपयुक्त स्थान की खोज में अपने प्रदेश की ओर देखकर कपिल ने उनसे आने का उद्देश्य पूछा और जानकर उन पर दया प्रदर्शित करते हुए कहा, "इस पर्णकुटी के स्थान पर बसाया गया नगर जंबू द्वीप का प्रमुख नगर होगा। यहाँ उत्पन्न होने वालों में से एक व्यक्ति दूसरे स्थान के एक सौ अथवा एक सहस्त्र मनुष्यों को परास्त करने में समर्थ होगा। नगर यहीं बसाओ और राजप्रासाद पर्णकुटी के ऊपर बनाओ। इस स्थान पर राजभवन बनाने से एक चंडाल-पुत्र भी चक्रवर्ती राजा को पराजित कर देगा।" कुमारों ने पूछा, "भगवान् क्या यह स्थान आपका नहीं है?" कपिल ने उत्तर दिया, "इस बात की बिलकुल चिंता न करो कि यह स्थान हमारा है। किसी पर्वत के ढाल पर मेरे लिए एक कुटी बना दो और इस स्थान पर नगर बसाकर उसका नाम कपिलवस्तु रखो।" राजकुमारों ने वैसा ही किया और वहीं बस गए।

इसके पश्चात् मंत्रियों ने विचारा, "ये नवयुवक बड़े हो गए हैं। यदि ये अपने पिता के साथ होते तो वे विवाह-संबंध की व्यवस्था करते किंतु अब तो यह हमारा काम है।" इसलिए उन्होंने राजकुमारों से परामर्श किया। राजकुमारों ने कहा, "हम लोग न तो ऐसी क्षत्रिय कन्याएँ देखते हैं जो हमारे समान हों और न ऐसे क्षत्रिय कुमार देखते हैं जो हमारी बहनों के समान हों। असमान कुल में विवाह करने से जो पुत्र उत्पन्न होंगे वह मातृ और पितृ दोनों पक्ष में दूषित होंगे। अतएव हम अपनी बहनों से ही विवाह करेंगे, अपनी जाति दूषित होने के भय से, अपनी बड़ी बहन को माता के स्थान पर रखकर, शेष के साथ उन्होंने विवाह किया। उनके पुत्र और कन्याओं की वृद्धि होने लगी। किंतु उनकी बड़ी बहन को कुष्ठ रोग हो गया और उसके अंग कोविलार फूल की तरह से दिखाई पड़ने लगे। राजकुमार यह सोचने लगे कि जो कोई इसके साथ बैठेगा, खड़ा होगा, भोजन करेगा उसको यह रोग हो जाएगा। इसलिए एक दिन उसको रथ में बैठाकर, मानो मृगया के लिए बन जाते हों, उसको एक घने जंगल में ले गए। वहाँ पर एक कमल बावली खोदकर उसके नीचे पृथ्वी में एक घर बनाया। उसमें अपनी बड़ी बहन को रख दिया। उसके पास खाने-पीने के पदार्थ रख, ऊपर से मिट्टी भरकर राजकुमार वापस आए। उसी समय बनारस[19] के राजा राम को कुष्ठ रोग हो गया था। वह अपनी स्त्रियों और नाच-गान करने वाली लड़कियों से उदासीन हो, खिन्नता में राज्य अपने बड़े लड़के को देकर जंगल में चला आया। यहाँ जंगल में रहकर फल-फूल पर निर्वाह करता हुआ शीघ्र स्वस्थ और स्वर्णवर्ण का हो गया। जब वह इधर-उधर घूम रहा था एक खोखला वृक्ष देखा। सोलह हाथ इसके भीतर स्थान बनाकर, उसमें दरवाजे और खिड़की बनाकर उसी में रहने लगा। अँगीठी में कोयले जलाकर, रात में लेटे-लेट पशुओं तथा पक्षियों के शब्द सुना करता था। यह देखा करता था कि अमुक स्थान पर सिंह आया था और अमुक स्थान पर बाघ। दूसरे दिन वहाँ जाकर उनके अवशिष्ट मांस को पकाकर खाता था।"

"एक दिन प्रात:काल वह आग जलाकर बैठा हुआ था। राजा (इक्ष्वाकु) की लड़की के मांस-गंध से आकृष्ट होकर एक बाघ उस तरफ आया और ऊपर से मिट्टी हटाकर ऊपर के आच्छादन में एक छेद कर दिया। छेद के रास्ते से बाघ को देखकर राजकुमारी डरी और चिल्लाने लगी। राजा ने शब्द सुना, उसने पहचाना कि स्त्री की आवाज थी और बड़े तड़के उस तरफ गया। उसने पूछा, "कौन है?"

उत्तर आया, "देव एक स्त्री।"

"तुम किस जाति की हो?"

"मैं इक्ष्वाकु की पुत्री हूँ, भद्र।"

"बाहर आओ।"

"मैं बाहर नहीं आ सकती।"

"क्यों?"

"मुझको चर्मरोग है।"

सारी वार्ता पूछकर और यह जानकर कि वह अपने क्षत्रिय-अभिमान से बाहर नहीं आ रही थी, राजा ने बतलाया कि वह भी क्षत्रिय है और उसके पास तक सीढ़ी डालकर उसको बाहर निकाल लिया। राजकुमारी को वह अपने निवास-स्थान पर ले गया, उसको उस औषध-खाद्य को दिखाया जिसका सेवन कर वह स्वस्थ हो गया था, और थोड़े ही समय में उसको स्वस्थ और सुवर्ण वर्ण की बनाकर उसके साथ विवाह किया। पहली बार राजकुमारी ने दो बच्चों को जन्म दिया, फिर दो और इस प्रकार सोलह बार पुत्र उत्पन्न किया। इस तरह बत्तीस भाई पैदा हुए। वे क्रमशः बड़े होने लगे और पिता ने उनको सभी कलाएँ सिखाईं।

एक दिन राजा राम के नगर के एक निवासी ने, जो उस पर्वत में रत्नों की खोज कर रहा था, राजा को देखा और उसको पहचानकर कहा, "राजन् मैं आपको जानता हूँ।" राजा ने उससे सब समाचार पूछा। ठीक उसी समय राजपुत्र आ गए। उनको देखकर निवासी ने पूछा कि वे कौन हैं। ऐसा कहे जाने पर कि वे राम के पुत्र हैं, निवासी ने उनकी माँ के परिवार के बारे में पूछा। यह सोचकर कि उसको एक मनोरंजक कथा मालूम हूई वह अपने नगर को वापस आया और राजा से पूरी कथा कह सुनाई। राजा ने अपने पिता को वापस लाने का निश्चय किया, चतुरंगिणी सेना के साथ जंगल गया और अपने पिता से पुनः राज्य ग्रहण करने की प्रार्थना की। पिता ने उत्तर दिया, "पुत्र, बहुत राज्य कर लिया। यहाँ पेड़ साफ कराकर मेरे लिए एक नगर बसा दो।"

राजपुत्र ने वैसा ही किया। कोलवृक्षों के काटने और व्याघ्रपथ पर होने के कारण नगर के दो नाम पड़े—कोलनगर और व्याघ्रपद्या। पिता को प्रणाम करके वह अपने नगर को लौट गया। जब राजकुमार बड़े हो गए तो उनकी माता ने कहा, "पुत्रो! कपिलवस्तु में रहनेवाले शाक्य तुम्हारे मामा हैं। तुम्हारी ममेरी बहनों के बाल और वस्त्र उसी प्रकार के हैं जैसे तुम्हारे। जब वे नहाने के घाट पर आवें तब तुम लोग एक-एक को जो तुम्हें पसंद हों ग्रहण करो। राजकुमार वहाँ गए। जब शाक्य कन्याएँ नहाकर अपने बाल सुखा रही थीं प्रत्येक ने एक-एक ग्रहण किया और उनको अपने नाम बताकर वापस चले आए। इस घटना को सुनकर शाक्य राजाओं ने विचारा, "यह ठीक ही हुआ, जब निश्चय है कि वे हमारे सजातीय हैं।" और वे चुप मार गए। शाक्यों और कोलियों की उत्पत्ति इस प्रकार हुई। और तभी से दोनों परिवारों में विवाह-संबंध की प्रथा बुद्ध के समय तक चली आई।"

दीघनिकाय और उसकी टीका भगवान् बुद्ध के बहुत पीछे लिखी गई और शाक्यों तथा कोलियों की उत्पत्ति और उपर्युक्त कहानियों के बीच में बहुत समय बीत चुका था। अतः इन कथाओं में इतिहास और कल्पना का विचित्र मिश्रण दिखाई पड़ता है। फिर भी यदि कल्पनात्मक अंश को उनसे निकाल दिया जाए तो इतिहास की कई बातें स्पष्ट मालूम होती हैं। इनको निम्नलिखित प्रकार से रखा जा सकता है—

(1) शाक्य लोग इक्ष्वाकुवंश (अयोध्या के सूर्यवंश) की एक शाखा से उत्पन्न हुए।

(2) शाकवन में बसने के कारण ये शाक्य कहलाए।[20]

(3) कपिलवस्तु में उनके बसने के पूर्व वहाँ ब्राह्मणों का उपनिवेश था।

(4) शाक्यों में सगोत्र विवाह होता था।

(5) शाक्यों और काशी के राजा के बीच विवाह-संबंध चलता था।

(6) इस विवाह-संबंध से एक कोलिय वंश की उत्पत्ति हुई।

(7) इन दोनों वंशों में मामा की कन्या से विवाह संभव था।

अब प्रश्न यह हो सकता है कि सूर्य अथवा इक्ष्वाकु वंश की शाखा कपिलवस्तु में कब स्थापित हुई। इस संबंध में एक ही प्रामाणिक उल्लेख, जो कल्पना और अतिरंजन से रहित हैं, वाल्मीकि रामायण[21] में मिलता है। उसके अनुसार लक्ष्मण के बड़े पुत्र अंगद को कारुपथ का पश्चिमी भाग (मोटे तौर पर बस्ती जिले का उत्तरी-पूर्वी भाग) राज्य करने को मिला। उनके साथ सूर्यवंशी सामंत और सेना भी अवश्य ही आई होगी। इस प्रदेश में शाक (साखु) वृक्षों की बहुलता होने से इन सूर्यवंशी क्षत्रियों की स्थानीय उपाधि शाक्य हो गई।[22] ऐसा जान पड़ता है कि आगे चलकर कपिलवस्तु को अधिक उपयोगी समझकर, अंगदीया छोड़कर शाक्यों ने अपनी राजधानी कपिलवस्तु में बना ली। आजकल के ऊँची जाति के हिंदुओं को सगोत्र तथा मातुलकन्या विवाह असाधारण प्रथा मालूम होगी, किंतु प्राचीन साहित्य में इसके अनेक दृष्टांत भरे पड़े हैं। दशरथ और कौसल्या तथा राम और सीता सभी एक वंश के थे। सुभद्रा अर्जुन की मातुल-कन्या थी। दक्षिणात्यों में मातुल-कन्या-विवाह आज भी सर्वोत्तम विवाह माना जाता है। अतः शाक्यों की ये प्रथाएँ आर्यत्व और कुलीनता के विरुद्ध नहीं थीं। काशी के राजवंश से उनका विवाह-संबंध इस बात का एक स्पष्ट प्रमाण है। कोसल के बुद्धकालीन राजा प्रसेनजित् शाक्यों को अपना सगोत्रीय समझते थे और उनके यहाँ अपने विवाह का प्रस्ताव किया था।[23]

पौराणिक वंशावलियों में भी शाक्यों को सूर्यवंशीय माना गया है और शुद्धोदन और बुद्ध की गणना सूर्यवंशी राजाओं में की गई है।[24] विष्णु पुराण में इक्ष्वाकु वंशी राजा वृहदवल से लेकर बुद्ध तक वंशावली दी हुई है। इससे स्पष्ट है कि पुराणकार और तत्कालीन जनता शाक्यों को सूर्यवंशी क्षत्रिय मानती थी।

शाक्यों का गोत्र पाली साहित्य में गौतम बतलाया गया है। गौतम सात गोत्रऋषियों में से एक ऋषि हैं और वे शुद्ध आर्य-परंपरा में गिने जाते हैं।[25] कहीं-कहीं पर भगवान् बुद्ध स्वयं अंगिरस (अंगिरस के वंशज) कहे गए हैं।

आज से पचास वर्ष पहले शाक्यों की राजधानी कपिलवस्तु का पता लगाना बहुत कठिन था सं. 1932 वि. में श्री ए.सी.एल. कार्यालय ने बस्ती जिले में भुइला नामक स्थान पर अपनी खुदाइयों के आधार पर निश्चय किया था कि भुइला ही प्राचीन कपिलवस्तु है।[26] किंतु बाद के अनुसंधानों ने उनके मत को असिद्ध कर दिया है। ये अनुसंधान कपिलवस्तु के आसपास के स्थानों में हुए। सन् 1895 ई. के मार्च में बस्ती जिले के उसका बाजार के 38 मील पश्चिमोत्तर, नेपाल राज्य में, निगलीव गाँव के पास, निगली सागर नामक तालाब पर एक स्तंभ के ऊपर मागधी (पाली) भाषा में एक उत्कीर्ण लेख मिला, इसमें लिखा हुआ है कि 'अपने राज्याभिषेक के चौदह वर्ष बाद राजा (अशोक) प्रियदर्शी स्वयं इस स्थान पर आए और पूजा की। उसने बुद्ध कोनाकमन (पूर्व बुद्ध) के स्तूप पर आकार दूना करा दिया।' फाहियान ने अपने यात्रा-वर्णन में इस स्तूप की चर्चा की है और कपिलवस्तु के भग्नावशेषों को एक योजन (7-8 मील) पूर्व बतलाया है। किंतु दूरी और दिशा ठीक नहीं बताई जा सकती है। सं. 1953 वि. में नेपाल राज्य में ही निगलीव से 13 मील दक्षिण-पश्चिमी पड़रिया नामक गाँव के पास एक दूसरा स्तंभ[27] मिला जिस पर निम्नलिखित उत्कीर्ण लेख हैं—

"जब देवानांप्रिय प्रियदर्शी राजा के अभिषेक के बीस वर्ष बीत चुके थे, वह स्वयं यहाँ आया और इस स्थान की पूजा की क्योंकि शाक्य मुनि बुद्ध यहीं उत्पन्न हुए थे, उसने एक पत्थर की प्राचीर स्थापित की और एक पत्थर का स्तंभ खड़ा कराया। क्योंकि भगवान् बुद्ध वहाँ उत्पन्न हुए थे इसलिए लुंबिनी ग्राम का कर उठा दिया गया और (उपज का) आठवाँ भाग भी (जिसके ऊपर राजा का अधिकार था) उसी ग्राम को दे दिया गया।"

पाली[28] और संस्कृत[29] साहित्य दोनों में भगवान् बुद्ध के जन्म स्थान का नाम (लुंबिनी) लुंबिनी है और यह बतलाया गया है कि जब भगवान् बुद्ध की माता मायावती प्रसव कराने के लिए कपिलवस्तु से अपने मायके देवदह जा रही थीं रास्ते में ही लुंबिनी वन में उनका जन्म हुआ। इस स्तंभ के पास ही में एक हिंदू मंदिर में भगवान् बुद्ध के जन्म का दृश्य एक पत्थर के ऊपर अंकित है। इस स्तंभ से यह बात निश्चित हो जाती है कि कुछ मील दूर यहाँ से 14 मील उत्तर-पश्चिम तिलौरा कोट ही प्राचीन कपिलवस्तु के स्थान पर मालूम होता है।

शाक्यों का राज्य कारुपथ के पश्चिमी भाग (वर्तमान जिले का पश्चिमोत्तर और बस्ती जिला का पूर्वोत्तर) में फैला हुआ था। प्राचीन यूनानी नगर-गणतंत्र क्षेत्रफल में काफी बड़ा था। शाक्य-राज्य की पूर्वी सीमा रोहिणी नदी थी। रोहिणी के पूर्व में कोलिय गणतंत्र का राज्य

था। धम्मपद-अट्ठकथा नामक बौद्ध ग्रंथ से मालूम होता है कि रोहिणी नदी के पानी के लिए दोनों गणतंत्रों में कभी-कभी झगड़ा भी होता था।[30]

रामग्राम के कोलिय : रामजनपद

दीघनिकाय पर बुद्धघोष की टीका में शाक्य और कोलिय वंश की उत्पत्ति का जो वर्णन है उसके अनुसार कोलिय वंश शाक्य कन्या और काशी के राजा राम के संबंध से उत्पन्न हुआ था। इसमें राम के सजातीय बहुत क्षत्रिय काशी से आकर सम्मिलित हो गए थे किंतु ऐसा जान पड़ता है कि कोलियों का मातृपक्ष से संबंध अधिक था। अतः दिव्यावदान में कोलियों को भी इक्ष्वाकुवंशी कहा गया है। भगवान् बुद्ध की राख में भाग लेने के समय कोलियों ने उनके साथ अपनी सजातीयता प्रकट की थी। काशी के राजा राम किस वंश के थे, यह निश्चित रूप से बतलाया जा सकता है। वे नागवंशी क्षत्रिय थे। काशी का ऐल अथवा चंद्रवंश बहुत पहले नष्ट हो गया था। चंद्रवंश के ह्रास के बाद काशी और मगध दोनों में नागवंशी, राज्यों की स्थापना हुई। नागवंशी शिशुनाग पहले काशी का ही राजा था। यहाँ से मगध में जाकर वहाँ उसने शिशुनाग वंश की स्थापना की। काशी से ही कोलिय भी रामजनपद में आए थे। बौद्ध गाथाओं में लिखा मिलता है कि रामग्राम में भगवान् बुद्ध के अवशेष पर जो स्तूप बना था उसकी पूजा नाग करते थे।[31] वास्तव में ये नाग सर्प नहीं, रामग्राम के नागवंशी क्षत्रिय ही थे। दीघनिकाय के परिनिर्वाण सुत्तांत में स्पष्ट लिखा हुआ है कि रामजनपद के निवासी नागवंशी थे।[32]

अधिकांश बौद्धग्रंथों में कोलियों की राजधानी रामग्राम बतलाई गई है। दीघनिकाय के ऊपर बुद्धघोष की टीका में कोलिया के कोलनगर अथवा व्याघ्रपद्या कहा गया है। कोलनगर नाम तो कोलवृक्षों के आधिक्य के कारण पड़ा, और बस्ती होने के पूर्व यहाँ पर व्याघ्र घूमा करते थे, इसलिए इसना नाम व्याघ्रपद्या भी रखा गया था। किंतु ये दोनों ही नाम अशोभन थे। अतः कुछ दिनों के बाद कोलियों के मूलपुरुष राम के नाम पर इसका नाम रामग्राम पड़ा और उनका राष्ट्र रामजनपद कहलाया।

रामग्राम की स्थिति के संबंध में ऐतिहासिकों में मतभेद है। किंतु धम्म-पद-अट्ठकथा के अनुसार यह तो निश्चित है कि यह नगर रोहिणी के पूर्व रहा होगा (रोहिणी के पश्चिम शाक्यों का राज्य था)। इसकी स्थिति रोहिणी की बाईं घाटी के दक्षिण भाग में ही होना चाहिए, क्योंकि उत्तर की ओर मल्लराष्ट्र फैला हुआ था। एस.सी.एल. कार्यालय के अनुसार रामपुर देवरिया प्राचीन रामग्राम है।[33] यह स्थान मुंडेरा से 1¾ मील दक्षिण-पूर्व मरवा ताल के किनारे है। एक स्तूप का भग्नावशेष रामपुर देवरिया से 500 फीट उत्तर-पूर्व में है और दो तालों के

बीच स्थित है। कार्यालय का विचार है कि यह वही स्तूप है जिसको कोलियों ने भगवान् बुद्ध के अवशेष से भाग लेकर उसके ऊपर बनवाया था।

प्रस्तुत लेख के विचार में रामपुर देवरिया प्राचीन रामग्राम नहीं हो सकता। चीनी यात्री ह्वेनसांग ने रामग्राम स्तूप की यात्रा की थी। उसके यात्रा वर्णन के अनुसार स्तूप रामग्राम के दक्षिण-पूर्व में था। कार्यायल साहब का कहना है कि यात्री ने दिशा भ्रम से लिख दी थी, वास्तव में स्तूप उत्तर-पूर्व था।[34] परंतु ऐसा मानने के लिए कोई यथेष्ट कारण नहीं है। रामपुर देवरिया को रामग्राम सिद्ध करने के लिए कार्यायल को ऐसा मानना पड़ा था। रामग्राम और रामगढ़ताल वास्तव में आधुनिक गोरखपुर ही प्राचीन रामग्राम के स्थान पर बसा हुआ है। रामगढ़ताल का नाम इस बात का द्योतक है। ध्यान देने की बात है कि नाम 'रामगढ़' है, रामताल नहीं। अत: स्पष्ट है कि इसके किनारे किसी समय का गढ़ (दुर्ग राजधानी वाला नगर) था। ताल नगर से दक्षिण-पूर्व दिशा में था और इसी के किनारे कोलियों ने भगवान् बुद्ध के अवशेष का स्तूप बनाया था। ह्वेनसांग अपने यात्रावर्णन में इसी स्तूप की चर्चा करता है। उसकी बताई हुई दिशा इससे मेल खाती है। यह सच है कि आजकल रामगढ़ताल के किनारे किसी स्तूप का भग्नावशेष नहीं है। किंतु इसके लिए उत्तरदायी राप्ती नदी और रामगढ़ ताल है। लंका के बौद्ध ऐतिहासिक ग्रंथो में लिखा हुआ है रामग्राम में बने हुए स्तूप को नदी बहा ले गई।[35] इसलिए ह्वेनसांग ने जिस स्तूप को देखा था वह मूल धातु स्तूप (भगवान् बुद्ध के अवशेष पर बना हुआ) नहीं था, किंतु उसके बदले में बना हुआ दूसरा स्तूप था। बौद्धधर्म के ह्रास के बाद जब स्तूप मरम्मत के अभाव में गिरने-पड़ने लगे तो रामग्राम में नवनिर्मित स्तूप की भी वही दशा हुई राप्ती तथा रामगढ़ताल ने अपना अधिकार उस पर जमा लिया। शताब्दियों से रामगढ़ताल भरता हुआ नगर की ओर से हटता जा रहा है। इसका प्रभाव भग्नावशेषों पर भी पड़ा है।

कोलिय राज्य रोहिणी के पूर्व उसकी दक्षिणी घाटी में और रोहिणी तथा अचिरावती (आधुनिक राप्ती) के संगम के आगे राप्ती के दक्षिण में था। बौद्ध साहित्य में राप्ती के दक्षिण किसी दूसरे राज्य का संकेत नहीं है। जान पड़ता है कि महाभारतकालीन गोपालक राज्य नष्ट हो गया था अथवा कोलिय राज्य में मिल गया था। इस तरह गोरखपुर की सदर तहसील का दक्षिणी भाग और बाँस गाँव तहसील का पश्चिमी भाग रामजनपद में सम्मिलित था।[36]

पिप्पलीवन के मौर्य

जब तक बौद्ध साहित्य का पूरा अध्ययन नहीं हुआ था और केवल पाटलिपुत्र के साम्राज्यवादी मौर्यों का ही पता था तब तक मौर्यों की उत्पत्ति के संबंध में विचित्र

कल्पनाएँ की गई थीं। विष्णुपुराण में नंदों के उन्मूलन और मौर्यों के आगमन का वर्णन इस प्रकार दिया हुआ है—

ततश्च नव चैतान्नंदान् कौटिल्यो ब्राह्मण: समुद्धरिष्यति। तेपामभावे मौर्या: पृथ्वीं भोक्ष्यंति। कौटिल्य एवं चंद्रगुप्तं उत्पन्नं राज्येऽभिषेक्ष्यति।

(इसके पश्चात् ब्राह्मण कौटिल्य इन नव नंदों का उन्मूलन करेगा। उनके अभाव में मौर्य पृथ्वी का भोग करेंगे। कौटिल्य उत्पन्न (प्रस्तुत) चंद्रगुप्त को राज्य के लिए अभिषिक्त करेगा)।

विष्णुपुराण पर टीका करते हुए श्रीधर स्वामी ने 'उत्पन्नं' की व्याख्या की है—नंदस्यैव भार्यायां मुरासंज्ञायां संजातम् (अर्थात् नंद की मुरा नामक भार्या से उत्पन्न) श्रीधर स्वामी को मौर्यों का प्राचीन इतिहास मालूम नहीं था। इसलिए मौर्य शब्द की व्युत्पत्ति बतलाने के लिए उन्होंने मुरा की कल्पना कर ली।

इनसे बढ़कर ढुंढिराज शास्त्री ने मुद्राराक्षस की टीका करते समय भूमिका में कल्पना के बल पर मुरा की पूरी कथा लिख दी और उसको नापिती कन्या (शूद्रा) बतलाया। फिर क्या था यह बात प्रचलित हो गई कि मौर्य मुरा नामक नाइन से उत्पन्न शूद्र थे। किंतु मौर्यों की व्युत्पत्ति ढूँढ़ निकालने की धुन में न तो उपर्युक्त विद्वानों को और न उनके अनुयायियों को यह बात ध्यान में आई कि संस्कृत व्याकरण के अनुसार मुरा का अपत्य मौरेय होगा, मौर्य नहीं। मौर्यों के शूद्र होने के पक्ष में जो दूसरा प्रमाण दिया जाता है कि वह है मुद्राराक्षस नामक नाटक का वृषल शब्द। चाणक्य चंद्रगुप्त को इसी शब्द से संबोधित करता है। वृषल शब्द का कोष और स्मृति में दिया हुआ अर्थ प्राय: व्रात्य अथवा शूद्र है।[37] किंतु सोचने की बात है कि मंत्री चाहे कितना भी शक्तिमान् हो राजा को शूद्र शब्द से बार-बार संबोधित नहीं कर सकता। वास्तव में वृषल शब्द यूनानी बैसिलियस (राजा) का संस्कृत से रूपांतर था जिसका प्रयोग केवल चंद्रगुप्त के लिए होता था। यूनानी राजा सेल्युकस से संबंध हो जाने के बाद उसको यह उपाधि मिली थी। संस्कृत व्याकरण से भी इस मत की पुष्टि होती है (वृषलो गृज्जने शूद्रे चंद्रगुप्तेऽपि राजनि)[38] अर्थात्, वृषल शब्द का प्रयोग गृज्जन (लहसुन), शूद्र और चंद्रगुप्त राजा के लिए होता है।

आजकल कोई भी विद्वान मुरा (कल्पित नाइन) से मौर्यों की उत्पत्ति को मानने के लिए तैयार नहीं है। बौद्ध साहित्य में मौर्यों को स्वतंत्र गणतांत्रिक जाति बतलाया गया है और उनके क्षत्रिय होने के कई उल्लेख हैं। बौद्धग्रंथ महावंश[39] में मौर्यों की चर्चा निम्नलिखित प्रकार से की गई है—

मोरियानं खत्तियानं वंसे जातं सिरीधरं।
चंद्रगुप्तो ति पंजतं चणक्को वम्हणो ततो॥

(मौर्य क्षत्रियों के वंश में उत्पन्न चंद्रगुप्त को चाणक्य ब्राह्मण प्रचंड क्रोध से नवें धननंद का विनाश कर समस्त जंबूद्वीप के राजपद पर बैठाया) दूसरे बौद्धग्रंथ दिव्यावदान[40] में चंद्रगुप्त का पुत्र बिंदुसार अपने को मूर्द्धाभिषिक्त क्षत्रिय कहता है—

त्वं नापिती अहं राजा क्षत्रियो मूर्द्धाभिषिक्तः।
कथं मया सार्धं समागमो भविष्यति॥

(तुम नाई की लड़की और मैं मूर्द्धाभिषिक्त क्षत्रिय हूँ। मेरे साथ तुम्हारा समागम कैसे होगा)? इसी ग्रंथ[41] में अशोक भी अपने को क्षत्रिय कहता है—

देवि, अहं क्षत्रियः कथं पलांडुं परिभक्षयामि।

(हे रानी मैं क्षत्रिय हूँ। प्याज कैसे खाऊँगा)? महापरिनिर्वाण सुतांत[42] में लिखा है कि भगवान् बुद्ध के अवशेष में भाग लेने के लिए मौर्यों ने निम्नलिखित संदेश के साथ मल्लों के यहाँ अपना दूत भेजा—

अथ खो पिप्पलिबनिया मोरिया कोसिनारकानं
मल्लानं दूतं पाहेसूं भगवा पि खत्तियो मयं पि खत्तिया।

(इसके पश्चात् पिप्पलीवन के मौर्यों ने कुशीनगर के मल्लों के पास यह कहकर दूत भेजा कि 'भगवान् भी क्षत्रिय हैं, हम भी क्षत्रिय हैं।')

महावंश टीका[43] में लिखा हुआ है कि मौर्य लोग उसी जाति के थे, जिस जाति के भगवान् बुद्ध। महावंश, महावस्तु, ललितविस्तर आदि ग्रंथों से प्रमाणित है कि बुद्ध सूर्यवंशी क्षत्रिय थे। अतः मौर्य भी उसी वंश के हुए।

पाली साहित्य में मौर्यों (मोरियों) की राजधानी पिप्पलीवन बतलाया गया है। चीनी यात्री ह्वेनसांग, जो भारतवर्ष में पश्चिम से पूर्व की ओर यात्रा कर रहा था, अपने यात्रा वर्णन में लिखता है कि वह मौर्यों की राजधानी पिप्पलीवन से, पूर्वोत्तर दिशा में घने जंगलों और जंगली जानवर तथा डाकुओं से मुठभेड़ करते हुए काफी दूर चलकर, कुशीनगर पहुँचा।[44] इसलिए स्पष्ट है कि पिप्पलीवन कुशीनगर (वर्तमान कसया) से दक्षिण-पश्चिम दिशा में था। यह स्थान शाक्य और कोलिय राज्य के बाहर होना चाहिए। मल्लों की राजधानी कुशीनगर और पावा निश्चय ही है। अतः मौर्य-राज्य कोलियों के रामजनपद के उत्तर-पूर्व और मौर्यों की राजधानी भी उसी के बीच कहीं होनी चाहिए।

सारी परिस्थिति पर विचार करते हुए सबसे पहले कार्लायल[45] ने राजधानी अथवा उपधौलिया के विस्तृत डीहों (=टीलों) को प्राचीन पिप्पलीवन का भग्नावशेष निर्धारित किया,

जो बहुत ही उपयुक्त है। यह स्थान गोरखपुर शहर से 14 मील दक्षिण-पूर्व गुर्रा नदी के किनारे है। पश्चिम में राप्ती नदी से लेकर पूर्व में फरेंद नदी तक, चार मील लंबाई और पौने दो मील चौड़ाई में प्राचीन नगर (राजधानी) के अवशेष फैले हुए हैं। यह विस्तार प्रथम डीह घाट से लेकर गुर्रा नदी तक है। फिर गुर्रा नदी के पूर्व में उपधौलिया का डीह है और यहाँ से दो-तिहाई मील की दूरी पर राजधानी नामक गाँव है। राजधानी के उत्तर-पूर्व एक विस्तृत आयताकार पुराने दुर्ग का अवशेष है जिसको सहनकोट कहते हैं। यह अब भी फरेंद के किनारे बरगद, शाल और जामुन के घने जंगल के बीच स्थित है। राप्ती से लेकर फरेंद तक फैला हुआ यह विस्तृत डीह एक ही प्राचीन नगर का भग्नावशेष है। इसका अब भी नाम राजधानी है जो इस बात को प्रकट करता है कि यहाँ पर प्राचीन काल में किसी राज्य की राजधानी थी। लंका के बौद्ध साहित्य के अनुसार न्यग्रोध (वटवृक्ष) वन में स्थित मौर्यों की राजधानी यही थी।[46]

यह गोरखपुर जनपद का मध्यवर्ती राज्य था। इसके दक्षिण-पश्चिम में कोलिय राज्य और उत्तर-पूर्व में मल्लों का राज्य फैला हुआ था। इसकी दक्षिणी सीमा राप्ती और सरयू और उत्तरी सीमा मल्ल राज्य था। यह पश्चिम में राप्ती के किनारे, डीह घाट से लेकर पूर्व में वर्तमान बरहज कस्बे तक विस्तृत था। इसमें बहने वाली नदियाँ राप्ती, गुर्रा, फरेंद (पूर्व में बथुआ) और करुणा (कुर्ना) थी और इन्हीं के किनारे मौर्यों की समृद्ध बस्तियाँ थीं। अब भी इन नदियों के किनारे राजधानी के अतिरिक्त मीठाबेल, नाथनगर, रुद्रपुर, दीनापार, मदनपुर, बराँवसमोगर, महेन, कपरवार, बरहज, आदि में प्राचीन नगरों के ध्वंसावशेष हैं।

कुशीनगर और पावा के मल्ल

बौद्ध साहित्य के पढ़ने से यह पता लगता कि मल्ल लोग कहाँ से, कब और कैसे गोरखपुर जनपद में आकर बसे। महापरिनिर्वाणंसुत्त[47] में मल्लों को वासिष्ठ (वसिष्ठगोत्री) कहा गया है। भगवान् बुद्ध ने अपने निर्वाण के पूर्व आनंद के द्वारा मल्लों के पास यह संदेश भेजा—"वासिष्ठो, आज रात के पिछले पहर तथागत का परिनिर्वाण होगा। चलो वासिष्ठोः चलो वासिष्ठो, पीछे शोक न करना कि "हमारे ग्राम क्षेत्र में तथागत का परिनिर्वाण हुआ, किंतु हम अंतिम काल में तथागत के दर्शन न कर सके।" इस अवतरण से इतना तो मालूम होता है कि मल्लों के गोत्र-ऋषि वसिष्ठ थे और यह भी विदित है कि अयोध्या के सूर्यवंशी क्षत्रियों के भी गोत्र-ऋषि वसिष्ठ थे। अतः मल्लों और अयोध्या के सूर्यवंशियों से स्पष्ट संबंध दिखाई पड़ता है। मल्लों की उत्पत्ति के बारें में परिनिब्बाणसुत[48] से भी साफ उल्लेख दिव्यावदान[49] नामक अन्य बौद्ध ग्रंथ में है। इसमें इक्ष्वाकु से उत्पन्न नौ क्षत्रिय कुल बतलाए गए हैं—(1) मल्ल, (2) जनक,

(3) विदेह, (4) कोलिय, (5) मौर्य, (6) लिच्छवि, (7) ज्ञात्रि, (8) वज्जि और (9) शाक्य। इस स्थल पर मल्ल स्पष्ट इक्ष्वाकुवंशी (सूर्यवंशी) कहे गए हैं।

किंतु मल्ल लोग मल्ल क्यों कहलाए और कब गोरखपुर जनपद में आकर बसे इसका उल्लेख वाल्मीकि रामायण[50] में है। इसके अनुसार भगवान् राम ने लक्ष्मण के छोटे पुत्र चंद्रकेतु को कारुपथ (बस्ती का पूर्वोत्तर भाग और गोरखपुर का पश्चिमोत्तर भाग) का पूर्वी भाग राज्य करने को दिया। चंद्रकेतु की उपाधि मल्ल थी, इसलिए जिस प्रदेश में ये बसे वह मल्लभूमि या मल्लराष्ट्र कहलाया। इसी प्रांत में चंद्रकांता नाम की सुंदर नगरी बसाई गई।

चंद्रकेतोश्च मल्लस्य मल्लभूम्यां निवेशिता।
चंद्रकांतेति विख्याता दिव्यास्वर्गपुरी यथा।। उत्तर. 102-9

वाल्मीकि रामायण के इस प्रमाण के बाद मल्लों की उत्पत्ति और वंश के संबंध में मतमतांतर के लिए कोई स्थान नहीं रह जाता।

मल्लों की मूल राजधानी चंद्रकांता कारुपथ के पूर्वी भाग में बसाई गई थी। किंतु आज उसकी स्थिति बताना प्रायः असंभव है। 'ऐसा जान पड़ता है कि चंद्रकांता बहुत दिनों तक राजधानी नहीं रही। मल्लों ने अपनी राजधानी कुशावती (वर्तमान कुशीनगर) को बनाया। यह कुशावती नगर भगवान् राम के पुत्र कुश के लिए बसाई गई थी और बड़ी सुंदर तथा समृद्धिवती थी। कुश ने यहीं से कुछ दिनों तक कोसल का राज्य भी किया।[51] किंतु अयोध्यावासियों के आग्रह से उनको कुशावती छोड़कर अयोध्या जाना पड़ा। कुश के छोटे भाई लव शरावती (यह नगरी कुशावती के पूर्व में थी) छोड़कर श्रावस्ती चले गए। इसके बाद कुशावती और शरावती दोनों नगरियाँ चंद्रकेतु के वंशज मल्लों के अधिकार में चली गईं। मल्लों ने कुशावती को कब राजधानी बनाया, यह बतलाना कठिन है, किंतु यह परिवर्तन बौद्ध काल के बहुत पहले हो चुका था।

कुशीनगर की स्थिति तो आज बिलकुल निश्चित हो चुकी है। जहाँ पर इस समय कसया के पास परिनिर्वाण स्तूप और परिनिर्वाण-चैत्य है, वहीं शालवन उपवत्तन था जिसमें भगवान् बुद्ध का निर्वाण हुआ था और जिसकी स्मृति में उपर्युक्त धार्मिक इमारतें बनी थीं। यह बात वहाँ खोदाई के समय मिली हुई मुद्राओं पर उत्कीर्ण निम्नलिखित लेखों से स्पष्ट है[52]—

(1) श्री महापरिनिर्वाण बिहारे भिक्षु संघस्य (श्री महापरिनिर्वाण बिहार में रहनेवाले भिक्षु संघ का मुद्रा)।

(2) श्री महापरिनिर्वाण बिहारी आर्य भिक्षु संघस्य (श्री महापरिनिर्वाण बिहार वाले आर्य भिक्षु संघ की मुद्रा)।

(3) कुश नगर (कुशीनगर)।

प्रश्न यह है कि कुशीनगर की स्थिति कहाँ है? ह्वेनसांग (चीनी यात्री) ने अपने यात्रा वर्णन में लिखा है—"मैं कुशीनगर से उत्तर-पश्चिम की दिशा में तीन अथवा चार मील चलकर अजित नदी के पश्चिमी तट पर शालवन-उपवत्तन में पहुँचा। इस वर्णन के अनुसार कुशीनगर (राजधानी) शालवन-उपवत्तन से दक्षिण-पूर्व दिशा में होनी चाहिए। सब बातों को ध्यान में रखते हुए अनुरूधवा नामक गाँव, जहाँ पर प्राचीन नगर के ध्वंसावशेष अब भी दिखाई पड़ते हैं, कुशीनगर के स्थान पर है।"

पूछा जा सकता है कि कुशीनगर और कसवे के नाम बदलकर क्रमश: अनुरूधवा और कसया कैसे हो गए। इसका उत्तर बड़ा सरल है। मल्लराष्ट्र के पतन के बाद कुशीनगर का राजनैतिक महत्त्व जाता रहा और इसकी धार्मिक प्रतिष्ठा केवल शेष रही। इसलिए बौद्ध संत-महात्माओं के नाम के ऊपर इन स्थानों के नाम पड़े। अट्ठकथा में लिखा हुआ है कि भगवान् बुद्ध के निर्वाण के पश्चात् उनके पट्ट शिष्य आनंद भिक्षुसंघ के साथ राजगृह चले गए किंतु मल्लों को सांत्वना देने के लिए उनके दूसरे शिष्य अनिरुद्ध कुशीनगर में कई दिनों तक रुके रहे। अत: उन्हीं के नाम पर आगे चलकर कुशीनगर का नाम श्रद्धालु जनता में अनिरुद्धपुर पड़ा जो बिगड़ते-बिगड़ते अनुरूधवा हो गया। कसया उस स्थान का नाम पड़ा जहाँ पर महाकाश्यप ने पावानगर से कुशीनगर आते समय दोपहर को विश्राम किया था। काश्यप का ही विकृत रूप कसया है।

पावा

इस नगरी का बुद्धपूर्व कोई संकेत नहीं मिलता। बौद्ध ग्रंथ परिनिर्वाणसुत्त में लिखा हुआ है कि अपने निर्वाण के पूर्व जब भगवान् बुद्ध वैशाली (मुजफ्फरपुर जिले का वर्तमान बसाढ़) से कुशीनगर आ रहे थे तो उनका अंतिम पड़ाव पावा नगर में पड़ा। यहाँ पर उन्होंने चुंद कम्मार के घर पर उसका आतिथ्य स्वीकार किया। लंका के बौद्ध ग्रंथ दीपवंश और महावंश के अनुसार कुशीनगर से 12 मील दूर गंडकी नदी की ओर पावा नगरी स्थित थी। इससे यह स्पष्ट है कि पावा कुशीनगर से पूर्व अथवा पूर्व-दक्षिण दिशा में (उस दिशा में वैशाली से कुशीनगर तक आने वाली सड़क पर) स्थित थी। दीपवंश और महावंश में यह भी लिखा हुआ है कि पावा और कुशीनगर के बीच गंडकी के अतिरिक्त एक और छोटी नदी ककुत्था थी जिसके किनारे भगवान् बुद्ध ठहरे और जलपान किए थे। संभवत: यह वर्तमान घाघी नदी है।

भगवान् बुद्ध के मार्ग और दिशा का ध्यान रखते हुए कार्लायल' ने आधुनिक फाजिलनगर अथवा चेतियाँव (चैत्य गाँव) के टीलों को प्राचीन पावा नगरी का भग्नावशेष

ठहराया था।[53] यहाँ पर प्राचीन नगर और धार्मिक इमारतों के प्रचुर चिन्ह हैं और कुशीनगर से इसकी दूरी और दिशा दोनों ठीक हैं, अतः कार्लायल का निश्चय बहुत ही युक्तिसंगत जान पड़ता है।

कार्लायल के पहले कनिंघम ने वर्तमान पडरौना को पावा नगरी के स्थान पर बतलाया था।[54] किंतु इस मत के विरुद्ध दो बड़ी आपत्तियाँ हैं। एक तो यह वैशाली और कुशीनगर के बीच वाली सड़क पर नहीं है। यह संभव नहीं जान पड़ता कि भगवान् बुद्ध और उनके पीछे काश्यप वैशाली और राजगृह से कुशीनगर आने के लिए 13-14 मील उत्तर-पूर्व जाकर वहाँ लौटे होंगे। दूसरे कुशीनगर से पडरौना की राही दूरी (सीधी दूरी नहीं) बौद्ध ग्रंथों में बतलाई दूरी से अधिक है। पपउर (रामकोला स्टेशन के पास) को पावा ठहराने के संबंध में भी ये ही आपत्तियाँ हैं और दोनों में ध्वनिसाम्य के अतिरिक्त और कोई सादृश्य नहीं है।

मल्ल राष्ट्र का विस्तार

मल्ल राष्ट्र के पश्चिमोत्तर में शाक्य, पश्चिम में कोलिय, दक्षिण में मौर्य तथा पूर्व में वज्जि राष्ट्र थे। और दिशाओं में मल्ल राष्ट्र की सीमा निर्धारित करना कठिन है, किंतु पूर्वी सीमा प्रायः निश्चित है। मल्ल और वज्जि राष्ट्र के बीच सदानीरा (नारायणी अथवा बड़ी गंडक) बहती थी। मल्ल राष्ट्र में गोरखपुर जनपद सम्मिलित थे। दक्षिण में सरयू के दाहिने तट का कुछ प्रदेश भी इसमें शामिल था। गोरखपुर जनपद के गणतंत्रों में विस्तार की दृष्टि से यह सबसे बड़ा और सबसे अधिक प्रभावशाली था।[55]

भगवान् बुद्ध और बौद्ध धर्म

बौद्ध धर्म के प्रवर्तक भगवान् बुद्ध का जन्म शाक्य गणतंत्र में हुआ था। इनके पिता शुद्धोदन शाक्यों के गणमुख्य (सभापति) थे। इनकी माता मायावती देवदह (वर्तमान महराजगंज जिले के निचलौल स्थान के पास) के शाक्य कुल के प्रमुख अंजन की कन्या थीं। जब भगवान् बुद्ध गर्भ में आए और प्रसव का समय निकट आ गया तब मायावती ने शुद्धोदन से अपने मायके देवदह जाने की इच्छा प्रकट की। जब वे देवदह जा रही थीं, मार्ग में ही कपिलवस्तु और देवदह के बीच लुंबिनीवन में उनको प्रसवपीड़ा हुई। जब वे प्रसवपीड़ा से व्याकुल होकर शालवृक्ष की शाखा पकड़कर खड़ी थीं यहीं पर भगवान् बुद्ध का जन्म हुआ। यह

स्थान नौतनवां स्टेशन (अवध तिरहुत रेलवे) से लगभग आठ मील पश्चिम है। यहाँ पर सम्राट अशोक तीर्थ यात्रा करने आए थे और भगवान् बुद्ध की जन्मस्मृति में एक प्रस्तर स्तंभ खड़ा किया जिस पर लिखा है—'हिंद बुधे जाते साक्यमुनीति' अर्थात् यहाँ शाक्यमुनि बुद्ध जन्म लिए थे। भगवान् बुद्ध का जन्म विक्रम संवत् से 566 वर्ष पूर्व हुआ था।

जन्म के सात दिन पश्चात् मायावती का देहांत हो गया और इसके अनंतर भगवान् बुद्ध की मौसी तथा विमाता प्रजापती ने उनका पालन-पोषण किया।[56] भगवान् बुद्ध का लड़कपन का नाम सिद्धार्थ और सर्वार्थसिद्ध था। पिता ने इनकी शिक्षा का समुचित व्यवस्था की और उनका लालन-पालन बड़े सुख और विलास में हुआ।[57] फिर भी ये बाल्यावस्था से ही चिंतनशील थे और संसार की घटनाओं का इनके ऊपर गंभीर प्रभाव पड़ता था। जन्म, मृत्यु, जरा, व्याधि, शोक तथा अशौच के दृश्य इनके जीवन को व्याकुल बना देते थे।[58]

जब कुमार सिद्धार्थ युवा हुए तो इनके पिता ने अत्यंत रूपवती कन्या यशोधरा से इनका विवाह कर दिया। यद्यपि पारिवारिक जीवन में सभी प्रकार का सुख इनको प्राप्त था, फिर भी इनको मानसिक शांति नहीं मिलती थी। कई वर्षों के सुखमय दांपत्य जीवन के पश्चात् सिद्धार्थ को पुत्ररत्न की प्राप्ति हुई, परिवार के अन्य सभी लोग प्रसन्न हुए, किंतु सिद्धार्थ ने कहा, "सांसारिक श्रृंखला की एक कड़ी और आज गढ़ी गई।" पुत्र का नाम राहुल (राहु के समान ग्रसने वाला) रखा गया। धीरे-धीरे वैराग्य और संसार-त्याग का विचार सिद्धार्थ में दृढ़ होता गया। उनकी अवस्था उनतीस वर्ष की हो गई। एक दिन उन्होंने सत्य और शांति की खोज में पारिवारिक बंधन छोड़ने का निश्चय कर लिया। रात के समय शयनागार में अपनी पत्नी यशोधरा, पुत्र राहुल तथा अन्य नृत्य-ललनाओं और दासियों को सोती छोड़कर अपने घोड़े कंथक पर सवार हो सारथी छंदक के साथ घर को छोड़ कपिलवस्तु से बाहर निकल गए। इस घटना को 'महाभिनिष्क्रमण' कहते हैं।

कपिलवस्तु से प्रस्थान कर शाक्य और कोलिय राज्यों से होते हुए उन्होंने अनोमा (आजकल की आमी नदी) पार किया। मनियों के अनुमौनेय नगर में पहुँचे। वहाँ पर उन्होंने अपना अश्व, आभूषण, वस्त्रादि अपने सारथी के हाथ वापस कर दिया और अपने राजसी बाल कृपाण से काटकर परिव्राजक के पीले वस्त्र पहन लिए।[59]

अपनी ज्ञान-पिपासा तृप्त करने के लिए उन्होंने अपने समय के प्रसिद्ध विद्वानों तथा आचार्यों से भेंट की। मगध की प्रसिद्ध राजधानी राजगृह में उन्होंने प्रसिद्ध पंडित आलार तथा उद्रक का शिष्यत्व ग्रहण किया। किंतु केवल शास्त्र पढ़ने और दार्शनिक शास्त्रार्थों से उनको आंतरिक शांति नहीं मिली। अत: वास्तविक बोध के लिए उन्होंने दूसरे उपाय का अवलंबन करना आवश्यक समझा।

सिद्धार्थ ने समझा कि तपस्या से शरीर तथा इंद्रियों के शिथिल कर देने से संभवतः ज्ञान की प्राप्ति हो जाएगी। इस विश्वास से उन्होंने घोर तप करने का निश्चय किया। पाँच और साधकों ने इनका साथ दिया। मगध के वनों में उरुवेला नामक स्थान पर कठिन तपस्या प्रारंभ हुई। सिद्धार्थ का शरीर क्रमशः क्षीण होने लगा। छह वर्ष के तप के पश्चात् वे केवल अस्थिपंजर मात्र रह गए। किंतु इस तपस्या से भी सिद्धार्थ को कोई लाभ नहीं दिखाई पड़ा। उन्होंने अनुभव किया कि शरीर के दुर्बल होने से मन तथा बुद्धि भी दुर्बल और गंभीर चिंतन में असमर्थ हो रहे थे। अतः उन्होंने तपस्या का मार्ग भी छोड़ दिया और अन्न ग्रहण करने का निश्चय किया। इस पर उनके साथियों ने समझा कि वे अपने पथ से भ्रष्ट हो गए और सुखवाद का अवलंबन किया। किंतु सिद्धार्थ अपने निश्चय पर दृढ़ रहे और मध्यम मार्ग को ही अपनाया।

उरुवेला में निरंजना (वर्तमान फल्गु नदी) के किनारे जब सिद्धार्थ भोजन के इच्छुक हो घूम रहे थे तब उस प्रदेश में आई हुई सेनानी की कन्या सुजाता ने सिद्धार्थ को खीर अर्पित किया। एक दिन अश्वत्थ वृक्ष (आगे चलकर बोधि-वृक्ष) के नीचे तृण के आसन पर बैठे हुए सिद्धार्थ जीवन के गंभीर प्रश्नों पर विचार कर रहे थे। उनको ऐसा भान हुआ कि उनको सत्य का साक्षात्कार हो गया। उन्होंने अपने को सम्यक् संबुद्ध समझा। इस घटना को बोधि (ज्ञान) कहते हैं। इसके पश्चात् सिद्धार्थ 'बुद्ध' कहलाने लगे।

भगवान् बुद्ध ने अपने ज्ञान को कृपण के धन की भाँति गुप्त नहीं रखा। उन्होंने इसका प्रचार कर संसार को दुःख से त्राण देने का निश्चय किया। वे अपने प्रचार-कार्य को काशी (जो उस समय भी विद्या और धर्म की राजधानी थी) से प्रारंभ करना चाहते थे। बुद्ध काशी के पास ऋषिपत्तन अथवा मृगदाव (आजकल का सारनाथ) में पधारे। यहाँ पर उनके तपस्या के पाँचों साथी उनको छोड़कर पहले आ गए थे। उन्होंने बुद्ध को आते हुए देखा किंतु उन्होंने निश्चय किया कि पथभ्रष्ट सिद्धार्थ का वे समादर करने न उठेंगे। किंतु अमिताभ बुद्ध के निकट आने पर वे अपने निश्चय पर स्थिर न रह सके। उन्होंने उठकर बुद्ध का आदर कर उनका शिष्यत्व ग्रहण किया। भगवान् बुद्ध ने सबसे पहले इन्हीं पाँच शिष्यों को सत्य (जिसको बौद्ध साहित्य में चार आर्य सत्य—दुःख, समुदाय, निरोध और मार्ग कहते हैं।) का उपदेश दिया। इस घटना को 'धर्मचक्र-प्रवर्तन' कहते हैं। इसके पश्चात् काशी के अन्य लोग भी उनके शिष्य हुए जिनमें श्रेष्ठिपुत्र यश प्रधान था। उसके परिवार के लोग भी बुद्ध के उपासक (गृहस्थ अनुयायी) हो गए। सब मिलाकर साठ शिष्यों का प्रथम 'बौद्ध संघ' बना। संसार के इतिहास का यह सर्वप्रथम धार्मिक संघ था जिसने संघटित रूप से धर्म के प्रचार का निश्चय किया।[60]

जीवन के शेष पैंतालीस वर्ष भगवान् बुद्ध ने भारतवर्ष में अपने धर्म का प्रचार किया। इस प्रचार कार्य में गोरखपुर जनपद से उनका विशेष संबंध रहा। उनका विशेष कार्यक्षेत्र पूर्व में वज्जियों की राजधानी वैशाली तथा मगध की राजधानी राजगृह से लेकर पश्चिम में कोसल की राजधानी श्रावस्ती तक था। गोरखपुर जनपद इसके केंद्र में पड़ता था। अतः भगवान बुद्ध ने इसके सभी भागों तथा नगरों—प्रायः इसके पग-पग को अपने दर्शन से पवित्र किया था। किंतु इस स्थल पर केवल कुछ प्रसिद्ध गोरखपुर जनपद से संबंध रखने वाली घटनाओं का ही उल्लेख किया जाएगा।

1. मगध में बौद्ध धर्म का प्रचार करने के पश्चात् भगवान् बुद्ध अपनी जन्मभूमि कपिलवस्तु में अपने बंधु-बांधवों को अपने धर्म का उपदेश देने के लिए गए। कपिलवस्तु-यात्रा का जो वर्णन बौद्ध साहित्य में मिलता है वह संक्षेप में इस प्रकार है।[61]

"जब भगवान् बुद्ध राजगृह के वेणुवन में विहार कर रहे थे तब उनके पिता शुद्धोदन ने सोचा—'मेरा पुत्र छह वर्ष की कठिन तपस्या के पश्चात् बुद्धत्व को प्राप्त कर धर्मचक्र का प्रवर्तन कर इस समय वेणुवन में विहार कर रहा है। उन्होंने अपने एक अमात्य (राजपुरुष) को बुलाकर कहा, भद्र मेरी आज्ञा से एक हजार पुरुषों के साथ राजगृह जाओ और—तुम्हारे पिता शुद्धोदन तुमको देखना चाहते हैं, यह कहकर मेरे पुत्र को बुला लाओ। कई एक अमात्य राजगृह गए किंतु जो कोई भी वहाँ जाता था वह बुद्ध के उपदेश से मुग्ध हो उनका शिष्य बन जाता और वहीं रह जाता था। अंत में शुद्धोदन ने हताश होकर सभी राजपुरुषों पर दृष्टि डालते हुए उदायी की ओर देखा। वह राजा का सर्व—अंतरंग, विश्वासपात्र, सर्वार्थसाधक अमात्य था तथा जिस दिन बुद्ध का जन्म हुआ था उसी दिन उत्पन्न और एक ही साथ खेला था। उसको राजा ने राजगृह भेजा। वह भी वहाँ जाकर प्रव्रजित हो गया, किंतु अपने उद्देश्य में दृढ़ संकल्प रहा। उसने अपने आचरण, सेवा तथा प्रेम से बुद्ध को कपिलवस्तु आने के लिए तैयार किया।"

भगवान् बुद्ध अंग मगध के दस हजार कुलपुत्रों और दस हजार कपिलवस्तु के प्रव्रजित निवासी सब बीस हजार निष्पाप भिक्षुओं के साथ राजगृह से धीरे-धीरे चारिका करते हुए कपिलवस्तु पहुँचे। शाक्यों ने भगवान् बुद्ध को ठहराने के लिए न्यग्रोधाराम नामक उपवन चुना। स्वागत के लिए हाथ में गंध, पुष्पादि ले आगे-आगे नगर के छोटे लड़के तथा लड़कियाँ चलीं, और उनके पीछे राजकुमार तथा राजकुमारियाँ। भगवान् बुद्ध आदरपूर्वक न्यग्रोधाराम लाए गए और वहाँ स्थापित बुद्धासन पर विराजे। यहाँ से दूसरे दिन भिक्षु जीवन के नियमानुसार बुद्ध नगर में भिक्षाचरण करने निकले। इस दृश्य को देखने के लिए नगर के सभी लोग चकित हो दुतल्ले, तितल्ले पर खिड़कियाँ खोलकर देखने लगे। राहुल की माता यशोधरा ने सोचा—आर्य

पुत्र इसी नगर में राजाओं के ठाट-बाट से सोने की पालकी आदि में सवार हो घूमते थे। आज इसी नगर में 'सिर-दाढ़ी मुड़ा, कषाय वस्त्र पहन हाथ में कपाल लेकर भिक्षाचर कर रहे हैं क्या यह शोभा दे रहा है? ऐसा सोचते हुए वह शुद्धोधन के पास दौड़ी गई और बोली, 'आपकी पुत्र भिक्षाचार कर रहा है। राजा शुद्धोदन घबड़ाए हुए बाहर आए और बुद्ध के पास पहुँचकर बोले—भंते! हमें क्यों लज्जित कर रहे हो? किसलिए भिक्षाचरण करते हो क्या इतने भिक्षुओं को मैं भोजन नहीं करा सकता?' बुद्ध ने उत्तर दिया, महाराज! यह मेरे (बुद्ध) वंश की परंपरा है। शुद्धोदन ने प्रत्युत्तर देते हुए कहा—भंते हम लोगों का वंश तो महासम्मत (=मनु) का क्षत्रिय वंश है। एक क्षत्रिय भी तो कभी भिक्षाचारी नहीं हुआ।

राजा शुद्धोदन भगवान् बुद्ध को उनकी परिषद् सहित अपने राजप्रासाद में ले गए और उत्तम खाद्य भोजन कराए। भगवान् बुद्ध कई दिन तक कपिलवस्तु में ठहरे और धर्म का उपदेश किए। तीसरे दिन उनके सौतेले भाई नंद, जिनका उसी दिन अभिषेक, गृहप्रवेश और विवाह था, भगवान् बुद्ध से प्रभावित हो प्रव्रजित हुए। सातवें दिन उनके पुत्र राहुल ने भी प्रव्रज्या लेकर काषाय वस्त्र धारण किया। अपने आत्मीयों के विछोह से व्याकुल होकर राजा शुद्धोदन ने भगवान् बुद्ध के पास आकर कहा—

"भगवान् के प्रव्रजित होने पर मुझे बहुत दुःख हुआ था, वैसे ही नंद के प्रव्रजित होने पर भी। राहुल के प्रव्रजित होने पर अत्यधिक। भंते!, पुत्र-प्रेम मेरी त्वचा छेद रहा है। त्वचा छेदकर चमड़े को छेद रहा है। चमड़े को छेदकर मांस को छेद रहा है। मांस छेदकर नस छेद रहा है। नस को छेद कर हड्डी को छेद रहा है। हड्डी को छेदकर घायल कर दिया है। अच्छा हो, भंते! आर्य (=भिक्षुलोग) माता-पिता की अनुज्ञा के बिना किसी को प्रव्रजित न करें"

राजा शुद्धोदन की बात बुद्ध ने मान ली और भिक्षुओं को संबोधित करके कहा—"भिक्षुओं माता-पिता की अनुज्ञा के बिना पुत्र को प्रव्रजित नहीं करना चाहिए। जो प्रव्रजित करे, उसे कुक्कट का दोष है।"

भगवान् बुद्ध और भी दूसरे अवसरों पर शाक्य प्रदेश और कपिलवस्तु में गए थे, जैसे एक बार जब महा प्रजापति गौतमी (उनकी मौसी तथा विमाता) ने उनको ऊनी चादरों का जोड़ा अर्पित करना चाहा और दूसरी बार अपने तथा अन्य स्त्रियों के प्रव्रज्या लेने का उनके सामने प्रस्ताव किया। तीसरी बार भगवान् बुद्ध ने वहाँ आकर महानाम नामक शाक्य को 'दुःखस्कंध सूत्र' सुनाया। चौथी बार भी वहाँ पधारकर उसी शाक्य प्रमुख को महानामसूत्र का उपदेश किया। एक और भी अवसर पर बुद्ध के कपिलवस्तु में होने का उल्लेख है जब कोसलराज प्रसेनजित् वहाँ पर आए हुए थे। शाक्य राष्ट्र के देवदह नामक नगर (बुद्ध की ननिहाल) में भी भगवान् बुद्ध का आना-जाना था। वहाँ पर उन्होंने देवदहसूत्र का वचन किया था।

2. कोलिय राष्ट्र शाक्य राष्ट्र के पास होने के कारण भगवान् बुद्ध की चारिका और उपदेश वहाँ अवश्य ही होते रहे होंगे, यद्यपि उनका पर्याप्त उल्लेख बौद्ध-साहित्य में नहीं मिलता है। अपने महाभिनिष्क्रमण के समय इस राष्ट्र से होकर वे आगे बढ़े। दूसरा अवसर, जिसका उल्लेख मिलता है, वह था जब शाक्य और कोलिय रोहिणी नदी के जल के लिए आपस में युद्ध करने जा रहे थे। वह कथा संक्षेप में इस प्रकार है[62]—

"शाक्य और कोलिय दोनों राष्ट्रों के बीच की रोहिणी नदी को एक ही बाँध से बाँधकर खेती करते थे। एक बार जेठ के महीने में खेती को सूखती देखकर दोनों राष्ट्रो के कृषक एकत्रित हुए। पहले कोलियों ने कहा—'यह पानी दोनों तरफ बाँट देने पर न तुम्हारा ही काम पूरा होगा और न हमारा ही। हमारी खेती एक पानी से पूरी हो जाएगी। यह पानी मुझको दे दो।' शाक्यों ने उत्तर दिया—'तुम्हें कोठियाँ भरकर खड़े देख, रत्न, सुवर्ण, नीलमणि, काले, कार्षापण लेकर पच्छि (टोकरे), पसिब्बक (बोरा) आदि लेकर तुम्हारे द्वारों पर हम नहीं घूमेंगे। हमारी भी खेती एक पानी से ही हो जाएगी। यह पानी हमको दे दो।' इस प्रकार की बात बढ़ती गई। पहले कृषकों में हाथापाई हुई। फिर राजकुल भी संघर्ष में सम्मिलित हुआ। अंत में शाक्य और कोलिय दोनों ही सेना सजाकर युद्ध के लिए निकले।"

भगवान् बुद्ध भी उसी अवसर पर घूमते हुए प्रात:काल रोहिणी नदी के किनारे पहुँचे। जातिवालों ने उनको देख, अपने हथियार डाल, वंदना की। बुद्ध ने पूछा—'किस बात का कलह है महाराजो?" सैनिकों ने उत्तर दिया—हम नहीं जानते। भगवान् ने फिर प्रश्न किया—कौन जानता है? उत्तर मिला—सेनापति जानते हैं। सेनापति को भी कलह का कारण नहीं मालूम था। अत: उन्होंने कहा—उपराजा जानते हैं। इस तरह अंत में कृषकों से पूछने पर मालूम हुआ कि युद्ध का कारण रोहिणी नदी का पानी है।

बुद्ध—महाराजो! पानी का क्या मूल्य है?

सैनिक—भंते, कुछ नहीं।

बुद्ध—क्षत्रियों का क्या मूल्य है?

सैनिक—भंते, क्षत्रिय अमूल्य हैं।

बुद्ध—तुम लोगों को बेमोल पानी के लिए क्षत्रियों का नाश नहीं करना चाहिए।

सैनिक—(चुप)

बुद्ध—हम बैरियों में अबैरी हो बहुत सुख से जीते हैं। बैरी मनुष्यों में हम अबैरी ही बिहरते हैं।

3. मौर्यों के साथ भगवान् बुद्ध के संपर्क का पूरा विवरण नहीं मिलता है। मौर्यों का राष्ट्र गोरखपुर जनपद के मध्य में था और इसमें कई एक समृद्ध नगर थे। अत: यह संभव नहीं

जान पड़ता कि भगवान् बुद्ध और उनका संघ इस राष्ट्र में चारिका तथा उपदेश के लिए नहीं आया। मौर्यों का भगवान् बुद्ध के साथ रक्तसंबंध और उनके प्रति भक्ति का स्पष्ट संकेत परिनिर्वाण-सूत्र से मिलता है। परिनिर्वाण के पश्चात् भगवान् बुद्ध के शरीर के भस्मावशेष में भाग पाने के लिए उत्तर भारत के प्राय: गणतंत्रों और कतिपय राजाओं ने दावा किया। उनमें से मौर्यों ने मल्लों के पास अपना दावा इस प्रकार से भेजा[63]—

"अस्सो सुं खो पिप्पलिवनिया मोरिया—'भगवा किर कुसिनारायं परिनिब्बुतो' ति। अथ खो पिप्पलिवनिया मोरिया कोसिनारकानं मल्लनं दूतं पाहेसुं- भगवापि खत्तियो मयम्पि खत्तिया। मयम्पि अरहाम भगवतो सरीरानं भागं।"

(पिप्पलिवन के मौर्यों ने सुना कि भगवान् बुद्ध कुशीनगर में परिनिर्वाण को प्राप्त हुए हैं। तब उन्होंने कुशीनगर के मल्लों के पास (इस संदेश के साथ दूत भेजा—'भगवान् भी क्षत्रिय थे, हम भी क्षत्रिय हैं। भगवान् के शरीर का भाग पाने के हम भी अधिकारी हैं।')

संयोग से यह संदेश कुशीनगर में देर से पहुँचा। इसके पहले ही द्रोण नामक ब्राह्मण ने भगवान् बुद्ध के शरीर के आठ भाग करके आठ दावेदारों में बाँट दिया था। चिता के केवल अंगार (कोयले) शेष थे। मौर्यों ने उन कोयलों से ही संतोष किया। वे आदरपूर्वक अंगारों को पिप्पलिवन ले गए। कोयलों के ऊपर उन्होंने अंगार-स्तूप बनवाया और उसकी पूजा की। इस स्तूप को राजधानी के आसपास के टीलों ने अपने गर्भ में छिपा रखा है।

4. मल्लराष्ट्र के साथ भगवान् बुद्ध का बड़ा घनिष्ठ संबंध था। वैशाली (मुजफ्फरपुर जिले में बसाढ़) और श्रावस्ती (गोंडा तथा बहराइच की सीमा पर सहेत-महेत) के बीच यह पड़ता था और गोरखपुर जनपद का सबसे बड़ा तथा साधनसंपन्न राष्ट्र था। अत: भगवान् बुद्ध प्राय: इसके बीच से आया-जाया करते थे।

राजगृह से प्रथम बार कपिलवस्तु जाते समय मल्लराष्ट्र होकर भगवान् बुद्ध गए। किंतु ऐसा जान पड़ता है कि विशेष रूप से वे कहीं ठहरे नहीं। कपिलवस्तु से लौटते हुए वे मल्लराष्ट्र के अनूपिया नामक नगर में ठहरे। इसका वर्णन बौद्ध साहित्य में इस प्रकार दिया हुआ है।[64]

अपने पुत्र राहुल को प्रव्रजित कर भगवान् बुद्ध थोड़े ही समय में कपिलवस्तु से मल्ल देश में चारिका करते अनूप्रिया के आम्रवन में पहुँचे। एक समय भगवान् मल्लों के निगम (नगर) अनूपिया में विहार कर रहे थे। उस समय बहुत से शाक्य राजकुमार भगवान् बुद्ध के उपदेशों से प्रभावित हो भिक्षु बन चुके थे। महानाम नामक शाक्य ने सोचा—'मेरे परिवार में अभी तक कोई घरबार छोड़कर प्रव्रजित नहीं हुआ। मुझे या मेरे छोटे भाई अनिरुद्ध के पास आया और अपना अभिप्राय कह सुनाया। अनिरुद्ध ने उत्तर दिया—"मैं सुकुमार हूँ। घर छोड़कर भिक्षु नहीं बन सकता। तुम्हीं प्रव्रजित हो जाओ।" महानाम ने कहा—'अच्छा

मैं तुमको काम-धंधा समझा दूँ। अमुक-अमुक काम इस प्रकार करना।' अनिरुद्ध ने पूछा—"काम कब समाप्त होंगे? क्या इन कामों का अंत भी होगा? कब हम इन कामों से निश्चिंत होकर अनेक प्रकार के भोगों को भोगेंगे? कब स्वतंत्र होकर विचरण करेंगे?" महानाम ने गंभीर होकर उत्तर दिया—

"भाई अनिरुद्ध! काम कभी समाप्त नहीं होते। कामों का कभी अंत नहीं होता। कामों को समाप्त किए बिना ही हमारे पूर्वजों का अंत हो गया।"

यह सुनकर अनिरुद्ध को बड़ी निराशा हुई और उसने भाई से कहा—'परिवार का भार तुम्हीं सँभालो। हम प्रव्रज्या लेंगे।' इसके बाद अपनी माता के पास वह आज्ञा लेने के लिए गया। माता बोली—'तात अनिरुद्ध! तुम दोनों पुत्र मेरे अत्यंत प्रिय हो। मरने पर भी तुमसे अनिच्छुक न होऊँगी। जीते-जी प्रव्रज्या लेने की आज्ञा नहीं दे सकती।' अनिरुद्ध के बहुत आग्रह करने पर माता ने पुत्र के रोकने का उपाय सोचती हुई कहा—तुम्हारा मित्र भद्दिय (भद्र-) इस समय शाक्यों का राजा है। यदि वह प्रव्रजित हो तो तुम भी प्रव्रज्या ले लो। माता समझती थी कि राज्य की ममता छोड़कर भद्दिय प्रव्रजित न होगा। किंतु संन्यास के लिए अनिरुद्ध की आतुरता देखकर वह भी भगवान् बुद्ध से प्रव्रज्या लेने को तैयार हो गया। फिर भद्दिय, अनिरुद्ध, आनंद, भृगु, किंबिल, देवदत्त और उपाली नाई प्रव्रज्या लेने के लिए भगवान् बुद्ध के पास अनूपिया में पहुँचे।

शाक्य कुमार उपाली नाई को आगे करके उस स्थान पर गए जहाँ भगवान् विहार करते थे। भगवान् को वंदना करके एक ओर बैठ गए। बैठते हुए उन्होंने भगवान् से निवेदन किया— "भंते! हम शाक्य अभिमानी होते हैं। यह उपाली नाई चिरकाल तक हमारा सेवक रहा है। इसे भगवान् सबसे पहले प्रव्रजित करावें जिससे कि हम इसका अभिवादन, प्रत्युत्थान वंदना आदि करें। इस प्रकार हम शाक्यों का शाक्य होने का अभिमान मर्दित होगा।"

कुमारों के इच्छानुसार पहले उपाली प्रव्रजित हुआ। उसके पश्चात् कुमार। तब अनिरुद्ध भद्दिय ने उसी वर्ष के भीतर तीनों विद्याओं का संपादन किया। आयुष्मान अनिरुद्ध ने दिव्यचक्षु को प्राप्त किया। आनंद ने सोतापत्ति फल को। देवदत्त ने पृथग्जनोवाली ऋद्धि को संपादित किया।" फिर सभी प्रव्रजित नवयुवक वासना और तृष्णा से रहित, संसार के दु:खों से मुक्त हो आनंद से मल्लराष्ट्र के अरण्यों में विचरण करने लगे। एक दिन भगवान् बुद्ध ने शाक्य कुमारों के आनंद पर चकित भिक्षुओं के कहने पर, भद्दिय से उनके आनंद का कारण पूछा। भद्दिय ने उत्तर दिया—

"भंते! पहले राजा होने का समय अंत:पुर के भीतर भी मेरे शरीर की रखवाली होती थी। नगर के भीतर भी मेरी रक्षा होती थी। नगर के बाहर भी। देश के भीतर भी। देश के

बाहर भी। किंतु भंते! इस प्रकार रक्षित गोपित होते हुए भी मैं भीत, उद्विग्न, सशंक और त्रासयुक्त घूमता था। परंतु आज भंते! अकेला अरण्य में रहते हुए भी, शून्य गृह में रहते हुए भी निडर, अनुद्विग्न, अशंक अवासयुक्त, निश्चिंत हो विहार करता हूँ।"

वास्तव में प्रव्रज्या लेकर संसार की संपत्ति, ममता, मोह, आसक्ति, क्रोध आदि का त्याग करने से ही कुमारों को यह स्थिति प्राप्त हुई थी।

मल्ल राष्ट्र की दूसरी नगरी पावा थी जहाँ भगवान् बुद्ध प्राय: जाया करते थे। यहाँ पर भगवान् बुद्ध तथा उनके शिष्यों के धर्मोपदेश हुआ करते थे।[65]

ऐसा सुना जाता है कि एक समय पाँच सौ भिक्षुओं के महाभिक्षु-संघ के साथ भगवान् बुद्ध मल्ल देश में चारिका करते, जहाँ पावा नामक मल्लों की नगरी है, वहाँ पहुँचे। पावा में भगवान् कर्मार-पुत्र चुंद के आम्नवन में विहार करते थे। उस समय पावावासी मल्लों का ऊँचा उब्भटक नामक नया संस्थागार (सभाभवन) बना था उसमें अभी तक किसी ब्राह्मण, श्रमण अथवा मनुष्य ने वास नहीं किया था। मल्ल लोग भगवान् के आगमन् का समाचार सुनकर उनके पास पहुँचे। अभिवादन करके भगवान् से निवेदन किया—

'भंते! यहाँ पावावासी मल्लों का नया ऊँचा उब्भटक नाम का संस्थागार बना है। इसमें किसी ब्राह्मण, श्रमण अथवा मनुष्य ने वास नहीं किया। भंते! आप उसका प्रथम परिभोग करें। भगवान् के परिभोग कर लेने पर पावावासी मल्ल उसका परिभोग करेंगे। तब वह पावावासी मल्लों के लिए दीर्घरात्र (चिरकाल) तक हित-सुख के लिए होगा।'

भगवान् ने अपने मौन से इसकी स्वीकृति दी। तब पावा के मल्ल भगवान् की स्वीकृति जानकर, उनका अभिवादन तथा प्रदक्षिण कर, जहाँ संस्थागार था वहाँ गए। जाकर संस्थागार में सब ओर बिस्तर बिछाकर आसन लगाए, पानी के घड़े रखे, तेल के दीपक आरोपित किए और भगवान् को इसकी सूचना दी। भगवान् भिक्षु-संघ के साथ जहाँ संस्थागार था वहाँ पहुँचे। जाकर पैर प्रक्षालन कर, संस्थागार में प्रवेश कर, पूर्व की ओर मुँह कर, बीच के खंभे के सहारे से बैठे। भिक्षुसंघ भी पैर पखार, संस्थागार में प्रवेश कर, पूर्व की ओर मुँह कर पश्चिम की भीत के सहारे भगवान् को आगे कर बैठा। पावावासी मल्ल भी पैर पखार, संस्थागार में प्रवेश कर पश्चिम की ओर मुँह कर पूर्व की भीत के सहारे भगवान् को सामने करके बैठे। तब भगवान् ने पावावासी मल्लों को बहुत रात तक धार्मिक कथा से संदर्शित, समादपित, समुत्तेजित, संप्रशंसित कर विसर्जित किया—

"वाशिष्ठो! रात तुम्हारी बीत गई। अब तुम जिसका काल समझो वैसा करो।" "अच्छा भंते..." पावावासी मल्ल आसन से उठ, भगवान् को अभिवादन् कर प्रदक्षिण कर चले गए। इसी स्थान पर सारिपुत्र ने भिक्षुसंघ के सामने–संगीति-परियाय-सुत्त का उपदेश किया।

दूसरा उल्लेख भगवान् बुद्ध के पावा जाने का उस समय है जब वे अपने परिनिर्वाण के पूर्व वैशाली के कुशीनगर की ओर प्रस्थान कर रहे थे[66]—

तब भगवान् महाभिक्षु-संघ के साथ जहाँ पावा थी, वहाँ गए। वहाँ पावा में कर्मार-पुत्र चुंद के आम्रवन में विहार करते थे। चुंद ने सुना—भगवान् पावा में आए हैं मेरे आम्रवन में विहार कर रहे हैं। जहाँ भगवान् थे वहाँ जाकर उनको अभिवादन कर वह एक ओर बैठ गया। भगवान् ने उसको धार्मिक कथा से उसको संदर्शित तथा समुत्तेजित किया। इसके पश्चात् उसने भगवान् से निवेदन किया—भंते, भिक्षुसंघ के साथ भगवान् कल मेरे यहाँ भोजन स्वीकार करें। भगवान् ने अपने मौन से इस निमंत्रण को स्वीकार किया।

कर्मार-पुत्र चुंद ने रात बीतने पर उत्तम खाद्य-भोज्य और बहुत सा शूकर-मार्दव तैयार कराया। पूरी तैयारी करने के उपरांत भगवान् को भोजन-काल की सूचना दी। भगवान् पूर्वाह्न समय वस्त्र पहन पात्र चीवर ले भिक्षुसंघ के साथ चुंद के घर गए। वहाँ बिछे आसन पर बैठे। भोजन कर एक ओर बैठ गए कर्मार-पुत्र चुंद को धार्मिक कथा से समुत्तेजित कर अपने आसन से उठकर चल दिए।

(भगवान् रुग्ण और वृद्ध तो थे ही।) कर्मार-पुत्र चुंद के यहाँ (गरिष्ठ भोजन करने से उनको रक्तातिसार का रोग हो गया। बार-बार रक्त के दस्त आने से उनको मरणांतक पीड़ा होने लगी। किंतु भगवान् ने स्मृति-संप्रजन्ययुक्त हो, बिना दुःखित हुए उस पीड़ा को सहन किया। उसके बाद उन्होंने कुशीनगर जाने की तैयारी की।

2. कुशीनगर में भगवान् बुद्ध के जाने के कई उल्लेख मिलते हैं। वहाँ एक बार जाने का उल्लेख निम्नलिखित प्रकार है[67]—

तब आपण में इच्छानुसार विहार कर भगवान् साढ़े बारह सौ भिक्षुओं के भिक्षुसंघ के साथ कुशीनगर की ओर चारिका के लिए चल दिए। कुशीनगर के मल्लों ने सुना—साढ़े बारह सौ भिक्षुओं के भिक्षुसंघ के साथ भगवान् कुशीनगर आ रहे हैं। उन्होंने (संस्थागार में) नियम बनाया—जो भगवान के स्वागत के लिए नहीं जाएँगे उनको पाँच सौ (कर्षापण) का दंड दिया जाएगा। उस समय रोज नामक मल्ल आनंद का मित्र था। भगवान् क्रमशः चारिका करते हुए कुशीनगर पहुँचे। कुशीनगर के मल्लों ने भगवान् का प्रत्युद्गमन किया (आगे बढ़कर स्वागत किया) रोज मल्ल भी भगवान् का प्रत्युद्गमन कर, जहाँ आयुष्मान आनंद थे, वहाँ। जाकर भगवान् को अभिवादन् कर एक ओर खड़ा हो गया। एक ओर खड़े रोज मल्ल को आयुष्मान आनंद ने कहा—

"आवुस रोज! यह तुम्हारा कृत्य बहुत सुंदर है जो तुमने भगवान् की अगवानी की।"

रोज ने उत्तर दिया—

"भंते, मैंने बुद्ध,धर्म, संघ का आदर नहीं किया। किंतु भंते जाति के दंड के भय से मैंने भगवान् की अगवानी की।"

इस उत्तर से आयुष्मान आनंद को बड़ा असंतोष हुआ और उन्होंने जाकर भगवान् बुद्ध से कहा—

भंते रोजमल्ल विभवसम्पन्न अभिजात मनुष्य है। इस प्रकार के प्रसिद्ध मनुष्यों का इस धर्मविनय में प्रसाद (श्रद्धज्ञ) होना अच्छा है। अच्छा हो भंते भगवान् वैसा करें जिससे रोजमल्ल इस धर्मविनय में प्रसन्न (श्रद्धावान) होवे।

यह सुनकर भगवान् रोजमल्ल के प्रति मैत्रीपूर्ण चित्त उत्पन्न कर आसन से उठ विहार में प्रविष्ट हुए। तब रोजमल्ल भगवान् के मैत्र चित्त के स्पर्श से, छोटे बछड़े वाली गाय की भाँति एक विहार से दूसरे विहार, एक परिवेश से दूसरे परिवेश में जाकर भिक्षुओं से पूछने लगा—

भंते, इस समय भगवान् अर्हत् सम्यक्-संबुब्द कहाँ विहार कर रहे हैं? हम उन भगवान् अर्हत सम्यक् संबुद्ध का दर्शन करना चाहते हैं।"

भिक्षुओं ने कहा—

आवुस रोज यह द्वारबद्ध विहार हैं। नि:शब्द हो धीरे-धीरे अलिंद (छज्जा) में प्रवेश कर, खाँस कर जंजीर को खटखटाओ। भगवान् तुम्हारे लिए द्वार खोल देंगे।

रोजमल्ल वहाँ गया जहाँ द्वारबद्ध विहार था। वहाँ नि:शब्द धीरे-धीरे जाकर, आलिंद में घुसकर, खाँस कर जंजीर खटखटाई। भगवान् ने द्वार खोल दिया। तब रोजमल्ल विहार में प्रवेश कर, भगवान् को अभिवादन कर, एक ओर बैठ गया। एक ओर बैठे हुए रोजमल्ल को भगवान् ने आनुपूर्विक (प्रसंगानुकूल) कथा कही। रोजमल्ल को उसी आसन पर विरज विमल धर्मचक्षु उत्पन्न हुआ। उसे ज्ञान हुआ—जो कुछ उत्पन्न होनेवाला है, वह सब नश्वर है। धर्म-दृष्टि को प्राप्त कर रोजमल्ल ने कहा—

"अच्छा हो भंते, आर्य भिक्षु लोग मेरा ही चीवर (वस्त्र), पिंडपात (भोजन), शयनासन (बिस्तर), ग्लान-प्रत्यय-भेषज्य-परिष्कार (औषध तथा पथ्य) स्वीकार करें, दूसरों का नहीं।"

भगवान् बुद्ध ने रोजमल्ल के अभिमान को स्पर्श करते हुए कहा—

"आवुस रोज तुम्हारी तरह जिन्होंने अपूर्ण ज्ञान और अपूर्ण दर्शन से धर्म को देखा है उनको ऐसा ही होता है—क्या ही अच्छा हो, आर्य भिक्षु लोग मेरा ही चीवर, पिंडपात, शयनासन आदि ग्रहण करें। रोजमल्ल निरभिमान हो भगवान् का परम भक्त हो गया।"

कुशीनगर में दूसरी बार भगवान् बुद्ध अपने परिनिर्वाण के समय गए। बौद्ध साहित्य में इस यात्रा का विवरण इस प्रकार मिलता है।[68]

"आओ आनंद जहाँ कुशीनगर है वहाँ चलो" अच्छा भंते, तब भगवान् मार्ग से हटकर एक वृक्ष के नीचे गए। जाकर आयुष्मान आनंद से कहा—"आनंद मेरे लिए चौपेती-संघाटी (बिस्तर) बिछा दो। मैं थक गया हूँ बैठूँगा।" आनंद ने वैसा ही किया और भगवान् आसन पर बैठे। उस समय आलार कालाम नामक आचार्य का शिष्य मल्लपुत्र पुक्कुस ने भगवान् को एक वृक्ष के नीचे बैठे देखा। वहाँ जाकर भगवान् को अभिवादन कर एक ओर बैठ गया। वह भगवान् की कथा से प्रभावित हो, उनका उपासक बनकर घर को प्रस्थान किया।

इसके पश्चात् भगवान् ने आनंद से कहा—"आनंद! आज रात के अंतिम याम में कुशीनगर के शालवन उपवत्तन में जोड़े शालवृक्षों के नीचे तथागत का निर्वाण होगा। आओ आनंद जहाँ ककुत्था नदी है वहाँ चले। महाभिक्षु-संघ के साथ भगवान् ककुत्था नदी के किनारे पहुँचे। नदी में अवगाहन कर, स्नान कर, पान कर उतरकर आम्रवन में गए और आयुष्मान चुंद से बोले—चुंदक मेरे लिए चौपेती-संघाटी बिछा दे। थक गया हूँ, लेटूँगा।" भगवान् ने लेटते हुए आनंद से कहा—

आनंद संभव है कोई कर्मार-पुत्र चुंद को चिंतित करे और कहे—"आवुस चुंद अलाभ है तुझे जो कि तथागत तुम्हारे पिंडपात को खा परिनिर्वाण को प्राप्त हुए।" आनंद चुंद की इस चिंता को दूर करते हुए कहना आवुस लाभ है तुझे जो कि तथागत तुम्हारे यहाँ भोजन कर परिनिर्वाण को प्राप्त हुए। मैंने भगवान् के मुख से यह सुना- यह दो पिंडपात समान महाफलवाले हैं—(1) एक वह जिस पिंडपात को खाकर तथागत अनुत्तर सम्यक् संबोधि (बुद्धपद) को प्राप्त हुए अर्थात सुजाता द्वारा अर्पित भोजन (2) दूसरा वह पिंडपात जिसको खाकर तथागत दुःखकारणरहित निर्वाण को प्राप्त हुए।"

इसके अनंतर भगवान् ने आनंद से कहा—'आओ आनंद जहाँ हिरण्यवती नदी का परला तीर है जहाँ कुशीनगर में मल्लों का शालवन उपवत्तन है वहाँ चलें।' वहाँ पहुँचकर आनंद ने भगवान् की आज्ञा से जोड़े शालवृक्षों के नीचे निर्वाणमुद्रा में मंचक (चारपाई) बिछाया। भगवान् दाहिनी करवट सिंह-शय्या से लेटते हुए बोले—

"आनंद श्रद्धालुओं के लिए ये चार स्थान दर्शनीय तथा संवेजनीय (वैराग्योत्पादक) होंगे—(1) लुंबिनीवन जहाँ तथागत उत्पन्न हुए, (2) बोधगया जहाँ भगवान् बुद्धत्व को प्राप्त हुए, (3) सारनाथ जहाँ तथागत ने अनुत्तर धर्मचक्र का प्रवर्तन किया था और (4) कुशीनगर जहाँ तथागत दुःखकारणरहित निर्वाण को प्राप्त हुए थे। आनंद श्रद्धालु भिक्षु-भिक्षुणियाँ उपासक-उपासिकाएँ भविष्य में यहाँ यात्रा करने आएँगी।"

भगवान् के निर्वाण को बहुत निकट जानकर जब आनंद बहुत कातर हो रहे थे तब तथागत ने यह उपदेश किया—

"नहीं आनंद! मत शोक करो, मत रोओ, मैंने तो पहले ही कह दिया है—सभी प्रियों से वियोग होता है। जो उत्पन्न है वह अवश्य नाश को प्राप्त होता है। आनंद तुमने चिरकाल तक हित-सुख अप्रमाण मैत्रीपूर्ण कायिक कर्म से तथागत की सेवा की है। तुम कृत-पुण्य हो। निर्वाण-साधन में लग शीघ्र पापरहित हो निर्वाण को प्राप्त हो।"

जब आनंद ने बुद्ध से कहा कि वे छोटे कुशीनगर नामक नगर को छोड़कर किसी महानगर में निर्वाण को प्राप्त हों तब तथागत बोले—

आनंद ऐसा मत कहो। पूर्वकाल में यह कुशीनगर राजा सुदर्शन की कुशावती नामक राजधानी थी।...आनंद कुशीनगर में जाकर मल्लों से कहो—"वाशिष्ठो आज रात के अंतिम प्रहर तथागत का परिनिर्वाण होगा। चलो वाशिष्ठो, चलो वाशिष्ठो, पीछे शोक मत करना—हमारे ग्रामक्षेत्र में तथागत का परिनिर्वाण हुआ, किंतु हम अंतिम काल में तथागत का दर्शन न कर सके।"

भगवान् की आज्ञा पाकर आनंद कुशीनगर में प्रविष्ट हुए। उस समय कुशीनगरवासी मल्ल किसी काम में संस्थागार में एकत्रित हुए थे। आयुष्मान आनंद जहाँ मल्लों का संस्थागार था, वहाँ गए। जाकर भगवान् का संदेश कह सुनाया। यह सुनकर मल्ल, मल्लपुत्र, मल्लवधुएँ, मल्लभार्याएँ दुःखित दुर्मना हो शोक और विलाप कर जहाँ शालवन उपवत्तन था वहाँ आए। आनंद ने सोचा—यदि एक-एक मल्ल अलग-अलग वंदना करेगा तो बड़ा विलंब होगा और भगवान् बहुतों से अवंदित रह जाएँगे, अत: कुल-क्रम से वंदना कराऊँ। उन्होंने बुद्ध के पास जाकर कहा, भंते, अमुक मल्ल सपुत्र, सभार्य, सपरिपत समात्य, भगवान् के चरणों की वंदना करता है।

उसी समय कुशीनगर में सुभद्र नामक परिव्राजक रहता था। वह भगवान् का दर्शन करने आया। तथागत के उपदेश से प्रभावित हो उसने बौद्ध धर्म की प्रव्रज्या (दीक्षा) ली। भगवान् बुद्ध का वह अंतिम शिष्य था।

अनेक धार्मिक विषयों पर उपदेश करते-करते रात के अंतिम प्रहर में भगवान् बुद्ध का परिनिर्वाण हुआ। आयुष्मान अनिरुद्ध ने आनंद से कहा—जाओ आवुस आनंद कुशीनगर में जाकर कुशीनगर के मल्लों से कहो—वाशिष्ठो, भगवान् परिनिर्वाण को प्राप्त हो गए। अब जिसका तुम काल समझो करो। अच्छा भंते, कहकर आयुष्माम आनंद कुशीनगर में प्रविष्ट हुए। उसी समय कुशीनगर के मल्ल किसी आवश्यक काम से संस्थागार (सभा भवन) में एकत्रित थे। आनंद से उनको भगवान् बुद्ध के परिनिर्वाण का समाचार कह सुनाया।

तब कुशीनगर के मल्ल गंधमाला, वाद्य, वस्त्र आदि के साथ जहाँ भगवान् का शरीर था वहाँ गए। जाकर भगवान् के शरीर को नृत्य, गीत, वाद्य, माला, गंध से सत्कार करते,

मानते, पूजते, कपड़े का वितान तानते, मंडप बनाते उस दिन को बना दिया। इस प्रकार पूजा-सत्कार में सात दिन बीत गए। सातवें दिन कुशीनगर के मल्लों ने भगवान् के शरीर को सत्कारपूर्वक नगर के उत्तर से ले जाकर जहाँ मुकुट-बंधन नामक मल्लों का चैत्य था, वहाँ भगवान् के शरीर को रखा। शरीर को वहाँ रखकर उन्होंने आनंद से पूछा—भंते हम भगवान् के शरीर का संस्कार कैसे करें? आनंद ने कहा, वाशिष्ठो, जैसा चक्रवर्ती राजा के शरीर का करते हैं। कुशीनगर के मल्लों ने भगवान् के शरीर को नए वस्त्र से लपेटा और चंदनादि सुगंधित काष्ठों की चिता बनाकर उस पर रखा।

उस समय पाँच सौ भिक्षुओं के भिक्षु संघ के साथ महाकाश्यप पावा और कुशीनगर के बीच के रास्ते में थे। वहाँ से वे जहाँ मल्लों का मुकुट-बंधन चैत्य था गए। भिक्षुओं के साथ हाथ जोड़कर तीन बार उन्होंने चिता की प्रदक्षिणा और सत्कारपूर्वक भगवान् के चरणों की वंदना की। कहा जाता है कि वंदना के पश्चात् चिता अपने आप जल उठी और थोड़ी देर में केवल अस्थियाँ शेष रह गईं। कुशीनगर के मल्लों ने सर्वगंध-जल से भगवान् की चिता को शीतल किया। फिर उन अस्थियों को सप्ताह भर संस्थागार में शक्तिपंजर बनवा नृत्य,गीत, वाद्य, माला, गंधादि से उसकी पूजा की।

मगध के राजा वैदेही पुत्र अजातशत्रु ने सुना कि भगवान् परिनिर्वाण को प्राप्त हुए हैं। उसने कुशीनगर के मल्लों के पास दूत भेजा—भगवान् भी क्षत्रिय थे, मैं भी क्षत्रिय हूँ। भगवान् की अस्थियों में भाग पाने का मैं भी अधिकारी हूँ। मैं भी भगवान् के अवशेष पर स्तूप बनाऊँगा और पूजा करूँगा। इसी प्रकार वैशाली के लिच्छवियों ने, कपिलवस्तु के शाक्यों ने, रामग्राम के कोलियों ने, अल्लकप्प के बुलियों ने पावा के मल्लों ने, अपने-अपने दूत भेजकर भगवान् के अवशेषों में अपना भाग माँगा। वेठ द्वीप के ब्राह्मणों ने भी अपना भाग माँगा।

कुशीनगर के मल्लों ने उन दूतों के द्वारा राजाओं, गणों और संघों को कहला भेजा—भगवान् हमारे ग्राम क्षेत्र में निर्वाण को प्राप्त हुए हैं। हम उनकी अस्थियों में से किसी को भाग नहीं देंगे। इस प्रत्याख्यान को सुनकर सभी भाग चाहनेवाले क्रुद्ध हुए और अपनी-अपनी सेना लेकर कुशीनगर को घेर लिया। यह देखकर द्रोण नामक ब्राह्मण ने युद्ध के लिए तैयार बुद्ध के अनुयायियों से कहा—

आप सब मेरी एक बात सुनें। हमारे बुद्ध शांति (क्षमा) वादी थे। यह उचित नहीं कि उस शांति के पुजारी की अस्थियों के विभाजन में रक्तपात हो। भगवान् की अस्थियों के आठ भाग कर आप लोग आपस में बाँट लें, जिससे अनेक दिशाओं में स्तूपों का विस्तार हो और बहुत से लोग भगवान् बुद्ध में श्रद्धावान हों।

सबों ने अपनी स्वीकृति देते हुए कहा—'तो ब्राह्मण तू ही भगवान् के शरीर को आठ भागों में बाँट दे।' 'अच्छा भो!'... द्रोण ब्राह्मण ने भगवान् के शरीर को आठ समान भागों में विभक्त कर उन संघों गणों से कहा—आप सब इस (जिसमें अस्थियाँ रखी गई थीं) कुंभ को मुझे दें। मैं कुंभ के ऊपर स्तूप बनाऊँगा और उसकी पूजा करूँगा। उन्होंने ब्राह्मण को कुंभ दे दिया।

पिप्पलीवन के मौर्यों ने (देर में) सुना भगवान् कुशीनगर में परिनिर्वाण को प्राप्त हुए हैं। उन्होंने कुशीनगर के मल्लों के पास दूत भेजा—भगवान् भी क्षत्रिय थे। हम भी क्षत्रिय हैं। भगवान् की अस्थियों में भाग पाने के हम भी अधिकारी हैं। मल्लों ने उत्तर भेजा—भगवान् के शरीर का भाग नहीं है। भगवान् के शरीर बाँट चुके। केवल कोयले बचे हुए हैं। यहाँ से कोयले (अंगार) ले जाओ। मौर्य वहाँ से केवल अंगार ले गए।

सभी ने अपने भागों को लेकर स्तूप बनाया और उसकी पूजा की। मगध के राजा अजातशत्रु ने राजगृह में अस्थियों के ऊपर स्तूप बनावाया। वैशाली के लिच्छवियों ने वैशाली में, कपिलवस्तु के शाक्यों ने कपिलवस्तु में, रामग्राम के कोलियों ने रामग्राम में, पिप्पलीवन के मौर्यों ने पिप्पलीवन में, पावा के मल्लों ने पावा में, कुशीनगर के मल्लों ने कुशीनगर में, अल्पकप्प के बुलियों ने अल्लकप्प में, वेठ द्वीप के ब्राह्मणों ने वेठ द्वीप में और द्रोण ब्राह्मण ने कुंभ के ऊपर स्तूप बनवाया। इस प्रकार कुशीनगर में भगवान् बुद्ध की जीवन-लीला समाप्त हुई।

भगवान् बुद्ध के उपदेश

जिस धर्मामृत की वर्षा भगवान् बुद्ध ने अपनी यात्राओं में की उसके मूल सिद्धांत क्या थे। उनका संक्षिप्त विवरण नीचे दिया जा रहा है।

भगवान् बुद्ध ने ग्रंथों के प्रमाणवाद का, चाहे वह वेद ही क्यों न हो, खंडन किया। उनके मत में मनुष्य की बुद्धि और अनुभव ही सत्य के जानने के सर्वोत्तम साधन हैं। मनुष्य से सम्यक्-संबोधि प्राप्त करने की चेष्टा करनी चाहिए। अत: बौद्ध धर्म का प्राचीनतम बुद्धिवादी धर्म था।

इसका अर्थ यह है कि जिस वस्तु को जैसा देखा जाए उसको वैसा ही कहना। भगवान् बुद्ध ने संसार की परिस्थिति देखकर यह बतलाया कि संसार में दु:ख ही दु:ख है। इसलिए भगवान् बुद्ध को कुछ लोग निराशावादी कहते हैं। किंतु बात ऐसी नहीं है। जहाँ बुद्ध ने संसार को दु:खमय बतलाया वहाँ उस दु:ख को दूर करने का मार्ग भी बतलाया। अत: उन्होंने एक अनुभवी वैद्य की तरह संसार के रोग का निदान और उसकी चिकित्सा दोनों की।

ईश्वर संबंधी प्रश्न पूछने पर भगवान् बुद्ध प्रायः मौन धारण कर लेते थे। भगवान् बुद्ध नीतिवादी थे। उनके मत में नैतिक जीवन के लिए ईश्वर संबंधी प्रश्न अनावश्यक था। सृष्टिक्रम में ईश्वर के अस्तित्व और उसकी ओर से हस्तक्षेप के लिए कोई स्थान नहीं।

आत्मा में भी भगवान् बुद्ध का विश्वास नहीं था। वह नहीं मानते थे कि मनुष्य के व्यक्तित्व के भीतर कोई स्थायी सत्ता है जो शरीर के नष्ट होने पर बची रहती है। वह मनुष्य को कई संस्कारों का संघात (समूह) मानते थे। इसको एक गाड़ी के उदाहरण से समझाया गया है। गाड़ी अनेक भागों और पुर्जों का एक संघात है। किंतु यदि उसके सभी भाग और पुर्जे अलग-अलग कर दिए जाएँ तो उसमें आत्मास्थानीय कोई पदार्थ नहीं बच रहेगा।

भगवान् बुद्ध संसार को नश्वर और उसके सभी पदार्थों को क्षणिक—क्षण-क्षण में परिवर्तनशील मानते थे। संसार के मूल में कोई स्थायी तत्त्व नहीं, यह प्रवाहरूप है। भ्रम में वह स्थायी और स्थिर दिखाई पड़ता है। उदाहरण के लिए एक नदी के जल को लीजिए। उसके किनारे बैठा हुआ मनुष्य यह समझता है कि एक ही जल नदी में भरा हुआ है किंतु वास्तव में उसके सामने एक क्षण में जो जल वर्तमान रहता है, वह दूसरे क्षण में नहीं। नदी का जल क्षण-क्षण में बदलता रहता है। नदी केवल प्रवाह रूप से स्थायी है। इसी प्रकार संसार भी प्रवाह रूप से, भ्रम के कारण, स्थायी दिखाई पड़ता है।

प्राचीन ब्राह्मण धर्म की भाँति भगवान् बुद्ध भी पुनर्जन्म में विश्वास करते थे। किंतु उनके मत में आत्मा का पुनर्जन्म नहीं होता। (उनके दर्शन में आत्मा है ही नहीं) परंतु संस्कारों से बने हुए मनुष्य के अहंकार का। जब तक मनुष्य का अहंकार वासना या तृष्णा में लिप्त रहता है तब तक वह अपनी वासना के अनुसार शरीर धारण कर बार-बार संसार में जन्म लेता है। वासना-क्षय से मनुष्य का अहंकार भी नष्ट हो जाता है और फिर उसका पुनर्जन्म नहीं होता।

यह कारण-कार्य का सिद्धांत है। जिस वस्तु के कारण वर्तमान है वह अवश्य कार्य रूप में आएगा। मनुष्य के अस्तित्व और उसके जन्म-मरण का कारण वासना और उससे उत्पन्न हुए कर्मों में आसक्ति है। कर्म-सिद्धांत के अनुसार जैसी वासना और कर्म वैसे ही उसका फल-वैसा ही जन्म और शरीर-धारण। कारणरूप वासना के नष्ट हो जाने से कार्यरूप जन्म-मरण भी बंद हो जाते हैं।

साधना और तपस्या द्वारा वासना के क्षय होने पर मनुष्य का अहंकार भी नष्ट हो जाता है। इस अवस्था को निर्वाण कहते हैं। निर्वाण का अर्थ है दीपक की तरह से बुझ जाना (निः+वा+क्त)। दीपक में जब तक तेल और बत्ती रहती है तब तक वह जलता रहता है। पहले तेल जलता है। यदि उसमें फिर तेल न डाला जाए तो कुछ समय में वह अवश्य समाप्त हो जाता है। फिर बत्ती भी जल जाती है और दीपक अपने आप बुझ जाता है।

इसी प्रकार मनुष्य के मन में जब तक वासनारूपी तेल जलता रहता है तब तक संसार के प्रवाह-जीवन-मरण में उसका जीवन दीप जलता रहता है। वासनाक्षय होने पर मनुष्य का संसार-चक्र रुक जाता है और वह सभी दु:खों से रहित हो जाता है। यह उपाधिरहित पद है।

चार आर्य सत्य

मनुष्य के नैतिक जीवन का आधार यह अनुभव है कि संसार दु:खमय है और दु:ख के निराकरण का उपाय करना चाहिए। दु:ख संबंधी चार सत्यों का अनुभव भगवान् बुद्ध को बोध गया में हुआ था और सारनाथ के अपने धर्मचक्र-प्रवर्तन में सबसे पहले इन्हीं चार सत्यों का उपदेश अपने शिष्यों को दिया था।

1. दु:ख— दु:ख पहला आर्य सत्य है। जन्म भी दु:ख है जरा भी दु:ख है, व्याधि भी दु:ख है, मरण भी दु:ख है। अप्रियों का संयोग दु:ख है, प्रियों का वियोग भी दु:ख है। इच्छा होने पर किसी पदार्थ का न मिलना दु:ख है। संक्षेप में पाँच उपादान-स्कंध ही दु:ख है—रूप, वेदना, संज्ञा, संस्कार और विज्ञान।

2. दु:ख समुदय— दु:ख का समुदय (कारण) दूसरा आर्य सत्य है। दु:ख का कारण तृष्णा है—जन्म लेने की, प्रसन्न होने की, रागसहित जहाँ-तहाँ विचरने की—यथा—1. काम तृष्णा 2. भव (जन्म) तृष्णा और 3. विभव तृष्णा।

3. दु:ख निरोध— यह तीसरा आर्य सत्य है जो तृष्णा का सर्वथा विराग, निरोध (त्याग) और निस्सर्ग (अनासक्त होना) है।

4. दु:ख निरोध— गामिनी-प्रतिपद अर्थात् दु:खनिरोध की ओर ले जानेवाला मार्ग चौथा आर्य सत्य है।

दुख निरोध की ओर ले जानेवाले मार्ग का ही यह नाम है। भगवान् बुद्ध ने दो एकांत मार्गों का निषेध किया—(1) एक तो कामवासनायुक्त विलासिता का मार्ग और (2) दूसरा अनावश्यक ढंग से तपस्या के द्वारा शरीर को कष्ट देने का मार्ग। उन्होंने युक्त आहार-विहार के साथ बीच का मार्ग निकाला जिसमें निम्नलिखित साधना के अंग सम्मिलित हैं—

(1) सम्यक् दृष्टि

(2) सम्यक् संकल्प

(3) सम्यक् वाक्

(4) सम्यक् कर्म

(5) सम्यक् जीविका

(6) सम्यक् व्यायाम

(7) सम्यक् स्मृति

(8) सम्यक् समाधि

संसार में सदाचारपूर्वक जीवन व्यतीत करने के लिए दशशील (आचार के दस नियम) का उपदेश भगवान् बुद्ध ने दिया था। इसमें से प्रथम पाँच गृहस्थों के हुए और पूरे देश गृहस्थ और भिक्षु के लिए लागू है—

(1) अहिंसा

(2) सत्य

(3) अस्तेय (चोरी न करना)

(4) अपरिग्रह

(5) ब्रह्मचर्य

(6) नृत्य-गान का त्याग

(7) सुगंध, मालादि का त्याग

(8) असमय में भोजन का त्याग

(9) कोमल शय्या का त्याग

(10) कामनी कांचन का सर्वथा त्याग

भगवान् बुद्ध ने अपने जीवन-काल में ही अपने धर्म का प्रचार करने के लिए एक धर्म संघ की स्थापना की। संसार के इतिहास में यह सर्व प्रथम सेवा व्रतधारी प्रचारक संघ था।[69]

मगध के आक्रमण

गोरखपुर जनपद के गणतंत्रों को कोसल की अपेक्षा मगध-साम्राज्य से अधिक संकट था। उस समय मगध में नागवंश (हर्यक कुल तथा शिशुनाग वंश दोनों ही वास्तव में नागवंशी थे) की स्थापना हो चुकी थी। नागवंश के प्रथम राजा बिंबिसार ने कोसल के राजा प्रसेनजित् की बहन महाकोसला से विवाह किया। कोसल ने अपने नव विजित राज्य काशी को मगध को दहेज में दे दिया। वास्तव में काशी के ऊपर कोसल के पहले नागवंश का ही अधिकार था, अत: कोसल उसे लौटाकर अपना पुराना संघर्ष दूर करना चाहता था। कोसल और मगध की संधि से उत्तर भारत के गण-संघ घिर गए। किंतु बिंबिसार के समय उनके ऊपर आक्रमण नहीं हुआ।

बिंबिसार की अपेक्षा उसका पुत्र अजातशत्रु अधिक महत्त्वाकांक्षी था। उसने बिहार में गंगा के उत्तर के गणराज्यों पर आक्रमण करना प्रारंभ किया। उसकी ननिहाल वैशाली के

लिच्छवियों के यहाँ थी। साम्राज्यलिप्सा के सामने संबंध का कोई स्थान नहीं। अजातशत्रु ने पहले उन्हीं पर आक्रमण किया।[70] लिच्छवियों ने साम्राज्यवाद का विरोध करने के लिए उत्तर भारत के गण-राज्यों का एक संघ बनाया। इसमें गोरखपुर जनपद के गणराज्य भी भाग लिए। जैन कल्पसूत्र के अनुसार इस संघ में नव लिच्छवि और नव मल्लगण थे। यहाँ नव मल्लगण से प्रयोजन है मल्ल-राष्ट्र और गोरखपुर जनपद के अन्य सहायक गण-राज्य।[71] यह युद्ध दस वर्ष तक चला। अंत में साम्राज्यवादी शक्ति के सामने लिच्छवियों को पराधीन होना पड़ा। परंतु गोरखपुर जनपद के गणराज्य अब भी मगध-साम्राज्य के बाहर रहे।

अजातशत्रु के पश्चात् नागवंश का दूसरा प्रतापी राजा शिशुनाग था। उसने मगध साम्राज्य का और विस्तार किया। पश्चिम में वत्स और अवंति राज्यों को जीत लिया। कुछ विद्वानों[72] का मत है कि उसने कोसल (और उसके निकटवर्ती गणराज्यों) को भी जीता, किंतु इसका विरोध इस बात से हो जाता है कि आगे चलकर इक्ष्वाकुवंशी (सूर्यवंशी) राज्यों की गणना महापद्म द्वारा जीते हुए प्रदेशों में की गई है।[73]

गोरखपुर जनपद के गणराज्यों के लिए मगध में नंदवंश का उदय अधिक घातक सिद्ध हुआ। इस वंश के महापद्म ने बड़े पैमाने पर दिग्विजय कर इन राज्यों में कुछ को समूल नष्ट किया और कुछ को अधीन बनाकर छोड़ दिया। इसका वर्णन कलियुग-राज वृत्तांत[74] नामक ग्रंथ में इस प्रकार दिया हुआ है—

महानंदेश्च शूद्रायां महिष्यां कलिचोदितः।
उत्पत्स्यते महापद्मो धननंद इति श्रुतः॥
अतिलुब्धोऽतिबलो सर्वक्षत्रांतको नृपः।
ऐक्ष्वाकांश्च पाञ्चालान् कौरव्यांश्च हैहयान्॥
कालकानेक लिंगांश्च शूरसेनांश्च मैथिलान्।
जित्वा चान्यांश्च भूपालान् द्वितीय इव भार्गवः॥
एकराट् स महापद्मः एकच्छत्रो भविष्यति।
सकृत्स्नामेव पृथ्वीमनुल्लंघितशासनः॥
शासिष्यति महापद्मो मध्ये विंध्यहिमालयोः।

कलि के प्रभाव से महानंदी (शिशुनाग वंश का अंतिम राजा) द्वारा शूद्रा रानी में महापद्मनंद (जिसको धननंद भी कहते थे) नामक प्रसिद्ध राजा उत्पन्न हुआ। वह अत्यंत लोभी, अत्यंत बलवान् और सब क्षत्रियों का नाश करनेवाला था। दूसरे परशुराम के समान वह इक्ष्वाकुवंशी, पांचाल, कुरुवंशी हैहय (चंद्रवंश की एक शाखा), कालक, एकलिंग,

शूरसेन, मैथिल तथा दूसरे राजाओं को जीतकर एकराट (सम्राट) तथा एकच्छत्र राजा होगा। वह अनुल्लंघित शासन होकर विंध्य और हिमालय के बीच संपूर्ण पृथ्वी पर शासन करेगा।

ऊपर के अवतरण में विजित राज्यों की जो सूची दी गई है उसमें 'ऐक्ष्वाकान्' अर्थात् इक्ष्वाकु (सूर्य) वंशी क्षत्रिय कौन थे? इनमें निश्चित ही कोसल का इक्ष्वाकु वंश तथा गोरखपुर जनपद के शाक्य, मौर्य तथा मल्ल सम्मिलित थे। गोरखपुर के नागवंशी कोलियों का स्वतंत्र उल्लेख नहीं है। किंतु इसमें कोई संदेह नहीं कि वे अन्य राज्यों में शामिल हैं। इस अवतरण से यह भी स्पष्ट होता है कि सबसे पहले (मगध के राजाओं में) महापद्म ने गोरखपुर जनपद पर आक्रमण किया। इसका परिणाम यह हुआ कि शाक्य और कोलियगणतंत्र का राजनैतिक अस्तित्व सदा के लिए नष्ट हो गया। इसके बाद राष्ट्र के रूप में उनकी चर्चा कहीं नहीं मिलती। परंतु ऐसा जान पड़ता है कि मल्ल और मौर्य गणों ने मगध की अधीनता स्वीकार कर अपना अस्तित्व बचाया, क्योंकि मौर्य साम्राज्य के उदय के समय में ये दोनों राज्य जीवित (यद्यपि अधीन) दिखाई पड़ते हैं।[75]

इस प्रकार गोरखपुर जनपद की राजनैतिक स्वतंत्रता, जो कई हजार वर्षों से चली आ रही थी, महापद्मनंद के द्वारा नष्ट हुई। नंदों का साम्राज्य बहुत ही अप्रिय था।

मौर्य साम्राज्य का उदय

जिन दो व्यक्तियों ने नंदवंश के उच्छेद में प्रमुख भाग लिया उनमें से एक तो तक्षशिला का ब्राह्मण आचार्य चाणक्य और दूसरा गोरखपुर जनपद का क्षत्रिय मौर्य राजकुमार चंद्रगुप्त था। चाणक्य अत्याचारी शूद्र नंदवंश और छोटे-छोटे गणराज्यों का सिद्धांततः विरोधी था। उसने चंद्रगुप्त मौर्य को अपना माध्यम बनाया और दोनों का विनाश किया।

चंद्रगुप्त मौर्य के प्रारंभिक जीवन से संबंध रखनेवाली बहुत सी मनोरंजक और कल्पित कहानियाँ बौद्ध तथा जैन साहित्य में मिलती हैं। उसके जीवन की कुछ घटनाओं के उल्लेख यूनानियों के यात्रावर्णन और संस्कृत साहित्य में भी पाए जाते हैं। बौद्ध साहित्य के आधार पर, जो अधिक स्वाभाविक और ऐतिहासिक जान पड़ता है, चंद्रगुप्त के प्रारंभिक जीवन का संक्षिप्त वर्णन नीचे दिया जाता है। प्रसिद्ध बौद्ध-ग्रंथ महावंश[76] में बहुत थोड़े में यह लिखा हुआ है।

मोरियानं खत्तियानं वंसे जातं सिरीधरं।
चंदगुत्तोति पञ्जत्तं चणक्को ब्राह्मणो ततो॥
नवमं धननंदंतं घातेत्वा चंडकोधसा॥
सकले जंबूदीपह्नि रज्जे समभिसिंचि सो॥

(...इसके पश्चात् चाणक्य नामक ब्राह्मण ने प्रचंड क्रोध से नवम नंदराजा धननंद को मारकर मौर्य क्षत्रियों के वंश में उत्पन्न श्रीमान चंद्रगुप्त को संपूर्ण जंबूद्वीप के राज्य में अभिषिक्त किया।)

महावंश के टीकाकर ने इस अवतरण की व्याख्या करते हुए लिखा—

"यह उचित है कि स्थान-स्थान पर हम इन दो व्यक्तियों के विषय में लिखें। यदि मुझसे पूछा जाए कि यह चाणक्य कहाँ का रहनेवाला और किसका पुत्र था, तो मैं उत्तर दूँगा कि वह तक्षशिला के ही निवासी एक ब्राह्मण का पुत्र था। वह चारों वेदों का ज्ञाता,शास्त्रों में पारंगत, मंत्रविद्या में निपुण और नीतिशास्त्र का आचार्य था। जब उसका पिता मर गया तो कर्तव्य जानकर अपनी माता की सेवा करने लगा। यह बात जगविदित था और सब यह जानते थे कि वह एक असाधारण व्यक्ति है। एक बार उसकी माता रो रही थी। चाणक्य अपनी माता के पास गया और पूछा—माँ क्यों रोती हो। माता ने उत्तर दिया—प्रिय पुत्र तुम्हारे भाग्य में छत्र धारण करना लिखा है। तुम क्यो छत्रधारण करने और राजशक्ति से युक्त होने का प्रयत्न नहीं करते? प्राय: राजकुमार अपने संबंधियों को भूल जाते हैं। मेरे पुत्र क्या तुम भी मेरे को और मेरे प्रेम को भूल जाओगे? यदि ऐसा हुआ तो मैं बड़ी कठिनाई में पड़ूँगी। मैं इसी संभावना से रोती हूँ। तब उसने कहा—माता मेरे पास कौन ऐसी बात है मेरे कौन से अंग पर श्री अंकित है? माँ ने उत्तर दिया—मेरे प्रिय पुत्र तुम्हारे दाँत पर। यह सुनकर चाणक्य ने अपना दाँत उखाड़ दिया और खंडदंत बनकर माता की रक्षा करने लगा और संसार में मातृपोषक ज्ञात हुआ।

इसी बीच में चाणक्य पुष्पपुर (पाटलिपुत्र) नंद की राजधानी गया। धननंद पहले जैसा कंजूस न था। धन जोड़ने की प्रवृत्ति छोड़कर उसने दान देना प्रारंभ किया था। उसका चित्त सस्सरमल से रहित हो गया था। उसने एक भुक्तिशाला बनवाई थी। उसमें वह ब्राह्मणों को दान दिया करता था। साधारण ब्राह्मणों को एक लाख का और संघ-ब्राह्मणों को एक कोटि का। चाणक्य इसी भुक्तिशाला में चला गया और मुख्य ब्राह्मण या संघ-ब्राह्मण के स्थान पर बैठ गया।

समय पर धननंद सुंदर वस्त्र पहनकर अनेक मनुष्यों के साथ उस भवन में दान देने को आया। भुक्तिशाला में प्रवेश करते ही धननंद ने ब्राह्मण चाणक्य को मुख्य स्थान पर बैठे हुए देखा। देखते ही उसके मन में आया—निश्चय ही यह (कुरूप ब्राह्मण) मुख्य स्थान का अधिकारी नहीं हो सकता। यह सोचकर उसने चाणक्य से पूछा—तुम कौन हो जो मुख्य स्थान पर आ बैठे हो? उधर से उत्तर मिला—यह मैं हूँ। नंद ने क्रोध में आकर कहा—इस नीच ब्राह्मण को धक्के देकर निकाल दो। इसे यहाँ न बैठने दो। यद्यपि राजपुरुषों ने उसे

बार-बार समझाया—देव ऐसा मत कीजिए। पर राजा ने एक न मानी। इस पर राजपुरुष चाणक्य के पास गए और बोले- आचार्य हम आपको राजाज्ञा से हटाने के लिए आए हैं। परंतु हम यह कहने का साहस नहीं कर सकते हैं कि आचार्य आप यहाँ से उठ जाइए। हम लज्जित होकर आपके सामने खड़े हैं। नंद पर क्रुद्ध होकर उठते हुए चाणक्य ने कमंडलु को इंद्रकील पर पटक दिया और जोर से कहा—राजा उद्धत हो गए हैं। चारों ओर से समुद्रों से घिरी हुई यह पृथ्वी नंद का नाश देख ले। राजपुरुषों ने यह बात राजा को कह सुनायी। राजा क्रोध से तमतमाकर गरजकर उठा—पकड़ो, पकड़ो इस दास को पकड़ो। भागता हुआ चाणक्य राजप्रासाद के एक गुप्त स्थान पर छिप गया। पीछा करनेवाले उसे न पकड़ सके। उन्होंने राजा नंद से आकर कह दिया कि ब्राह्मण नहीं मिल सका...।

चाणक्य किसी राजकुमार की ढूँढ़ में निकला जो जन्म से भी (राजा होने के लिए) उपयुक्त हो। तब वह पूर्व कहे चंद्रगुप्त को मिला। यह मौर्यवंश का राजकुमार था। चंद्रगुप्त की माता मौर्यनगर के राजा की रानी थी। मौर्यनगर की चर्चा पहले की जा चुकी है। जिस समय एक शक्तिशाली राजा ने मौर्य नगर पर धावा कर वहाँ के राजा को मार दिया, तब चंद्रगुप्त की माता गर्भवती थी। रानी गर्भ की रक्षा के लिए भाइयों के साथ गुप्तवेश में पुष्पपुर (पाटलिपुत्र) चली आई। उसके भाई उसके साथ थे। उनकी सुरक्षा में वहाँ रहती थी। गर्भ का समय पूरा हो चुकने पर उसको एक पुत्र-रत्न उत्पन्न हुआ। माता ने उसे ओखली में रखकर एक घोष-द्वार पर फेंक दिया। जिस प्रकार राज—कुमार घोष की रक्षा चंदो नामक वृषभ करता रहा, उसी प्रकार इस राजकुमार की रक्षा चंदो नामक वृषभ करता रहा। पीछे एक गोपालक ने राजकुमार की रक्षा का भार अपने ऊपर ले लिया और चंदों वृषभ से रक्षित होने के कारण उसका नाम चंद्रगुप्त पड़ा। जब चंद्रगुप्त की आयु इस योग्य हो गई कि वह स्वयं पशु चरा सके तो एक शिकारी ने जो उस गोपालक का मित्र था। उसे अपने पास ले लिया। वह उसे अपने स्थान पर ले गया और चंद्रगुप्त उसी गाँव में रहने लगा।

एक बार की बात है जबकि चंद्रगुप्त अन्य लड़कों के साथ पशु चरा रहा था, उन्होंने एक खेल खेलना शुरू किया। इस खेल को राजकीय खेल कहते थे। चंद्रगुप्त स्वयं राजा बना। अन्यों को उसने उपराजादि के पद दिए। कुछ को न्यायाधीश बनाया गया। कइयों को राजा के गृह का अधिकारी बनाया। कई चोर और डाकू बनाए गए। इस प्रकार सब कुछ निश्चित करके वह न्याय के लिए बैठ गया। गवाहियाँ सुनी गईं। दोनों तरफ से युक्तियाँ-प्रयुक्तियाँ पेश की गईं। जब देखा कि दोष अच्छी तरह सिद्ध हो गया और राजा को संतोष हो गया, तब न्यायाधीशों के हाथ-पैर काट लिए जाएँ तब उन्होंने कहा कि देव हमारे पास कुल्हाड़े नहीं है। तब उसने उत्तर दिया यह राजा चंद्रगुप्त की आज्ञा है कि इनके हाथ-पाँव

काट डाले जाएँ। यदि तुम्हारे पास कुल्हाड़े नहीं हैं तो लकड़ी का डंडा बनाओ और इसके आगे बकरी के सींग लगाकर कुल्हाड़ी बना लो। उन्होंने वैसा ही किया। कुल्हाड़ी बन गए। हाथ-पैर काट डाले गए। चंद्रगुप्त ने आज्ञा दी। फिर (हाथ-पाँव) जुड़ जाएँ। हाथ-पैर फिर जुड़ गए।

"चाणक्य ये दृश्य खड़ा-खड़ा देख रहा था। वह बहुत आश्चर्यचकित हुआ। वह बालक के साथ गाँव में गया और शिकारी के सामने एक हजार कार्षपण रखकर कहा—मैं तुम्हारे पुत्र को सब कुछ सिखाऊँगा। उसे मेरे पास कर दो। तद्नुसार चाणक्य चंद्रगुप्त को अपने साथ ले गया।"

"छह या सात साल तक अपने पास रखकर चाणक्य ने चंद्रगुप्त को खूब तैयार किया। जब चंद्रगुप्त सयाना हो गया तब चाणक्य ने सोचा कि अब यह एक सेना चलाने योग्य हो गया है। तब उसने अपना कोष खोला और सेना इकट्ठी करनी शुरू कर दी। एक शक्तिशाली सेना तैयार कर चाणक्य ने चंद्रगुप्त को दी। अब ग्रामों और नगरों को जीतना प्रारंभ हुआ। लोग उनके निरुद्ध उठ खड़े हुए। और सारी सेना को घेरकर नाश कर दिया। अब चाणक्य और चंद्रगुप्त जंगल में भाग गए और सोचने लगे—'अब तक युद्ध का परिणाम कुछ नहीं निकला। केवल हमारी ही सेना नष्ट हुई है। चलो, अब हम लोगों के विचार का पता लगावें।' तब भेष बदलकर घूमना शुरू किया। दिनभर घूमकर रात को किसी नगर या ग्राम में ठहर जाते और लोगों की बातचीत सुनते। एक स्त्री एक गाँव में पूए बनाकर अपने लड़के को दे रही थी। वह लड़का चारों ओर के किनारों को छोड़ता जाता था और बीच का भाग खा लेता था। यह देखकर माता ने कहा—'इस लड़के का व्यवहार चंद्रगुप्त जैसा है, जिसने कि राज्य लेने का प्रयत्न किया था।' बालक ने पूछा—'माँ, मैं क्या कर रहा हूँ और चंद्रगुप्त ने क्या किया था?' तब माता ने उत्तर दिया—'मेरे प्यारे पुत्र! तुम चारों ओर का भाग छोड़कर केवल बीच का भाग खा रहे हो। चंद्रगुप्त सम्राट बनने की महत्त्वाकांक्षा रखता था। उसने बिना सीमा-प्रांतों को अधीन किए राज्य के मध्य में ग्रामों और नगरों पर आक्रमण करना शुरू किया। इसीलिए लोग उसके विरुद्ध उठ खड़े हुए और सीमा-प्रांत से आक्रमण कर उसकी सेना को नष्ट कर दिया। यह करना उसकी मूर्खता थी।'

"यह वार्तालाप सुनकर चंद्रगुप्त और चाणक्य ने फिर से सेना इकट्ठी की। अबकी बार उन्होंने पहले सीमा-प्रांत को अधीन किया और वहाँ के मध्य की ओर ग्रामों और नगरों को जीतते हुए चले। धीरे-धीरे पाटलिपुत्र तक बढ़ आए और धनंद का नाश कर राज्य प्राप्त किया।"

महावंश टीका के ऊपर उद्धृत अंश में 'चंदो वृषभ' और 'राजकीय खेल' की कथाएँ 'चंद्रगुप्त' नाम की व्याख्या करने और चंद्रगुप्त की भावी राजनैतिक प्रतिभा का प्रदर्शन

करने के लिए लिखी गई हैं और सम्भवत: कल्पित हैं। इसके अतिरिक्त जो वर्णन है वह सीधा सादा तथा ऐतिहासिक है। उसको संक्षेप में इस प्रकार रख सकते हैं—

(1) नंदों का शासन अप्रिय था।

(2) नंदवंश का सर्वप्रथम विरोधी समाज में ब्राह्मण तत्त्व था। इसका प्रतिनिधि राजनीति का प्रकांड पंडित आचार्य चाणक्य था।

(3) नंदवंश का दूसरा विरोधी क्षत्रिय तत्त्व था, क्योंकि नंदवंश 'सर्वक्षप्रांतक' (सब क्षत्रियों का विनाश करनेवाला) करके प्रसिद्ध था। इसका प्रतिनिधि साम्राज्यवाद के शत्रु मौर्य गणतंत्र में उत्पन्न चंद्रगुप्त मौर्य था।

(4) चाणक्य और चंद्रगुप्त की मैत्री हुई और युद्ध के साधन एकत्रित किए गए।

(5) चाणक्य और चंद्रगुप्त का पहला आक्रमण, जो मगध साम्राज्य के मध्य पर हुआ था, असफल रहा।

(6) दूसरा आक्रमण जो सीमांत (उत्तर-पश्चिम) से किया गया, सफल हुआ और नंदवंश के विनाश के बाद चंद्रगुप्त की सत्ता पाटलिपुत्र में स्थापित हुई।

साम्राज्य-निर्माण

अब प्रश्न यह है कि मौर्य राजकुमार चंद्रगुप्त ने विशाल मगध साम्राज्य पर विजय प्राप्त करके क्या किया। वह स्वयं तो एक गणतंत्र (पंचायती राज्य) में उत्पन्न हुआ था और गणतंत्रों से उसकी सहानुभूति स्वाभाविक हो सकती थी। किंतु उस समय के गणतंत्र बहुत छोटे (दो-चार नगर और उनकी पार्श्ववर्ती भूमि पर) होते थे। बड़े पैमाने पर गणतंत्र बनाने का अभी प्रयोग नहीं हुआ था। इसके लिए साधन—आने-जाने के रास्ते, शीघ्र चलने वाली सवारियाँ, प्रतिनिधि प्रथा आदि—भी नहीं विकसित हुए थे। इसके अतिरिक्त चाणक्य गणतंत्रों का विरोधी था। उसने देख लिया था कि पंजाब और सीमा प्रांत के छोटे-छोटे गणराज्य यूनानी आक्रमण के सामने कैसे पराजित हो गए। चाणक्य केंद्रीकरण और सुसंगठित साम्राज्य के पक्ष में था जो विदेशी आक्रमण से देश की रक्षा कर सके। इस परिस्थिति में गणतंत्र में उत्पन्न राजकुमार चंद्रगुप्त मौर्य सम्राट बना और चाणक्य की सहायता से एक बड़े साम्राज्य का निर्माण किया।

दूसरा प्रश्न यह है कि इस साम्राज्य में गोरखपुर जनपद के तथा उत्तर भारत के अन्य गणतंत्रों का क्या हुआ। चंद्रगुप्त मौर्य के समकालीन ग्रंथ अर्थशास्त्र (आचार्य चाणक्य द्वारा रचा हुआ) के अवलोकन से पता चलता है कि मौर्य साम्राज्य ने सभी एकतांत्रिक

(जहाँ राजा शासन करते थे) राज्यों के समूल नष्ट किया, क्योंकि उपर्युक्त ग्रंथ में एक भी एकतांत्रिक राज्य का उल्लेख नहीं है। परंतु चंद्रगुप्त ने उत्तर भारत के गणतंत्रों को अपने अधीन करके छोड़ दिया; उनकी सत्ता नष्ट नहीं की। निम्नलिखित गणतंत्रों का उल्लेख अर्थशास्त्र[77] में है—

(1) कांबोज	(6) कुरु
(2) सुराष्ट्र	(7) पांचाल
(3) क्षत्रिय	(8) मल्लक
(4) मद्रक	(9) लिच्छवि
(5) कुकुर	(10) वृज्जि

इन गणतंत्रों में प्रथम तीन भारतवर्ष के पश्चिमोत्तर में थे। चार से सात तक पूर्वी पंजाब और पश्चिमीयुक्त प्रांत में थे। गोरखपुर जनपद में केवल मल्ल राष्ट्र शेष था। बिहार में लिच्छवि और वृज्जि (वज्जि) बचे थे।

गोरखपुर जनपद के शाक्य और कोलिय राज्य तो नंदों द्वारा नष्ट हो चुके थे। ऐसा जान पड़ता है कि मौर्य गण तंत्र मौर्य साम्राज्य में विलीन हो गया, यद्यपि मौर्यों ने अपने मूल नगर—पिप्पलीवन के मयूरनगर की श्री नष्ट नहीं की। इसका नाम राजधानी रखा, जो अब भी अपने ध्वंसावशेषों के साथ अपने पूर्व इतिहास का स्मरण दिलाता है। केवल मल्ल राष्ट्र जो गोरखपुर जनपद के सभी गणराज्यों में शक्तिमान था बच रहा। किंतु उसका भी पूर्ण स्वातंत्र्य और शक्ति पहले से क्षीण हो गई। 'मल्लक' में 'क' लघुवाचक प्रत्यय इस बात का द्योतक है।

मौर्यवंश के दूसरे सम्राट बिंदुसार के समय में गोरखपुर जनपद या मल्ल राष्ट्र (जो गणतंत्रों में बच रहा था) का कोई उल्लेख नहीं मिलता है। परंतु धर्मविजयी सम्राट अशोक (बिंदुसार का पुत्र) के शासनकाल में गोरखपुर जनपद फिर प्रकाश में आ जाता है। बौद्ध धर्म स्वीकार करने के पश्चात् अशोक ने प्राचीन राजाओं में प्रचलित विहारयात्रा[78] को बंद करके धर्मयात्रा की प्रथा स्थापित की। दिव्यावदान नामक बौद्ध ग्रंथ में अशोक की एक तीर्थयात्रा का वर्णन है। इसके अनुसार अशोक ने यह तीर्थयात्रा उपगुप्त नामक भिक्षु के पथप्रदर्शन में की। अशोक सबसे पहले भगवान् बुद्ध के जन्मस्थान 'लुंबिनीवन' में गया। यहाँ पहुँचकर उपगुप्त ने अपनी दाहिनी भुजा उठाकर कहा—

अस्मिन् महाराज प्रदेशे भगवान् जातः।

—दिव्यावदान, पृ. 389

[महाराज इस प्रदेश (भूमि) में भगवान् बुद्ध का जन्म हुआ था] भगवान् बुद्ध की जन्म स्मृति और अपनी यात्रा के उपलक्ष्य में अशोक ने यहाँ पर एक प्रस्तर-स्तंभ और उसके चारों ओर प्राकार (दीवार) का निर्माण कराया। इस स्तंभ पर निम्नलिखित लेख अंकित हैं—

"(1) देवानां पियेन पियदसिन लाजिन वीसतिवसाभिसितेन

(2) अतन आगा च महीयते। हिद बुधजाते सक्य मुनिति

(3) सिला विगड भीचा कालापित सिलाथमें च उसपापिते।

(4) हिद भगवं जातेति लुंमिनि गामें उबलिके कटे।

(5) अठ भागिये च।"[79]

["देवताओं के प्रिय प्रियदर्शी राजा ने, राज्यभिषेक के बीस वर्ष बाद स्वयं आकर (इस स्थान की) पूजा की। यहाँ शाक्य मुनि बुद्ध का जन्म हुआ था, इसलिए यहाँ पत्थर की एक प्राचीर स्थापित की गई और पत्थर का एक स्तंभ खड़ा किया गया। यहाँ भगवान् जन्में थे इसलिए लुंबिनी ग्राम का (धार्मिक) कर उठा दिया गया और (उपज का) आठवाँ भाग (राज्य को छठवाँ भाग मिलता था। उसको घटाया गया।] लेना निश्चित किया गया।"

अशोक लुंबिनी वन का दर्शन करके भगवान् बुद्ध की बाल लीला-भूमि कपिलवस्तु की यात्रा की। इसके पश्चात् वह बुद्ध की निर्वाण-भूमि कुशीनगर में आया और इन स्थानों की पूजा की। ह्वेनसांग के यात्रा वर्णन के अनुसार उसके समय में कपिलवस्तु और कुशीनगर—दोनों स्थानों में अशोक की कृतियाँ वर्तमान थीं। उसने अशोक का बनवाया हुआ कपिलवस्तु में एक स्तूप देखा, जिसके सामने पत्थर का एक स्तंभ था, जिसकी ऊँचाई बीस फीट थी और उसके ऊपर सिंह बना हुआ था। इसी प्रकार अशोक ने कुशीनगर में अशोक का बनवाया हुआ 200 फीट ऊँचा स्तूप देखा। निश्चय ही अशोक ने अपनी यात्रा और भगवान् बुद्ध की जीवन घटनाओं की स्मृति में इन स्थानों पर स्तूप बनवाया। दुर्भाग्यवश इन जगहों में उसका अभी तक कोई उत्कीर्ण लेख नहीं मिला है।

ऊपर के स्तंभ लेख और उल्लेखों से मालूम होता है कि शाक्य राष्ट्र पूरी तरह से मौर्य शासन में सम्मिलित हो गया था। वहाँ के धार्मिक और भूमि कर पर सम्राट का पूरा अधिकार था। इसी अथिकार से उसने लुंबिनी ग्राम का धार्मिक कर (यात्रियों पर) बिलकुल हटा दिया और भूमि कर छठवें भाग से घटाकर आठवाँ भाग कर दिया। यद्यपि मल्ल राष्ट्र भी मौर्य साम्राज्य में सम्मिलित हो गया था, किंतु उसकी आंतरिक स्वतंत्रता अभी बची हुई थी। उसकी वह परिस्थिति मौर्यों के बाद शासक के आगमन तक बनी हुई थी, यह बात शुंगकालीन मनुस्मृति में उनके उल्लेख से सिद्ध होती है। कुशीनगर में मौर्यों के सीधे और पूर्ण अधिकार की सूचक कोई वस्तु अभी तक नहीं मिली है।[80]

महराजगंज जनपद के सृजन का इतिहास

गोरखपुर परिक्षेत्र की भू राजनीतिक पहचान आर्यों के प्रथम निवेशीकरण काल में अथवा वैदिक काल में कौशल राज के अंग के रूप में हुई, जिसका विस्तार पूर्व में सदानीरा बड़ी गंडक थी। पौराणिक कथाओं के अनुसार मनु के पुत्र इक्ष्वाकु ने अपने पिता से राज्य के विभाजन के पश्चात् मध्य प्रदेश प्राप्त कर कौशल राज को स्थापित किया। रामायण काल में कौशल एक प्रतिष्ठित एवं गौरवशाली राज्य के रूप में स्थापित था। उस समय क्षेत्र को अति रमणीय कारुपथ नाम से संबोधित किया गया। कौशल नरेश रामचंद्र ने अपने पुत्रों में राज्य का बँटवारा करते हुए इस क्षेत्र को अपने पुत्र लव व कुश को दिया तब उन्होंने शरावती तथा कुशीनगर को दोनों राज्यों की राजधानी बनाई। महाभारत काल में युधिष्ठिर के राजसूय यज्ञ के अवसर पर जब भीम ने इस क्षेत्र पर विजय प्राप्त की उस समय इस क्षेत्र में कोसल, गोपालक एवं मल्ल राज्य अवस्थित थे। जनश्रुतियों के अनुसार यह क्षेत्र महाभारत काल में विराट राज्य का अंग था जहाँ पांडवों ने उनकी गायों की रक्षा दुर्योधन की सेना से किया था।

ह्वेनसांग के आगमन के समय यह क्षेत्र वीरान हो चुका था। इसकी यात्रा विवरण से ज्ञात होता है कि यह क्षेत्र वनाच्छादित हो गया था। परंतु 12वीं शताब्दी के गोरखपुर ताम्रलेख, लार ताम्रलेख एवं कमौली ताम्रलेख में इस क्षेत्र को वृहत्तर भौगोलिक इकाई के रूप में सरुवार के नाम से उल्लेख किया है।

गोरखपुर क्षेत्र को एक प्रशासनिक इकाई के रूप में सर्वप्रथम मुगल बादशाह अकबर ने अपने समय में अवध सूबे के अंतर्गत गोरखपुर सरकार के नाम से गठित किया। इसका स्पष्ट उल्लेख आईने अकबरी नामक ग्रंथ में किया गया है। प्रशासनिक इकाई सरकार वर्तमान प्रशासनिक इकाई जनपद के समतुल्य था। अकबर के शासन काल में गोरखपुर सरकार में 24 परगना थे। बादशाह औरंगजेब ने 1680 में सर्वप्रथम काजी खलील उर रहमान को गोरखपुर का चकलेदार नियुक्त कर एक स्थानीय प्रशासनिक तंत्र को विकसित किया। औरंगजेब की मृत्यु के पश्चात् बादशाह मोहम्मद शाह ने 1720 ई. में सआदत खाँ को अवध का प्रथम सूबेदार नियुक्त किया। अवध के छठे नवाब सआदत अली खाँ के समय में रुहेला विद्रोह को कुचलने के पश्चात् युद्ध खर्च की प्रतिपूर्ति हेतु लॉर्ड वेलेजली ने एक संधि कर सन् 1801 ई. में बहराइच एवं गोरखपुर क्षेत्र को ईस्ट इंडिया कंपनी के आधिपत्य में ले लिया और यहाँ गोरखपुर नाम से जिला मुख्यालय बनाकर जॉन रोउटलेज को यहाँ प्रथम कलेक्टर नियुक्त किया। उस समय गोरखपुर जनपद का विस्तार बहुत बड़े

क्षेत्र में था इसकी सीमा नेपाल-पूरब में गंडक को छूता बिहार की सीमा तक, दक्षिण में गाजीपुर-जौनपुर व फैजाबाद तथा पश्चिम में खीरी तक था। उस समय इस जनपद में वर्तमान गोरखपुर, बस्ती, देवरिया, कुशीनगर, सिद्धार्थनगर, संत कबीरनगर, महराजगंज के अतिरिक्त चकला आजमगढ़ एवं चकला माहुल के 17 परगने, गोंडा के चकला नवाबगंज के छह परगने तथा खैरीगढ़ के 7 परगने समाहित थे। सन् 1820 में चकला आजमगढ़ और चकला माहुल के अधिकांश अंश गाजीपुर एवं जौनपुर को सौंप दिए गए। सन् 1857 के स्वतंत्रता आंदोलन को कुचलने में आई कठिनाइयों के कारण विद्रोह के समाप्त होने के पश्चात् अठारह सौ पैंसठ में परगना मगहर, परगना विनायकपुर तथा 6 अन्य छोटे परगनों को लेकर गोरखपुर के पश्चिम भाग में बस्ती जनपद का सृजन किया गया। सन् 1946 ई. में गोरखपुर के पूर्वी भाग की 4 तहसीलों को अलग कर देवरिया जनपद का गठन किया गया।

देश को स्वतंत्रता मिल जाने के बाद प्रशासनिक सुधारों के अंतर्गत अंग्रेजी शासन काल के जनपदों को विभाजित कर सर्वप्रथम बस्ती को बाँटकर उत्तरी भाग में सिद्धार्थनगर जिला, गोरखपुर के उत्तरी भाग को अलग कर 02 अक्तूबर, 1989 में महराजगंज जिला का सृजन किया गया।[81] इस प्रकार से महराजगंज जनपद अस्तित्व में आया।

जनपद महराजगंज का नामकरण

महराजगंज के नामकरण के विषय में इतिहासकारों एवं विद्वानों के विचारों में मत भिन्नता है। कुछ इतिहासकारों का यह विचार है कि 'देवदह' (भगवान् बुद्ध का ननिहाल एवं ससुराल) के महाराज 'अंजन' जिनके दौहित्र भगवान् बुद्ध थे का विवरण पाली ग्रंथों में मिलता है। उसी महाराज 'अंजन' की गणभूमि 'देवदह' ही कालांतर में विकृत हुआ। दूसरे मत के अनुसार फारसी भाषा में गंज शब्द बाजार, मंडी, भंडार आदि के लिए प्रयुक्त किया जाता है। महाराज अंजन के समय यह स्थान एक प्रमुख क्रय–विक्रय केंद्र था।

परंतु मुस्लिम शासन काल में 'महाराज' के साथ 'मंडी का बाजार' सूचक शब्द 'गंज' को जोड़कर इसका नामकरण 'महराजगंज' किया गया। अनेक इतिहासकारों के मतानुसार 'महाराज' नामकरण को महाराज अंजन से जोड़ना तर्कसंगत या उपयुक्त नहीं है क्योंकि इसी नाम के अन्य स्थान प्रदेश के विभिन्न जनपदों आजमगढ़, बस्ती, गोंडा, फैजाबाद एवं रायबरेली) में भी अवस्थित है। इससे ऐसा ज्ञात होता है कि तत्कालीन स्थानीय राजाओं द्वारा अपने राज्य के अंतर्गत ऐसे स्थानों पर हार या बाजार को लगाया जाता रहा है। बाद में इनके विकसित, व्यवस्थित एवं स्थायी रूप लेने पर मुगलकाल में 'गंज' शब्द जोड़कर

'महराजगंज' नाम दे दिया गया। सम्भवत: इस स्थान का संबंध बुटवल राज्य से रहा है। क्योंकि सुगौली सांधि (1815 ई.) के पूर्व यह क्षेत्र बुटवल राज्य का भूभाग था जिसे ईस्ट इडिया कंपनी सरकार ने अपने अधीन कर लिया।

महराजगंज : पुरातात्त्विक परिदृश्य[82]

कभी गोरखपुर जनपद का अंग रह चुका महराजगंज भारत के पूर्वोत्तर सीमांत पर नेपाल से लगा हुआ उत्तर प्रदेश प्रांत का एक अति महत्त्वपूर्ण नवसृजित जनपद है। वैसे तो पूर्वी उत्तर प्रदेश और बिहार का कण-कण भगवान् गौतम बुद्ध के चरण रज से गौरवान्वित है लेकिन कपिलवस्तु (सिद्धार्थनगर) से कुशीनगर के बीच के क्षेत्र का बहुत ही घनिष्ठ संबंध तथागत के जीवन से रहा है। इस दृष्टि से जनपद सिद्धार्थनगर, महराजगंज और कुशीनगर विशेष रूप से उल्लेखनीय है। नेपाल का सिद्धार्थनगर और महराजगंज के बीच का भारत के अंदर घुसा हुआ भाग तथा महराजगंज जनपद के सीमावर्ती कस्बे ठूठीबारी से लगभग 7 किलोमीटर उत्तर स्थित उज्जैन तक का क्षेत्र भी काफी महत्त्वपूर्ण है। यही वह परिक्षेत्र है जिसमें लुंबिनी, कपिलवस्तु, देवदह, रामग्राम कुँवरवर्ती स्पूत पिप्पलीवन तथा कुशीनगर जैसे ऐतिहासिक महत्त्व के स्थल स्थित है, जिनका घनिष्ठ संबंध भगवान् गौतम बुद्ध के जीवन के साथ रहा है। इन स्थलों में देवदह रामग्राम कुँवरवर्ती स्तूप तथा पिप्लीवन को अभी तक चिह्नांकित नहीं किया जा सका है...हालाँकि इतिहासकार इस बात पर एकमत हैं कि देवदह रामग्राम व कुवरवर्ती स्तूप जनपद महराजगंज की सीमा के भीतर ही स्थित है। इन स्थलों में से देवदह भगवान् गौतम बुद्ध की माँ रानी महामाया, मौसी महाप्रजापति गौतमी तथा पत्नी यशोधरा की जन्मस्थली है। रामग्राम बौद्ध युगीन केलिया जनपद की राजधानी थी, जहाँ भगवान् बुद्ध के निर्वाण के पश्चात् उनकी अस्थियों के आठवें भाग पर एक धातु चैत्य (स्तूप) निर्मित किया गया था। कुँवरवर्ती स्तूप वह स्थल है जहाँ गृहत्याग के पश्चात् भगवान् बुद्ध ने अपने राजसी वस्त्रों को त्याग कर संन्यास-वेश धारण किया था।

सम्राट हर्ष के शासन काल में प्रसिद्ध चीनी यात्री ह्वेनसांग ने महत्त्वपूर्ण बौद्ध स्थलों का भ्रमण किया था तथा इसी क्रम में वह रामग्राम भी आया था। उसने जो अपने यात्रा विवरण में लिखा है—उसके अनुसार उस समय 'रामग्राम' के नगर खँडहरों के ढेर में बदल चुके थे और जनसंख्या बहुत ही विरल थी, लोग इन्हीं खँडहर हो गए गाँवों के बगल में नए सिरे से बसना प्रारंभ हो गए थे। सम्भवत: ह्वेनसांग की यात्रा से पहले इस क्षेत्र में भीषण बाढ़ व भूकंप आया था, जिससे यहाँ के नगर खंडहरों में बदल गए थे। यही रहस्योद्घाटन महराजगंज

के पूर्व लोकप्रिय पुलिस अधीक्षक श्री विजय कुमार द्वारा यहाँ के ऐसे 500 से भी अधिक पुरा-स्थलों की खोज से प्रमाणित होकर सामने आया। लेकिन हर्ष-काल से पहले निश्चित ही यह परिक्षेत्र समृद्ध सांस्कृतिक परंपराओं से युक्त एक अति महत्त्वपूर्ण क्षेत्र रहा होगा।

1991 में महराजगंज जनपद के लक्ष्मीपुर ब्लॉक में स्थित बनसिया कला के स्तूप का भारतीय पुरातात्त्विक सर्वेक्षण विभाग की पटना इकाई द्वारा आंशिक उत्खनन करने के पश्चात् जारी की गई रिपोर्ट में इसके गुप्तकाल से पहले का माना गया। यहाँ से उत्तरी कृष्णवर्गीय मृद्भांड के भी टुकड़े मिले हैं। बनरसिया खुर्द से अजगरहा ग्राम को जोड़नेवाले मार्ग के भराव के दौरान यहाँ से मातृ देवी की मृण्मूर्तियाँ भी प्राप्त हुईं। बलूचिस्तान में कांस्यकालीन ग्रामों के समान मोहनजोदड़ो हडप्पा तथा अन्य अनेक सैंधव स्थलों से भी ऐसी ही मृण्मूर्तियाँ मिली हैं, जो कमर के नीचे पटका सिर पर पंखे के आकार का मुकुट और गले में हार धारण किए हैं। इनकी आँखें गोल बत्तियों से बनाई गई हैं, कानों के पास प्याले जैसी चींज बनी है और पैर प्राय: उँगली-विहीन हैं। महराजगंज से प्राप्त मातृशक्ति की मृण्मूर्तियाँ भी ऐसी ही हैं। इसके अतिरिक्त यह क्षेत्र शिव एवं शक्ति का पुरातन उपासना स्थल रहा है। यहाँ पाई जाने वाली पटनवार जाति में प्रागार्य जातियों की कई परंपराएँ आज भी प्रचलन में हैं। इनकी परंपराएँ बौद्धकालीन कोलिय जाति से मेल खाती हैं तथा इनका निवास भी उसी परिक्षेत्र में पाया जाता है, जहाँ बौद्धकालीन कोलियों व मोरियों का आधिपत्य था। ये केवल महराजगंज व इससे लगे जनपद कुशीनगर के हाटा तहसील में ही निवास करते हैं और आज भी इस क्षेत्र के प्रकाश भूमि के स्वामी हैं।

जनपद सिद्धार्थनगर, महराजगंज, कुशीनगर तथा इन्हीं से लगा बिहार का वैशाली तथा लौरिया नंदनगर के क्षेत्र बौद्धकाल में बहुत ही समृद्ध लोकतांत्रिक परंपराओं से संपन्न गणराज्यों से युक्त थे। शाक्य, कोलिय, मोरिय तथा वैशाली के गणतंत्र इस क्षेत्र के शोभा थे। रोहिणी नदी के पश्चिम में शाक्य तथा इसके पूर्व कोलिय गणराज्य थे। उत्तर-पूर्व में मोरिया तथा उनके पार्श्व में वैशाली के समृद्ध गणराज्य थे। जनपद महराजगंज की वर्तमान सीमा शाक्य-कोलिय व मोरिय गणराज्यों की तत्कालीन सीमा को न्यूनाधिक मात्रा में अपने में समेटे हुए है। इस जनपद की भूमि बौद्धकालीन गणराज्यों की भूमि रही है। देवदह–

भगवान् गौतम बुद्ध की माँ रानी महामाया का जन्म शाक्य गणराज्य के देवदह नामक निगम में हुआ था। पालि विवरणों में कपिलवस्तु से देवदह की दूरी पाँच योजन बताई गई है। चीनी यात्री फाहियान ने भी अपने यात्रा विवरण में स्थानों की दूरियों का उल्लेख योजन के माप में ही किया है कनिंघम की गणनानुसार फाहियान का एक योजन 6.71 मील के बराबर था जो कि उचित लगता है। इस प्रकार कपिलवस्तु से देवदह की दूरी 33.55 मील

या 53.68 किमी. ठहरती है। कपिलवस्तु से वर्डपुर मोहाना, लोटन कोल्हुई व एकसड़वा होते हुए महराजगंज के लक्ष्मीपुर ब्लॉक में स्थित 'बनरसिया की दूरी 53 किमी. पूरब है। इसी प्रकार कपिलवस्तु (पिपरहवा) से लुंबिनी केवटलिया, बेतकुइया महदेवा (सभी नेपाल), जोगियाबारी तथा एकसड़वा होते हुए बनरसिया की दूरी इतनी ही है। इस दूसरे मार्ग में लुंबिनी अलीगढ़वा (कपिलवस्तु) व बनरसिया (देवदह) के ठीक बीच में पड़ती है। इनकी पुष्टि जातक कथाओं से भी होती है। चीनी यात्री फाहियान तथा युवन युवांग च्वांडा (ह्वेनसांग) ने देवदह की दिशा कपिलवस्तु से पूरब बताई है इस प्रकार दिशा एवं दूरी के आधार पर बनरसिया का स्तूप एवं अन्य पुरातात्त्विक संपदाओं से संपन्न 88.8 एक का विस्तृत क्षेत्र देवदह सिद्ध होता है। यह रोहिणी नदी के पश्चिम स्थित है देवदह चूँकि शाक्यों का एक निगम था और शाक्य क्षेत्र रोहिनी नदी के पश्चिम ही था अतः यह प्रमाण भी बनरसिया ही देवदह होने की ओर संकेत करता है।

रामग्राम

रामग्राम, कोलिय राज्य की राजधानी थी। पालि विवरणों के अनुसार रोहिणी शाक्य व कोलिय राज्य की विभाजन रेखा थी। देवदह शाक्य निगम होने के कारण इस नदी के उत्थान कोलिय राज्य राजधानी 'रामग्राम' इसके पूरब थी। देवदह के राजा राजकुमार अंजन का विवाह कुमारी सुलक्षणा से हुआ था; बुद्ध की माता रानी महामाया व मौसी महाप्रजापति गौतमी का जन्म रानी सुलक्षणा के ही गर्भ से हुआ था। राहुल की माँ (भगवान् बुद्ध की पत्नी) भद्रा कात्यायनी (यशोधरा) अंजन के पुत्र सुद्रबुद्ध की दुहिता थी। इन सभी का संबंध 'देवदह' से था। विवरणों में माता महामाया को कोलिय जनपद की राजकुमारी कहा गया है। इसका कारण है कि 'देवदह' शाक्य क्षेत्र में था अवश्य लेकिन वहाँ के राजा अंजन मूलतः कोलिय वंश के शाक्यों और कोलियों में विवाह संबंध थे तथा कोलिय राजकुमारी के गर्भ से उत्पन्न भगवान् बुद्ध का संबंध रामग्राम के कोलियों से उतना ही प्रगाढ़ था जितना कि 'देवदह' से। शायद यही कारण था कि जब रोहिणी नदी के जल के बँटवारे को लेकर शाक्यों और कोलियों में विवाद पैदा हुआ इसका निपटारा करने के लिए स्वयं भगवान् बुद्ध को आना पड़ा। स्वाभाविक ही 'रामग्राम' के कोलियों का घनिष्ठ संबंध भगवान् बुद्ध के ननिहाल पक्ष से था। इसका सबसे बड़ा प्रमाण यह है कि जब भगवान् बुद्ध का निर्वाण हुआ तो उनकी अस्थियाँ लेने कोलिय भी कुशीनगर पहुँचे और इन पवित्र अस्थियों के एक भाग को प्राप्त कर अपनी राजधानी 'रामग्राम' के समीप उन अस्थियों पर एक विशाल चैत्य बनवाया।

चीनी यात्री ह्वेनसांग द्वारा दी गई दिशा की दूरी इस क्षेत्र के स्थलाकृतिक मानचित्र पर गणना के अनुसार 'रामग्राम नगर' की स्थिति जनपद महराजगंज के चौक कस्बे के पश्चिमोत्तर स्थित कौड़िया जंगल तथा धातु चैत्य की स्थित चौक से 7 कि.मी. पश्चिम जंगल के बीच 'कन्हैया बाबा के स्थान नामक स्थान की ओर इंगित करती है। कन्हैया बाबा के थान' पर एक विशाल स्तूप, पुकरिणी तथा बौद्ध विहार के खँडहर कई एकड़ में बिखरे पड़े हैं तथा 'कौड़िया जंगल में एक विशाल नगर के अवशेष अवश्य पाए जाते हैं। कौड़िया जंगल में नगर होने का पता जनपद के पूर्व पुलिस अधीक्षक श्री विजय कुमार ने एक शोध अभियान के दौरान किया था, लेकिन वे 'कन्हैया बाबा के थान' को ही रामग्राम मानते हैं जो दी गई दूरी से मेल नहीं खाता।

कुँवरवर्ती स्तूप

रामग्राम स्तूप के समीप एक श्रामनेर विहार का उल्लेख ह्वेनसांग ने यात्रा विवरण में किया यह स्थल 'कन्हैय बाबा के थान' के पार्श्व में स्थित सोनाड़ी का थान प्रतीत होता है। यहीं से 100 मीटर पूरब चलकर ह्वेनसांग कुँवरवर्ती स्तूप स्थल पर पहुँचा था। यह वह स्थल है जहाँ गृहत्याग के बाद भगवान् बुद्ध ने अपने राजसी वस्त्रों को त्यागकर संन्यासियों का वेश धारण किया था। दिशा और दूरी के आधार पर गणना करने पर यह स्थल चिउँटहा ग्राम के पूर्व आम के बाग से शोभित उस पोखरे तक पहुँचता है जो चारों ओर से लगभग 30 फीट चौड़ा मिट्टी के टीले से घिरा हुआ है। इस टीले की प्राचीनता का अनुमान इससे ही किया जा सकता है कि आज यहाँ की मिट्टी कंकड़ में बदल गई है। इसके पूर्वोत्तर कोने पर आज भी 'कुँवरबता का थान' स्थित है, जहाँ श्रद्धालु पूजा-अर्चना करते हैं। इस पर चिउँटहा ग्राम सभा का अधिकार है। इसके कुछ और पूरब चनकौली गाँव है जिनके बगल में खेखड़ा नाला बहता है। चनकौली गाँव गृहत्याग के समय बुद्ध के साथ गए उनके बाल सखा छंदक के लौटने के स्थान तथा खेखड़ा नाला, अनोमा नदी हो सकती है। ये सभी स्थल महराजगंज से सिंदुरिया होते हुए सिसवा जानेवाले मार्ग पर पड़ते हैं।

जनपद की समृद्ध पुरातात्त्विक थाती तथा लोक-लुभावन संस्कृति का क्षरण तीव्र गति से हो रहा है। अत: आज की आवश्यकता है कि जहाँ जनपद की लोक-संस्कृति को संरक्षण प्रदान किया जाए, वही जनपद में स्थित यहाँ के प्रमुख बौद्ध स्थल देवदह, रामग्राम व कुँवरवर्ती स्तूप का गहन पुरातात्त्विक'सर्वेक्षण तथा उत्खनन कराकर उन्हें प्रमुख पर्यटक स्थल के रूप में विकसित किया जाए। इन तीनों स्थलों को जोड़ते हुए प्रस्तावित बौद्ध-परिपथ

का निर्माण अति शीघ्र होना चाहिए। इसके लिए रोहिणी नदी पर चानकी घाट के प्रस्ताविक पुल का निर्माण व जनपद को रेलवे लाइन से जोड़ना भी आवश्यक है। लोगों का ध्यान आकृष्ट करने हेतु प्रतिवर्ष 'देवदह-रामग्राम महोत्सव' का आयोजन तथा मुख्यालय पर बौद्ध संग्रहालय की सुव्यवस्था जनपद को विश्व के पर्यटन मानचित्र पर लाने में सहायक होंगे।

संदर्भ

1. शहरनामा, गोरखपुर मैं शिव शंकर वर्मा का लेख, पृ. 32
2. भारत का भूगोल, आर.सी. तिवारी, प्रवलिका पब्लिकेशन, यूनिवर्सिटी रोड इलाहाबाद-2007
3. वाटर्स, आन ह्वेनसांग 1398-99
4. पद्मपुराण, 5/269, ब्रह्मपुराण, 123
5. वाल्मीकि रामायण, उत्तरकांड, सर्ग 101
6. इमौ कुमारौ सौमित्रे त धर्मविशारदौ।
   अंगदश्चंद्रकेतुश्च राज्यार्थे दृढविक्रमौ॥
   इमौ राज्येऽभिषेक्ष्यामि देश: साधु विधीयताम्।
   रमणीयो ह्यसंबाधो रमेतां यत्र धन्विनौ॥
   न राज्ञो यत्र पीडा स्यान्नश्रमाणां विनाशनम्।
   स देशो दृश्यतां सौम्य नापराधयामहे यथा॥
   वाल्मीकि रामायण, उत्तरकांड, सर्ग 102/2-4
7. अथं कारुपथो देशो रमणीयो निरामय:॥
   निवेश्यतां तत्र पुरमंगदस्य महात्मन:।
   चंद्रकेतो: सुरुचिरं चंद्रकांतं निरामयम्॥ वही, 5-6
8. तद्वाक्यं भरतेनोक्तं प्रतिजग्राह राघव:। तं च कृत्वा वशे देश्वमंगदस्यन्थवेशयत्।। अंगदीया पुरी रम्या ह्यंगस्य निवेशिता। रमणीया सुगुप्ता च रामेणाक्लिष्टकर्म।। चंद्रकेतोश्च मल्लस्य मल्लभूम्यां निवेशिता। चंद्रकांतेति विख्याता दिव्या स्वर्गपुरी यथा।। वही, 7-9
9. अभिषिच्य कुमारौ द्वौ प्रस्थाप्य सुसमाहितौ।
   अंगदं पश्चिमां भूमिं चंद्रकेतुमुदंखाम॥ वही, 11
10. अंगदं चंद्रकेतुं च लक्ष्मणोऽप्यात्मसंभवौ।
    शासनारघुनाथस्य चक्रे कारापथेश्वरौ।। रघुवंशम् सर्ग 15, श्लोक 90
11. 'चंद्रकेतोश्च मल्लस्य' = मल्लस्य चंद्रकेतो: (अन्वय मल्ल चंद्रकेतु की।) मत्स्यभेद में प्रवीण होने के कारण उनको यह उपाधि मिली थी। ('मल्लो मत्स्यभेदे बलीयसि' इति विश्व:)।
12. पृ. 9-11
13. देखिए, रघुवंश, सर्ग 4
14. दीघनिकाय, 2/165
15. वास्तव में ये सगी बहन नहीं, किंतु पद में बहन लगती रही होंगी।
16. महावंश के अनुसार भी इक्ष्वाकु शाक्यों के पूर्वज थे। देखिए, महावंश, ग्रीगर का अनुवाद, पृ. 11
17. बुद्धघोष का जन्म पाँचवीं शताब्दी में मगध के एक ब्राह्मण परिवार में हुआ था। ये प्रसिद्ध विद्वान, ग्रंथकार तथा भाष्यकार थे।

18. कपिल सांख्य दर्शन के प्रवर्तक माने जाते हैं। इससे निरीश्वर सांख्य दर्शन और अनात्मवादी बौद्ध-धर्म की श्रृंखला स्पष्ट हो जाती है।
19. उस समय वाराणसी में नागवंशी क्षत्रियों का राज्य था।
20. अमरकोश के टीकाकार भरत शाक शब्द की टीका में लिखते हैं शाक एक वृक्ष का नाम है। एक इक्ष्वाकुवंशी राजा शाक्य कहलाए, क्योंकि वे शाक वृक्षों के पास बसे। उनके वंशज शाक्य कहलाए।
21. देखिए, पीछे पृष्ठ
22. देखिए, पाद टिप्पणी-सं. 1,
23. धम्मपद अट्ठकथा (4:3)
24. विष्णुपुराण, खंड 4, अध्याय : 22
25. विश्वमित्रो जमदग्निर्भरद्वाजोऽथ गौतम:।
    अत्रिर्वसिष्ठ: कश्यप इत्येते सप्तर्षय:॥
    सप्तानामृषीणामगस्त्याष्टमानां यदपत्यं तद्गोत्रमित्युत्यते॥
    -बौधायन, महाप्रवराध्याय।
26. आर्कियोलॉजिकल सर्वे ऑफ इंडिया रिपोर्ट, भाग 22, वर्ष 1875 ई.।
27. अशोक के धर्म लेख (पं. जनार्दन भट्ट द्वारा सम्पादित) पृ. 385।
28. महावस्तु।
29. ललितविस्तर।
30. धम्मपद अट्ठकथा, 15.1
31. महापरिनिर्वाणसुत्त।
32. दीघनिकाय, भाग 2, पृ. 167
33. आर्केओलोंजिकल सर्वे ऑफ इंडिया, भाग-22 वर्ष 1875 ई.
34. ह्वेनसांग का यात्रावर्णन (टी. वैटर्स द्वारा संपादित)।
35. महावंश।
36. गोरखपुर जनपद और उसके क्षत्रिय जातियों का इतिहास राजबली पांडेय की पुस्तक से साभार।
37. मनुस्मृति, 8/348, 8/16, 3/19
38. मेदिनी, 14
39. महावंश , डब्ल्यू गीगर द्वारा संपादित, पृ. 20
40. दिव्यावदान (कावेल और नेल द्वारा संपादित), पृ. 370, 180
41. वही।
42. महापरिनिर्वाणसुत्त।
43. इस टीका में मौर्य शब्द की दो व्युत्पत्ति दी हुई है—
    (1) मोदिय (प्रसन्न प्रदेश) के रहने वाले।
    (2) मोर पक्षी वाले प्रेदश में रहने वाले। देखिए महावंश टीका पृ. 110
44. ह्वेनसांग का यात्रात्रर्णन (टी. वैटर्स द्वारा संपादित)।
45. आर्कियोलॉजिकल सर्वे ऑफ इंडिया रिपोर्ट, जिल्द 18 टूर इन दि गोरखपुर डिस्ट्रिक्ट इन 1875-76 एंड 187-77
46. महावंश टीका में लिखा हुआ है कि भगवान् बुद्ध के जीवन काल ही में कोसल के राजा विदूडभ (विरुद्धक) के अत्याचार से तंग आकर शाक्य हिमालय की तलहटी में भाग गए और वहाँ पर पिप्पलीवन में एक सुंदर झील के किनारे मोरों की सुरीली केका से प्रतिध्वनित स्थान पर मयूर नामक नगर बसाया। (महा. टीका, पृ. 119-121 इस कथा की आलोचना करते हुए श्री विमल चरण लॉ

अपनी पुस्तक बौद्ध भारत में क्षत्रिय जातियाँ (Kshatriya Clans in Budhist India) के पृ. 204 पर लिखते हैं—"The above legend about the Origin of the Moriyas of Pippalivana cannot be acepted as an historical fact. When the Moriyas are improduced to us in the Book of the Great Decease, they are contemporaries and pomuful rivals of the Sakyas of Kapilvastu."

(पिप्लीवन के मौर्यों की उत्पत्ति के संबंध में उपर्युक्त गाथा ऐतिहासिक सत्य के रूप में नहीं स्वीकार की जा सकती। महापरिनिर्वाण सूत्र में जब मौर्यों का परिचय होता है, उस समय वे शाक्यों के समकालीन और बलवान प्रतियोगी मालूम पड़ते हैं।)

इस कथा से यह सिद्ध हो सकता है कि किसी समय शाक्यों की एक शाखा मौर्यों के रूप में प्रकट हुई। किंतु पिप्पलीवन को हिमालय में रखना बहुत कठिन है। ह्वेनसांग के यात्रावर्णन से स्पष्ट है कि विक्रम की छठी शताब्दी तक कुशीनगर की दक्षिण-पश्चिम दिशा में पिप्पलीवन के अवशेष थे। हिमालय की तलहटी में अशोक के मयूरशीर्ष वाले स्तंभ के मिलने के कारण पिप्पलीवन और मयूरनगर को वहाँ ढूँढ़ने का प्रयत्न कल्पनामात्र है।

47. महापरिनिर्वाणसुत्त।
48. भगवान् बुद्ध के अवशेष में भाग लेने के लिए पावा के मल्लों ने कुशीनगर के मल्लों के पास संदेश भेजा—'भगवान् भी क्षत्रिय थे, हम भी क्षत्रिय हैं।'
49. दिव्यावदान।
50. वाल्मीकि रामायण, उत्तरकांड, सर्ग 102
51. रघुवंश, सर्ग 12, श्लोक 1-22
52. आर्कियोलॉजिकल सर्वे ऑफ इंडिया रिपोर्ट, वर्ष 1910-11 ई.।
53. आर्कियोलॉजिक सर्वे ऑफ इंडिया रिपोर्ट, भाग 18-वर्ष 1875-76 ई.।
54. ऐसेंट ज्यॉग्रफी आफ् इंडिया।
55. गोरखपुर जनपद और उनके ज्ञातिय जातियों का इतिहास, पृ. 85
56. मंझिम निकाय, 3/118; निदान कशा।
57. अंगुत्तर निकाय, 1/145
58. उत्तरी बौद्ध परंपरा के अनुसार। ललित विस्तर में नाम गोपा, बुद्धवंश में भद्दकच्छा और जातक भाष्य में बिंबा दिया हुआ। (गोरखपुर और उसकी क्षत्रिय जातियों का इतिहास: राजबली पांडेय
59. ललित विस्तर : मंज्झिमनिकाय, 1/240
60. भगवान् बुद्ध का जीवन-वृत्त जानने के लिए डॉ. इ.जे. टामस का अंग्रेजी में लिखा हुआ 'दी लाइफ ऑफ बुद्ध' नामक ग्रंथ उपयोगी है।
61. जातक, निदान 4, महावग्ग अट्ठकथा : महाखंधक, राहुलवस्तु।
62. धम्मपद, अट्टकथा, 15/1
63. महापरिनिर्वाणसुत्त।
64. चुल्लवग्ग, 7
65. दीघनिकाय, 3/10/2
66. महापरिनिर्वाणसुत्त।
67. महावगा, 6
68. महापरिनिर्वाणसुत्त
69. बौद्ध धर्म की विशेष जानकारी प्राप्त करने के लिए देखिए, टी. डब्ल्यु. राइस डेविड्ज : बुद्धिज्म, कर्न, मैनुअल ऑफ इंडियन बुद्धिज्म : राधाकृष्णन, इंडियन फिलासफी, जिल्द 1, पृ. 340-703

70. सुमंगल विलासिनी (विमल चरण लॉ: बुद्धघोष, पृ. 111) उवासगदसाओ, भाग 2, परिशिष्ट, पृ. 7
71. कल्पसूत्र निर-यावली।
72. डॉ. द.रा. भांडारकर: कारमाइकेल लेक्चर।
73. कलियुग - राजवृतांत, भाग 3, अध्याय : 2
74. वही
75. मौर्यों ने ही चाणक्य की सहायता से नंदवंश का विनाश किया और मल्ल तो मौर्य साम्राज्य के समय में भी अधीन राज्य के रूप में जीवित थे।
76. महावंश 5/14/171
77. अर्थशास्त्र, 11/1
78. विहारयात्रा में मृगया (शिकार), भोज, पान, नृत्य आदि होते थे, देखिए, अशोक के शिलालेख, 14/8
79. वील : बुद्धिस्ट रिकॉर्ड्स ऑफ दी वेस्टन वर्ल्ड, जिल्द 2, पृ. 19, 32
80. गोरखपुर जनपद और उसके क्षत्रिय जातियों का इतिहास : डॉ. राजबली पांडेय जी की पुस्तक से साभार।
81. आईने गोरखपुर - पी. के. लाहिड़ी एवं डॉ. कृष्ण कुमार पांडेय, पृष्ठ, 36-43
82. डॉ. परशुराम गुप्ता के लेख से साभार।

अध्याय : 2

ब्रिटिश शासन से पूर्व जिले की स्थिति

मुगल साम्राज्य जो देश में एक प्रकार की राजनैतिक एकता स्थापित किए हुए था, अब शिथिल होकर छिन्न-भिन्न हो रहा था और उसके स्थान पर प्रांतीय स्वतंत्र छोटे-छोटे राज्यों का उदय होने लगा। इसी समय भारतवर्ष के राजनैतिक क्षितिज पर एक राहु का उदय हो रहा था और वह था यूरोपीय जातियों का यहाँ आना। पहले वे व्यापारी के रूप में यहाँ आए। फिर यहाँ की राजनैतिक परिस्थिति से लाभ उठाकर सैनिक बने और अंत में शासक बन बैठे। इसका फल यह हुआ कि देश का स्वाभाविक राजनैतिक विकास रुक गया; यहाँ का व्यापार भी मुख्यत: विदेशियों के हाथ में चला गया और वैज्ञानिक आविष्कारों और यंत्रों के लिए भी परावलंबी होना पड़ा। देश की समृद्धि तो दूर रही फिर नए ढंग के राजनैतिक आक्रमण और शोषण प्रारंभ हुए। नए विजेताओं के हाथ में आधुनिक साधन होने के कारण गोरखपुर जनपद की एकांतता, जो प्राय: विदेशी आक्रमणों के समय उसकी रक्षा करती थी, नष्ट हो गई। वह पहले राजनैतिक विशृंखलता और फिर साम्राज्यवाद का शिकार बना।

मुगल साम्राज्य के पतन के साथ-साथ प्रांतीय सूबेदार स्वतंत्र होने लगे। इसी समय अवध का सूबेदार सादात खाँ भी स्वतंत्र हो गया। अवध के सूबे में ही गोरखपुर था। औरंगजेब की मृत्यु के बाद गोरखपुर के राजे अर्द्धस्वतंत्र हो गए थे। उनको फिर से दबाने के लिए सादात खाँ ने प्रयत्न किया। उसको गोरखपुर के दक्षिणी भाग में कुछ सफलता मिली, किंतु उत्तरी भाग में उसका आधिपत्य बिलकुल अधूरा रहा। सं. 1782 वि. (सन् 1725 ई.) में उसने उत्तर की ओर विशेष ध्यान दिया। इस समय उधर एक नई परिस्थिति उत्पन्न हो गई थी। बुटवल के चौहानवंश की एक शाखा का अधिकार तिलपुर परगने के ऊपर था।

तिलपुर का राजा तिलकसेन मुसलिम सत्ता का विरोधी था। उसने बंजारों की सहायता से गोरखपुर के उत्तरी भाग पर कई आक्रमण किए। बंजारों के भय से कई बसे हुए भाग उजाड़ हो गए और जंगल उग आए। सादात खाँ ने तिलक सिंह को पराजित करने के लिए

फैजाबाद से एक सेना भेजी। परंतु इसका कुछ स्थायी प्रभाव नहीं पड़ा। सेना के लौटते ही फिर तिलकसेन का गोरिल्ला युद्ध शुरू हो गया। इसका फल यह हुआ कि प्राय: सारे जिले में अराजकता फैल गई और नवाब का आधिपत्य खतरे में पड़ गया।

गोरखपुर में नवाब की एक फौजी छावनी थी। सतासी राज्य से इसका बराबर संघर्ष चलता रहा। किंतु नवाब के लिए सबसे चिंता की बात तो तब हुई जबकि स्वयं मुसलिम फौज ने उसके खिलाफ विद्रोह किया। सं. 1807 वि. (1750 ई.) में नवाब ने एक बड़ी सेना अली हुसेन खाँ के सेनापतित्व में गोरखपुर में भेजा। पहले उसने डोमिनगढ़ में नवनिर्मित मुसलिम किले को तोड़ा और मुसलमान विद्रोहियों को दबाया। इसके बाद उसने उत्तर की ओर ध्यान दिया और तिलकसेन के लड़के द्वारा संचालित सेना को हराकर बुटवल की तरफ प्रस्थान किया। बुटवल से कई वर्षों तक संघर्ष चलता रहा। अंत में बुटवल के राजा की हार हुई। संधि के अनुसार तिलपुर का राज्य बुटवल के साथ मिला दिया गया और राजा ने कर देना स्वीकार किया। इस समय भी मुसलमान अधिकारियों द्वारा शासन करने का प्रयत्न नहीं किया गया। जो कर स्थानीय राजाओं से मिलता था वह नाममात्र का था। यद्यपि गोरखपुर शहर में नवाब की एक अच्छी खासी सेना रहती थी, तथापि गोरखपुर के चकलेदार का स्थानीय राजाओं पर नियंत्रण नाममात्र का था। चकलेदार का वसूल करने में उन्हीं के ऊपर अवलंबित रहता था। जब स्थानीय राजा किसी कारण से कर देना बंद कर देते थे तो वह विवश हो जाता था। वह सीधे किसानों से कर नहीं वसूल कर सकता था।

शुजाउद्दौला की नवाबी में उपरोक्त अवस्था में थोड़ा परिवर्तन हुआ। सं. 1821 (1764 ई.) में वह बक्सर की लड़ाई में अंग्रेजों से हार गया। इसके बाद उसने अवध में अपनी शक्ति को संगठित करने का प्रयत्न किया। उसने अंग्रेजों की दमन नीति और कर वसूल करने में उनकी कुशलता के बारे में सुन रखा था। इसलिए उसने अपने सूबे के पूर्वी भाग गोरखपुर-बहराइच में मेजर हैनी नामक एक अंग्रेज को फौजदार और कलेक्टर बनाकर रखा। मेजर हैनी बड़ा निर्दय और अत्याचारी था। उसने निर्दयतापूर्वक नवाब की सत्ता को स्थापित करने की कोशिश की। उसने चकलेदार के पद को तोड़ दिया और उनके स्थान पर प्रामिलों की नियुक्ति की। इस शर्त पर कि स्थानीय राजाओं के आंतरिक प्रबंध में वह हस्तक्षेप नहीं करेगा, उनसे कर निश्चित कर लिया। धीरे-धीरे कई राजा आमिल के रूप में हो गए। गोरखपुर जनपद में जहाँ उसकी शक्ति प्रबल थी वहाँ पर उसने अवध से बहुत से ठेकेदारों को बुलाया और उनको कई इलाके कई वर्षों के ठेके पर दे दिया।

मेजर हैनी ने जिले के शासन पर बिलकुल ध्यान नहीं दिया। उसने सेना की सहायता से स्थानीय राजाओं को नियमित कर देने के लिए विवश किया। राजाओं और ठेकेदारों से कर

की काफी बड़ी रकम निश्चित की। इससे किसानों का भार बढ़ गया। उनको इतना अधिक कर देना पड़ता था कि बहुत से अपने-अपने खेत और गाँवों को छोड़कर भाग गए और बहुत से गाँव उजाड़ हो गए। हैनी का नाम बहुत दिनों तक लोग घृणा के साथ लेते रहे। तत्कालीन ब्रिटिश पार्लियामेंट के सदस्य बर्क ने वारेन हेस्टिंग्ज पर अभियोग चलाते हुए हैनी के अगणित अत्याचारों का वर्णन किया था और इंग्लैंड का प्रसिद्ध अर्थशास्त्री मिल ने लिखा है कि हैनी के अत्याचारों से कई उपजाऊ भाग उजाड़ हो गए। प्रजा दरिद्र और शक्तिहीन हो गई। कृषि चौपट हो गई। प्रजा में चारों ओर असंतोष और अरक्षा का भाव था। सभी स्थानों में अराजकता फैल रही थी।

जब नवाब के अयोग्य और अत्याचारपूर्ण शासन से सारे जनपद में अशांति और अराजकता फैल रही थी उत्तर तराई की ओर से बंजारों ने उपद्रव मचाना शुरू कर दिया। जिले में चारों तरफ उनका आतंक छा गया, विशेषकर पूर्वी भाग में जहाँ कोई स्थानीय शक्तिमान राजा उनका सामना करने के लिए नहीं था। बर्बर बंजारों के नेताओं ने राजनीति में भी भाग लेना प्रारंभ किया। वे दो स्थानीय राजाओं में युद्ध करा देते थे और जिसकी ओर से उनको अधिक रुपया मिलता था उसकी ओर से युद्ध में लड़ते थे। कभी-कभी अवध के नवाब के गुमाश्ते, नाजिम, आमिल, चकलेदार आदि होने का दावा करते थे और उनके नाम पर प्रजा के ऊपर अत्याचार करते थे। राजाओं की कमजोरी यह थी कि वे सब मिलकर लुटेरे बंजारों का सामना करने के बदले आपस में ही लड़ा करते थे। उदाहरण के लिए, सतासी के श्रीनेत राजा इस समय बुटवल के चौहान राजा से लड़कर अपनी शक्ति क्षीण कर रहे थे। हाँ, बाँसी के श्रीनेत राजा ने बुद्धिमानी से काम लिया। सं. 1847 वि. (सन् 1790 ई.) में बाँसी राज्य ने बंजारों को बुरी तरह से दबाया और उनको नेपाल की तराई में ढकेल दिया। धुरियापार के कौशिक दो तरफ से नष्ट हो रहे थे—आपस का झगड़ा और मेजर हनी तथा बंजारों के अत्याचार। गोरखपुर जनपद के स्थानीय राज्यों में केवल मझौली ही ऐसा था जो कुछ सुव्यवस्थित और बंजारों के आक्रमण से सुरक्षित था। अपने राज्य के उत्तरी-पूर्वी भाग को, जो गोरखपुर के पूर्वोत्तर और सारन तक फैला हुआ था, बंजारों और अंग्रेजों से अरक्षित समझकर मझौली ने छोड़ दिया। और बुद्धिमानी का काम यह किया कि उन भागों में स्थापित नए पडरौना और तमकुही राज्य की बराबर सहायता की। इसका परिणाम यह हुआ कि बंजारों के आक्रमण और अत्याचार कम हो गए। फिर भी जनता के मन पर बंजारों का आतंक बहुत दिनों तक बना रहा। बंजारों और थारुओं के संबंध में बहुत सी कहानियाँ प्रचलित हो गईं। बहुत से प्राचीन भग्नावशेषों को यहाँ के लोग भ्रम से बंजारों और थारुओं के निवासस्थान के खँडहर समझने लगे, यद्यपि ये खानाबदोश जातियाँ गोरखपुर जनपद के भीतर नहीं बसीं।

इस समय तक हिंदुस्तान के भीतर अंग्रेजों की शक्ति काफी बढ़ गई थी। उन्होंने पतनोन्मुख हिंदू और मुसलमान राज्यों में भेद-नीति का अवलंबन कर, उनके सहायक और मित्र बनकर पहले उनसे पुरस्कार और जागीर ली; पीछे जाल और आक्रमण से अपने राज्य की सीमा बढ़ाने लगे। लॉर्ड वेलेजली ने एक बहुत बड़ा जाल बिछाया; वह था 'सहायक-मैत्री-प्रथा'। जो लोग अंग्रेजों का मित्र होना चाहते थे (मित्र न होना शत्रुता थी और अंग्रेज अब इतने प्रबल हो गए थे कि वे हिंदुस्तानी राजाओं को बलपूर्वक मित्र बना सकते थे) उनको अपनी रक्षा करने के लिए एक अंग्रेजी सेना रखनी पड़ती थी और उसका खर्च देना पड़ता था। यह नीति वास्तव में 'मियाँ की जूती मियाँ का सिर' वाली थी। इससे अंग्रेजी सेना देशी राज्यों के खर्च से ही उनकी छाती पर जा बैठती थी। इस महाजाल में अवध के नवाब भी फँसे। उन्होंने अंग्रेजों की सहायक-मैत्री स्वीकार की। उनकी रक्षा के लिए अवध में अंग्रेजी सेना रखी गई। जब कई वर्षों तक वे खर्च न दे सके तो उनके ऊपर ऋण बढ़ता गया। अंग्रेजों के सुझाव से इस गोरखपुर और आसपास के प्रदेश को अंग्रेजों को दे दिया। इसमें गोरखपुर पूरा बस्ती का जिला, बुटवल तथा आजमगढ़ का उत्तरी भाग सम्मिलित थे। पिछले छह सौ वर्षों से गोरखपुर के ऊपर मुसलमानों का शासन अधूरा और नाममात्र का था। जनपद का भीतरी शासन स्थानीय राजवंशों के हाथ में था। यद्यपि सारे भारत की राजनैतिक अवस्था बिगड़ जाने से गोरखपुर में भी अव्यवस्था फैल गई थी, तथापि स्थानीय लोगों की सैनिक तथा राजनैतिक योग्यता और प्रतिभा नहीं नष्ट हुई थी। अंग्रेजों के आने से सबसे बड़ी हानि यह हुई कि राष्ट्र के लिए उपयोगी दोनों तत्त्वों का ह्रास होने लगा। ईस्ट इंडिया कंपनी ने गोरखपुर जिले का प्रबंध करने के लिए मिस्टर राउटलेज नामक एक अंग्रेज अधिकारी नियुक्त किया। नवाब की सरकार गोरखपुर से केवल कर वसूल करती थी; शासन नहीं करती थी। अंग्रेज अधिकारी ने अपना शासन दृढ़ करने के लिए पुराने अधिकारियों और सैनिकों को हटा दिया और उनके स्थान पर नीचे से ऊपर तक नई पुलिस, सेना, कर-विभाग और अपने नए सहायक अधिकारी नियुक्त किया। उसने स्थानीय राजाओं पर अवलंबित न रहकर वास्तव में गोरखपुर जनपद में शासक बनने का श्रीगणेश किया। पहले उसको कठिनाइयाँ हुईं। पीछे उसके पैर जमने लगे।

तराई के प्रदेशों में पहुँचने पर अंग्रेजों की दृष्टि हिमालय की ओर गई। सं. 1870 (सन् 1813 ई.) में ईस्ट इंडिया कंपनी के चार्टर में परिवर्तन हुआ। इसके अनुसार हिंदुस्तान में यूरोपीय लोगों को बसने की आज्ञा मिली। यूरोपीय उपनिवेशों के लिए हिमालय की ठंडी और सुरम्य उपत्यका (घाटी) की आवश्यकता अंग्रेजों को अनुभव होने लगी। किंतु ये हिमालय के अंचल के प्रदेश नेपाल के अधीन थे। अंग्रेजों को नेपाल के लिए प्रलोभन था और नेपाल को अंग्रेजों से आशंका थी इसलिए दोनों में युद्ध होना अवश्यंभावी था। बहाने की कमी नहीं थी।

कुछ दिन पहले नेपाल गोरखपुर जनपद की अव्यवस्था से लाभ उठाकर दक्षिण बढ़ना प्रारंभ कर दिया था। इसके पहले भी इन भागों के लिए मुसलमानों और नेपाल में संघर्ष चलता था। इनके ऊपर नेपाल अपना स्वाभाविक अधिकार समझता था उसने तिलपुर और विनायकपुर परगने को अपने अधीन किया फिर बुटवल की ओर दृष्टि घुमाई। बुटवल के राजा को अंग्रेजों ने मालगुजारी के लिए कैद कर रखा था। वह कैद से भागकर नेपाल-सरकार के हाथ में चला गया।

अवसर अच्छा था; नेपाल ने बुटवल पर अपना अधिकार जमा लिया। अंग्रेज इस नीति में नेपाल से कई हाथ आगे थे। उन्होंने बुटवल के राजा के एक संबंधी को अपनी ओर मिलाकर उसको पेंशन दिया और बुटवल राज्य का अधिकार अपने पक्ष में लिखवा लिया। अंग्रेजों ने तिलपुर, विनायकपुर और बुटवल को नेपाल से वापस माँगा। संतोषजनक उत्तर न मिलने पर अंग्रेजों ने सं. 1871 (सन् 1814 ई.) में नेपाल के साथ युद्ध की घोषणा की।

अंग्रेजों की योजना लंबी थी। गोरखपुर की सीमा का प्रश्न तो एक कारण-मात्र था। चार अंग्रेजी सेनाओं ने बिहार, कुमायूँ और गोरखपुर की ओर से नेपाल पर साथ आक्रमण किया। गोरखपुर से जो सेना भेजी गई उसके सेनापति थे जनरल वुड। इन्होंने सीधे बुटवल पर आक्रमण किया। लड़ाई के प्रारंभ में नेपालियों ने जिस वीरता का प्रदर्शन किया और अंग्रेजों को जो मुँह की खानी पड़ी, उससे अंग्रेजी सेना की प्रतिष्ठा बहुत घट गई। विशेषकर वुड साहब की बड़ी दुर्दशा हुई। इनके स्थान पर कर्नल निकोलस की नियुक्ति हुई। परंतु गोरखपुर की ओर से नेपाल पर विजय पाना भौगोलिक कारणों से भी असंभव है। नेपाल का सबसे नाजुक भाग देहरादून-कुमायूँ था, जिसकी तरफ नेपाल सरकार का ध्यान कम था और जिधर से अंग्रेजों के आक्रमण की आशंका नहीं समझी जाती थी। परंतु अंग्रेजों ने अवध और रुहेलखंड दोनों पर अपना आतंक जमा रखा था और वहाँ के मुसलिम शासकों की सहायता से अंग्रेजों को सफलता मिली। उन्होंने कुमायूँ और देहरादून को जीता। बिहार की ओर से डेविड ऑक्टरलोनी ने नेपाल की सीमा प्रवेश किया। अब विवश होकर नेपाल को संधि करनी पड़ी सं. 1873 वि. (सन् 1816 ई.) में सिगौली के स्थान पर संधि हुई। नेपाल राज्य का पश्चिमी भाग जो प्राय: शिमला तक फैला हुआ था अंग्रेजों को सफलता मिली। उन्होंने कुमायूँ और देहरादून को जीता। बिहार की ओर से डेविड ऑक्टरलोनी ने नेपाल की सीमा में प्रवेश किया। अब विवश होकर नेपाल को संधि करनी पड़ी सं. 1873 वि. (सन् 1816 ई.) में सिगौली के स्थान पर संधि हुई। नेपाल राज्य का पश्चिमी भाग जो प्राय: शिमला तक फैला हुआ था अंग्रेजों को मिला (इससे यूरोपीय लोगों को हिंदुस्तान के मैदानी गर्मी से बचाने का प्रश्न हल हो गया। गोरखपुर की सीमा की तरफ नेपाल को कोई विशेष हानि नहीं उठानी

पड़ी। तिलपुर और विनायकपुर के परगने उसको छोड़ने पड़े। किंतु बुटवल उसको स्थायी रूप से मिल गया। साथ-ही-साथ उसने पहाड़ी से उतर थोड़ा मैदान में घुसकर अपनी दक्षिणी सीमा सीधी कर ली। इसका फल यह हुआ कि गोरखपुर का कुछ भाग, जो प्राचीन शाक्य और मल्लराज्य के अंतर्गत था, नेपाल राज्य में चला गया। बिहार की तरफ अंग्रेज दार्जिलिंग की ओर कुछ नेपाल में घुस गए। काठमांडू में अंग्रेज दूत भी पहुँच गया।

इस युद्ध का परिणाम नेपाल के लिए दूरव्यापी हुआ। अंग्रेजों ने तीन तरफ से नेपाल को घेर दिया। उत्तर में चीन साम्राज्य नेपाल को दबाए हुए है। इसलिए दो साम्राज्यों के बीच में नेपाल की राजनैतिक और सैनिक प्रतिभा कुंठित है। तब से लेकर अब तक नेपाल के इतिहास में कोई महत्त्वपूर्ण घटना नहीं हुई। नेपाल के गोरखा सैनिक अंग्रेजों के साधन रूप में संसार की कई लडाइयों में लड़ते रहे हैं। नेपाल के इन लड़ाकों को भर्ती करने का गोरखपुर में एक बहुत बड़ा केंद्र है।

नेपाल युद्ध के बाद निश्चिंत होकर अंग्रेजों ने गोरखपुर जनपद पर शासन करना शुरू किया। उन्होंने पहले शासन और सरकारी मालगुजारी के संगठन पर ध्यान दिया। जब गोरखपुर अवध के नवाब से अंग्रेजों को मिला था उस समय उसमें पाँच तहसीलें थीं—(1) सलेमपुर, (2) भौआपार, (3) हवेली, (4) पडरौना और (5) बाँसी। सं. 1875 वि. (1818 ई.) में तिलपुर और विनायकपुर दो परगनों को मिलाकर एक तहसील बनी और उसकी राजधानी मंसूरगंज में रखी गई। सं. 1897 (1840 ई.) में भौआपार के स्थान में बाँसगाँव तहसील बनाई गई। सं. 1902 वि. (1845 ई.) में सलेमपुर के बदले देवरिया तहसील की राजधानी बनी। गोरखपुर जनपद के तहसीलों में तहसीलदार के अतिरिक्त राजधानी में एक मजिस्ट्रेट, एक ज्वाइंट मजिस्ट्रेट और एक जज नियुक्त किए गए। शांति और सुव्यवस्था के लिए पुलिस-थाने स्थापित किए गए। गोरखपुर में सैनिक आवश्यकता के लिए ढाई कंपनी की एक फौज की टुकड़ी भी रखी गई।

आर्थिक प्रबंध की ओर ईस्ट इंडिया कंपनी ने विशेष ध्यान दिया। अकबर के समय में गोरखपुर सरकार की मालगुजारी 1,11,503 रुपए थी। नवाबों के समय में यह मालगुजारी कुछ बढ़ गई थी। किंतु सं. 1860-61 (सन् 1803-4 ई.) में कंपनी ने जो भूमि-प्रबंध कराया उसके अनुसार मालगुजारी घटाकर 6,27,570 रु. कर दी गई। किंतु दो-तीन वर्ष के बाद यह रकम और भी कम हो गई। सं. 1867-68 तक सरकार मालगुजारी जमींदारों से वसूल करती थी और जमींदार लोग अपने वृत्तियों (वृत्तिधरों) से कर वसूल कर लिया करते थे। किंतु मालगुजारी सीधे वसूल होने लगी, यद्यपि मूल जमींदारों को उनकी मालगुजारी पर मालिकाना मिलता रहा।

इस प्रकार से कंपनी ने अपना अधिकार और आय तो निश्चित कर ही ली साथ-साथ अन्य अंग्रेजों को भी जनपद से लाभ और शोषण का अवसर दिया। कई एक अंग्रेज भी जमींदार बनाए गए। कुछ नील और अफीम की खेती भी कराने लगे। ये अधिक-से-अधिक लाभ उठाना चाहते थे और जनता और मजदूरों के साथ इनका व्यवहार अहंकारपूर्ण और अमानुषिक होता था।

अंग्रेजी राज ने देश के जीवन में एक बहुत बड़ा परिवर्तन कर दिया। इसने बहुत से राजवंशों का अंत किया, जिनके वंशज और संबंधी पूर्वपद और प्रभाव से वंचित हुए। जमींदार, जिनके हाथ में शासन का काफी अंश रहता था, अब मालगुजारी वसूल करनेवाले ठेकेदारों के रूप में रह गए। बहुत से देशी सैनिकों का काम जाता रहा। अंग्रेजी सरकार ने हिंदू-मुसलमानों की धार्मिक भावना का ध्यान न कर ईसाई मिशनरियों को धार्मिक प्रचार के लिए सहायता और प्रोत्साहन दिया, जो भारतीय लोगों को ईसाई बनाते और उनके धर्म की तीव्र आलोचना करते थे। इस तरह देश की राजनैतिक और सैनिक प्रतिभा तो नष्ट हुई ही धर्म और संस्कृति भी खतरे में पड़ गई। इस कारण से अंग्रेजी राज्य के विरोध में चारों तरफ अशांति फैली।

अध्याय : 3

स्वतंत्रता संघर्ष का प्रथम उद्घोष, 1857 के प्रथम स्वतंत्रता संग्राम में जनपद/जनपदवासियों की भूमिका

सन् 1801 में ईस्ट इंडिया कंपनी द्वारा अवध के महराजगंज सहित संपूर्ण गोरखपुर क्षेत्र पर शासन स्थापित कर लिया था। ईस्ट इंडिया कंपनी ने गोरखपुर नाम से जिला मुख्यालय बनाया तथा उसमें कलेक्टर नियुक्त कर दिया। अंग्रेजों ने गोरखपुर में सत्ता स्थापित कर लेने के बाद देसी लोगों का शोषण करना आरंभ कर दिया। गोरखपुर क्षेत्र में अंग्रेजों द्वारा जमींदारियाँ स्थापित होने लगीं। यहाँ की परंपरागत खेती समाप्त कर नील, अफीम व तंबाकू की खेती प्रारंभ हुई। मजदूरों का शोषण शुरू हुआ। लॉर्ड विलियम वेंटिक के समय में ईसाई मिशनरियों की गतिविधियाँ प्रारंभ हुईं। ईसाइयों को यहाँ बसाया जाना तथा यहाँ के लोगों को प्रलोभन द्वारा ईसाई बनाने का अभियान शुरू किया गया। 1837 ई. के अकाल में बड़ी संख्या में लोगों को प्रलोभन देकर ईसाई बनाया गया। यहाँ के लोगों के साथ अमानवीय व्यवहार होने लगा। देसी रियासतों को अंग्रेज जबरन अपने राज्य में सम्मिलित करने लगे जिससे उनके अंदर भी आक्रोश व्याप्त हुआ। इन कारणों से उत्पन्न हुए जन असंतोष के कारण गोरखपुर वासियों के मन में अंग्रेजों के प्रति विद्रोह भड़कने लगा। तथा वे अंग्रेजों का विरोध करने लगे।

भारत के लोगों में अंदर-ही-अंदर विद्रोह की ज्वाला धधक रही थी। अंग्रेजों ने सैनिकों हेतु गाय एवं सूअर की चर्बी युक्त कारतूस बंदूकों में प्रयोग हेतु मँगवाई। इस कारतूस की खासियत यह थी कि इनको बंदूक में फायर होने के बाद दाँत से खींचकर बाहर निकालना पड़ता था। भारतीय हिंदू तथा मुसलिम सिपाहियों को लगा कि अंग्रेज उनको गाय एवं सूअर की चर्बी लगे कारतूस को दाँत से खिंचवाकर उनके धर्म को नष्ट करना चाहते हैं। जब बात धर्म पर आई तब सैनिकों ने इसका विरोध किया तथा चर्बी युक्त कारतूसों का प्रयोग करने से मना कर दिया। सर्वप्रथम दमदम के सैनिकों ने 23 जनवरी, 1857 ई. को कारतूसों के

प्रयोग से इनकार कर दिया। इसके पश्चात् 26 फरवरी, 1857 को बहरामपुर के सैनिक ने आर्सेनल बुलिच कारतूसों का प्रयोग करने से मना कर दिया।[1] क्रांतिकारियों की योजना के अनुसार पूरे देश में एक साथ क्रांति प्रारंभ की जाएगी उसके लिए 31 मई, 1857 की तिथि पूरे भारत में विद्रोह के लिए निर्धारित थी। परंतु कुछ सैनिक 2 माह तक इंतजार नहीं कर पाए और 27 मार्च, 1857 ई. को बैरकपुर सैनिक छावनी बंगाल में मंगल पांडेय ने स्वतंत्रता संघर्ष के लिए विद्रोह कर दिया। इस क्रांति की सूचना गोरखपुर में कलकत्ता से आने वाली व्यापारिक नावों द्वारा पहुँची।

24 अप्रैल, 1857 को मेरठ में तैनात देसी घुड़सवार सेना के 99 सिपाहियों ने चर्बी लगे कारतूसों को इस्तेमाल करने से इनकार कर दिया। 9 मई, 1857 ई. को इनमें से पचासी को बर्खास्त कर 10 वर्ष की लंबी सजा सुनाई गई। परिणामस्वरूप 10 मई, 1857 को मेरठ में तैनात पूरी भारतीय सेना ने विद्रोह कर दिया और अपने अधिकारियों पर गोलियाँ चलाकर उनकी हत्या कर दी एवं अपने साथियों को मुक्त कराकर, दिल्ली की ओर चल पड़े। धीरे-धीरे सिपाही विद्रोह की यह आग लखनऊ, कानपुर, ग्वालियर, बरेली, इलाहाबाद, आगरा, फैजाबाद से होती हुई गोरखपुर तक पहुँच गई।[2] यह समाचार मिलने के बाद मई के अंतिम सप्ताह में गोरखपुर में भी विद्रोह प्रारंभ हो गया। यद्यपि इस विद्रोह का प्रारंभ तो सेना ने किया परंतु शीघ्र ही इस स्वतंत्रता संग्राम में राजा और जमींदार तथा अंत में जनता भी सम्मिलित हो गई।

गोरखपुर में विद्रोह का झंडा देसी सिपाहियों जिनमें अवध सूबे के पूरबिए हिंदू एवं मुसलमान प्रमुख थे, उठाया, जिनके साथ यहाँ के क्षुब्ध स्थानीय जमींदारों एवं राजाओं ने भी बगावत का झंडा उठा लिया।[3] 25 मई, 1857 को गोरखपुर के सिपाहियों ने नए कारतूसों के प्रयोग से मनाही कर दी। 6 जून, 1857 को नरहरपुर के राजा हरिप्रसाद मल्ल के नेतृत्व में लोगों ने बड़हलगंज थाना व नदी घाट से पुलिस को खदेड़ दिया तथा 50 दोषियों को आजाद करा लिया।[4]

सन् 1857 ई. की इन परिस्थितियों के समय लॉर्ड कैनिंग भारत के गवर्नर जनरल थे। उस समय गोरखपुर के कलेक्टर डब्ल्यू. पीटर्सन, ज्वाइंट मजिस्ट्रेट एफ. बर्ड, जिला जज व्रिनयार्ड तथा सेना के कैप्टन स्टील थे, जो आजमगढ़ में रहते थे।[5] सत्रहवीं नेटिव इन्फेंट्री कि ढाई कंपनी अंग्रेज सेना गोरखपुर में तैनात थी। साथ ही 12 अनियमित घुड़सवार सेना की आधा रिसाल भी शामिल था। जिसका मुख्यालय आजमगढ़ में था और वह सेना कप्तान ह्वील के कमांड में थी। उस समय बनारस व आजमगढ़ से गोरखपुर के संपर्क मार्ग पर स्थित बड़हलगंज प्रमुख पत्तन एवं व्यापारिक केंद्र था। यह स्थान नरहरपुर राज्य का केंद्र स्थान भी था। उस समय ट्रेन अथवा बस आवागमन हेतु उपलब्ध नहीं थे। गोरखपुर से बड़हलगंज

पैदल या ऊँट गाड़ी द्वारा तदुपरांत आगे नाव द्वारा यात्रा के साधन उपलब्ध थे। देसी बड़ी रियासतों में सतासी, नरहरपुर, गोपालपुर, शाहपुर, बढ़यापार, नगर बाजार, अम्होडा, बाँसी, निचलौल, पडरौना, मझौली एवं तमकुही तथा तिघरा, पांडेयपुर, उनवल, डुमरी व इमामबाड़ा आदि छोटी रियासतें भी विद्यमान थीं।

विद्रोह की सूचना गोरखपुर में पहुँचते ही 31 मई, 1857 को बरहज के समीप पैना ग्राम के जमींदारों के द्वारा प्रथम विरोध किया गया। यह गाँव सरयू नदी के किनारे स्थित है। यह नदी उस समय यातायात का प्रमुख मार्ग थी। पैना के जमींदारों ने अपने लोगों के साथ कोलकाता से आ रही अंग्रेजों की नाव को लूट लिया और नावों को घाघरा नदी में डुबो दिया। इस प्रकार से नदी के जल मार्ग पर अधिकार करके अंग्रेजों के जल मार्ग को अपने कब्जे में कर लिया। खतरे की आहट पर अंग्रेजों ने गोरखपुर में मार्शल लॉ घोषित कर दिया। उस समय गोरखपुर का संरक्षक नाजिम सरदार अली था। उसने क्रांतिकारियों का साथ दिया व अंग्रेजों के विरुद्ध युद्ध की घोषणा कर दी। आर.सी. मजूमदार ने अपनी पुस्तक 'द सिपाही म्यूटनी एंड द रिवोल्ट इन यू.पी.' में लिखा है कि उसी समय सरदार अली खान तत्कालीन रियालदार गोरखपुर के सिपाहियों ने गोरखपुर में मौजूद अनेक अंग्रेज सिपाहियों व मेजर होम्स को मार डाला। 5 जून को गोरखपुर के दक्षिणी भाग में भी क्रांति की चिनगारी फैल गई थी।

इसके पश्चात् क्रांति का समर्थन करनेवाले राजाओं की गुप्त बैठक हुई जिसमें सतासी, नरहरपुर, नगर एवं पांडेयपुर के बाबू गोविंद सिंह सहित इस क्षेत्र के प्रमुख जागीरदारों ने भाग लिया और सभी ने एकमत होकर बेगम हजरत महल के नेतृत्व को स्वीकार किया तथा इस निर्णय का संदेश उन्हें भेज दिया गया। 10 जून, 1857 को गुन्नूर परगना के महुआ डाबर ग्राम के देशभक्तों ने उन छह भगोड़े अंग्रेज अधिकारियों को मार डाला, जो फैजाबाद से भागकर नाव द्वारा गोरखपुर जिले में प्रवेश करना चाहते थे। 10 अगस्त, 1857 को क्रांतिकारियों ने खलीलाबाद तथा 12 अगस्त को कप्तानगंज तहसीलों पर कब्जा कर अपने अधीन कर लिया। इसी तरह 12वीं कैवेलरी के 40 सैनिकों ने भी क्रांतिकारी सेना के साथ सम्मिलित होकर उनकी शक्ति को बढ़ाया।

19 जून, 1857 को कैप्टन ब्यावलू के साथ चार अन्य अंग्रेज अधिकारियों को जो गोंडा एवं आसपास से भागे थे, बाँसी के राजा के अभिरक्षा में गोरखपुर पहुँचे। फिर यहाँ पर रह गई अंग्रेजी स्त्रियों को लेकर बाँसी राजा के संरक्षण में ही गाजीपुर आ गए। लगभग इसी समय मीर मोहम्मद हसन, कर्नल लेनाक्स एवं उनके परिवार को विद्रोहियों से बचाकर ससम्मान गोरखपुर पहुँचा दिया गया। जून 1857 तक गोरखपुर में विद्रोह भड़क चुका था। आवाज की बेगम ने मीर मोहम्मद हसन को जो गोंडा व बहराइच के नाजिम थे, गोरखपुर का नाजिम नियुक्त कर दिया।

जून 1857 की गोरखपुर विद्रोह की सूचना आजमगढ़ पहुँची। कैप्टन स्टील विद्रोह को नियंत्रित करने के लिए अपने सिपाहियों के परेड को संबोधित किया, परंतु अगले ही दिन इनमें से अधिकांश सिपाहियों ने स्टील की आज्ञा मानने से इनकार करके विद्रोह कर दिया।[6] सिपाहियों ने सरकारी संपत्ति को लूटने का प्रयास किया। जेल से कैदियों को छुड़ाने का प्रयास भी हुआ। इनमें से अधिकांश कैदियों को गोली मार दी गई। जिले में मार्शल लॉ लागू कर दिया गया और नेपाल से सैन्य मदद की माँग की गई। नेपाली अंग्रेजों की मदद करने के लिए बाध्य थे, क्योंकि वे अंग्रेजों से 1816 में कगौली की संधि किए थे। जिसकी शर्तों में अंग्रेजी फौज नेपाल पर आक्रमण नहीं करेगी और आवश्यकता पड़ने पर नेपाल की फौज ब्रिटिश सेना को सैन्य मदद करेगी। 1857 के विद्रोह में नेपाली सेना ने इसलिए भी अधिक उत्साह दिखाया क्योंकि नेपाल के ऊपर जिस समय अंग्रेजों ने आक्रमण किया था उस समय अवध के नवाब ने अंग्रेजी की हर संभव मदद की थी। इसलिए गोरखपुर अवध का भाग होने के कारण नेपाली सेना के कोप का भाजन बना जो अंग्रेजों के हित में रहा। परिणाम स्वरूप जल्द ही 3 जून को नेपाल के पालपा से 200 गोरखा सैनिकों की टुकड़ी मदद के लिए गोरखपुर की ओर रवाना हुई। गोरखा कमांडर पहलवान सिंह के नेतृत्व में नेपाली सेना एवं यहाँ स्थित अंग्रेज सेना को साथ लेकर उनकी सुरक्षा में छह लाख की धनराशि लेकर जनपद के सभी अंग्रेज व अधिकारियों ने 13 अगस्त, 1857 को गोरखपुर छोड़ दिया। क्योंकि लॉर्ड कैनिंग ने गोरखपुर के कलेक्टर को अधिक-से-अधिक अंग्रेज सैनिकों के साथ गाजीपुर पलायन कर जाने का निर्देश दिया था। कलेक्टर पीटरसन ने गोरखपुर छोड़ने से पहले मिस्टर एफ. बर्ड के संरक्षकत्व में यहाँ के राजाओं जिसमें सतासी, गोपालपुर, मझौली, तमकुही व बाँसी के राजा सम्मिलित थे, 5 सदस्यी समिति को आपातकालीन शासन व्यवस्था हेतु अधिकृत कर दिया। अंग्रेजों को बड़हलगंज होते हुए गाजीपुर जाना था। मार्ग में कौड़ीराम के आगे गगहा नामक स्थान पर वहाँ के बाबुओं एवं मोहम्मद हसन की सेना ने उन पर आक्रमण कर दिया परंतु गोरखा सैनिकों के कारण वे परास्त होकर भाग गए। इसके पश्चात् गोरखपुर के सतासी, बढ़यापार, शाहपुर व नरहरपुर के राजा अंग्रेजों के विरुद्ध हो गए। बर्ड के साथ केवल 17 जेल गार्ड तथा गोपालपुर राजा शेष रह गए थे। बाँसी, मझौली और तमकुही के राजा गोरखपुर से इतनी दूर थे कि अंग्रेजों की किसी प्रकार से मदद नहीं कर सकते थे। ऐसे समय में राजा गोपालपुर ने बचे धन के साथ बर्ड को गोपालपुर चलने का सुझाव दिया जिसे बर्ड ने अस्वीकार कर दिया। इसके बाद राजा गोपालपुर अपने राज्य लौट गए।

20 अगस्त, 1857 को मीर मोहम्मद हसन राप्ती तट पर आ पहुँचे। जहाँ पर सतासी राज्य के सैनिकों, प्रतिनिधियों एवं गोरखपुर के क्रांतिकारियों ने उनका स्वागत किया।

क्रांतिकारी सेना में गोरखपुर के जेल गार्ड भी सम्मिलित हो गए। 21 अगस्त, 1857 को मीर मोहम्मद हसन ने गोरखपुर पर अधिकार कर अंग्रेजी शासन को यहाँ से समाप्त कर दिया। अंग्रेजों के अधिकांश बँगलों में, जो कि ब्रिटिश सत्ता के प्रतीक थे आग लगा दिया गया। 22 अगस्त को मोहम्मद हसन ने बर्ड के सिर पर 5,000 रुपए का इनाम घोषित किया। मिस्टर वर्ड व यहाँ बचे अंग्रेजों ने मियां साहब अहमद अली शाह की शरण में इमामबाड़ा गोरखपुर में छिपकर कुछ दिन पड़े रहकर प्राण रक्षा किया फिर वह सहार नाजिर की सहायता से भेष बदलकर झुकते हुए बेतिया की ओर निकलकर मोतिहारी आकर अन्य अंग्रेजों से मिलने में सफल हो गया। गोरखपुर में राप्ती नदी के किनारे स्थित तत्कालीन मोती जेल में कैद रुद्रपुर के सेनापति के पुत्र मुशर्रफ खाँ 400 कैदियों के साथ बाहर आ गए। उसने बर्ड की कोठी को जला दिया तथा क्रांतिकारियों की सब प्रकार से सहायता की। अंग्रेजों ने गोरखपुर पूर्णतया छोड़ दिया। क्रांतिकारियों ने मोहम्मद हसन को गोरखपुर का शासक घोषित कर दिया। इस प्रकार से मोहम्मद हसन ने सफलतापूर्वक गोरखपुर में शासन व्यवस्था स्थापित किया।

बाबू भवन सिंह के नेतृत्व में 25 दिसंबर, 1857 को क्रांतिकारियों ने प्रमुख क्रांतिकारी सेनापतियों को साथ लेकर मझौली राज पर चढ़ाई कर दी। इसके पश्चात् मझौली के समीप सोहनपुर में युद्ध हुआ। स्वतंत्रता सेनानी अंग्रेजों के 1,100 सैनिकों के मुकाबले लगभग 5,000 से 7,000 की संख्या में थे इसलिए अपनी जीत के प्रति पूर्णतया आश्वस्त थे परंतु अंतिम समय में युद्ध में अंग्रेजों की तरफ से गोरखा सेना के सम्मिलित होने से क्रांतिकारियों को पराजय का मुँह देखना पड़ा। युद्ध में सम्मिलित मुशर्रफ अपनी सेना के साथ गोरखपुर आ गया तथा अन्य सेनाएँ गुटों में विभक्त हो विभिन्न दिशाओं में चली गईं।

गोरखों ने वर्तमान महराजगंज एवं सिद्धार्थनगर के सीमावर्ती क्षेत्रों में अपनी स्थिति सुदृढ़ करना प्रारंभ कर दिया था। विनायकपुर एवं तिलपुर परगने के अंतर्गत उनका अतिक्रमण तीव्रगति से हुआ जो वस्तुत: बुटवल के कलेक्टर के साथ इस जनपद में स्थित अपनी अवशिष्ट जमींदारी की सुरक्षा हेतु बत्तीस हजार रुपए सालाना पर समझौता किया था। बाद में अंग्रेजों ने उसे बकाया धनराशि न दे पाने के कारण बंदी बना लिया। 1805 ई. में गोरखों ने बुटवल पर अधिकार कर लिया और अंग्रेजों की कैद से छूटने के उपरांत बुटवल नरेश की काठमांडू में हत्या कर दी। 1806 ई. तक इस क्षेत्र का अधिकांश भू-भाग गोरखों के कब्जे में जा चुका था। यहाँ तक कि 1810-11 ई. में उन्होंने गोरखपुर में प्रवेश करते हुए पाली के पास स्थित गाँवों को अधिकृत कर लिया। गोरखों से इस संपूर्ण क्षेत्र को मुक्त कराने के लिए मेजर जे.एस.वुड के नेतृत्व में अंग्रेज सेना ने बुटवल पर आक्रमण किया। वुड संभवत:

निचलौल होते हुए 3 जनवरी, 1815 को बुटवल पहुँचा। बुटवल के वजीर सिंह के नेतृत्व में गोरखों ने युद्ध की तैयारी कर ली थी, किंतु अंग्रेजी सेना के पहुँचने पर गोरखे पहाड़ों में पलायित हो गए। वुड उन्हें परास्त करने में सफल नहीं हो सका। इसी बीच गोरखों ने तिलपुर पर आक्रमण कर दिया और वुड को उनका सामना करने के लिए तिलपुर लौटना पड़ा। उसकी ढुलमुल नीति के कारण गोरखे इस संपूर्ण क्षेत्र में धावा मारते रहे और नागरिकों का जीवन कष्टमय बनाते रहे। यहाँ तक कि वुड ने 17 अप्रैल, 1815 को बुटवल पर कई घंटे तक गोलाबारी की किंतु उसका अपेक्षित परिणाम नहीं निकला। तत्पश्चात् कर्नल निकोलस के नेतृत्व में गोरखों से तराई क्षेत्र को मुक्त कराने का द्वितीय अभियान छेड़ा गया। कर्नल निकोलस ने गोरखों के ऊपर जो दबाव बनाया, उससे 28 नवंबर, 1815 को अंग्रेजों एवं गोरखों के बीच प्रसिद्ध सगौली की संधि हुई किंतु बाद में गोरखे संधि की शर्तों को स्वीकार करने में आनाकानी करने लगे। फलत: ऑक्टर लोनी के द्वारा निर्णायक रूप से पराजित किए जाने के बाद 4 मार्च, 1816 को नेपाल नरेश इस संधि को मान्यता प्रदान कर दी। इस संधि के फलस्वरूप नेपाल ने तराई क्षेत्र पर अपना अधिकार छोड़ दिया और यह क्षेत्र कंपनी के शासन के अंतर्गत सम्मिलित कर लिया गया।

1857 के प्रथम स्वतंत्रता संग्राम ने इस क्षेत्र में नवीन प्राण-शक्ति का संचार किया। जुलाई 1857 में इस क्षेत्र के जमींदारों ने ब्रिटिश राज्य के अंत की घोषणा की। निचलौल के राजा रंडुलसेन ने अंग्रेजों के विरुद्ध आंदोलनकारियों का नेतृत्व किया। 26 जुलाई को सगौली में विद्रोह होने पर वनियार्ड (गोरखपुर के तत्कालीन जज) ने कर्नल राउटन को वहाँ शीघ्र पहुँचने के लिए पत्र लिखा, जो काठमांडु से निचलौल होते हुए तीन हजार गोरखा सैनिकों के साथ गोरखपुर की ओर बढ़ रहा था, गोरखों के प्रयास के बावजूद वनियार्ड आंदोलन को पूरी तरह दबाने में असमर्थ रहा। फलत: उसने गोरखपुर जनपद का प्रशासन सतासी और गोपालपुर के राजा को सौंप दिया। किंतु आंदोलनकर्ता बहुत दिन तक इस क्षेत्र को मुक्त नहीं रख सके और अंग्रेजों ने पुन: इस क्षेत्र को अपने पूर्ण नियंत्रण में ले लिया। निचलौल के राजा रंडुलसेन को आंदोलनकारियों का नेतृत्व करने के कारण न केवल उसको पूर्व प्रदत्त राजा की उपाधि से वंचित कर दिया गया अपितु 1845 ई. में उसे दी गई पेंशन भी छीन ली गई। 1857 ई. के प्रथम स्वतंत्रता आंदोलन के उपरांत नवंबर 1858 ई. में रानी विक्टोरिया के घोषणा-पत्र द्वारा यह क्षेत्र भी सीधे ब्रिटिश सत्ता के अधीन हो गया। ब्रिटिश शासन काल में भी सामान्य जनता की कठिनाइयाँ दूर नहीं हो सकीं। भूमि संबंधी विभिन्न बंदोबस्तों के बावजूद कृषकों को उनकी भूमि पर कोई अधिकार नहीं मिल सका, जबकि जमींदार मजदूरों एवं कृषकों के श्रम शोषण से संपन्न होते रहे। किसान एवं जमींदार के बीच का अंतराल बढ़ता गया।

सतासी राज्य पर श्रीनेत वंशियों का शासन था। इनकी राजधानी रुद्रपुर थी। सन् 1801 में गोरखपुर पर ईस्ट इंडिया कंपनी के आधिपत्य काल से ही कंपनी को सतासी राज्य एक अवरोधक की तरह लगने लगा। अंग्रेजों ने इस राज्य को कमजोर करने के अनेक प्रयास किए जिससे यह शक्तिशाली राज्य निर्बल हो गया। सन् 1857 में इसके राजा उदित नारायण सिंह ने अंग्रेजों के विरुद्ध जंग छेड़ दिया। युद्ध में अंग्रेजों की पराजय हुई। पराजित अंग्रेजों को बंदी बनाकर रुद्रपुर के किले में कैद कर दिया गया। सतासी राज्य के विद्रोह को दबाने के लिए कर्नल रोक्राफ्ट के नेतृत्व में ब्रिटिश सेना ने सन् 1858 में रुद्रपुर पर आक्रमण किया। रुद्रपुर में 87 राज्य के सैनिकों और ब्रिटिश सेना के बीच भयंकर युद्ध हुआ। इसमें अंग्रेज विजयी हुए और रुद्रपुर किले पर उनका अधिकार हो गया। इस किले से अंग्रेजों को बड़ी मात्रा में खजाना प्राप्त हुआ। बंदी अंग्रेज मुक्त हुए तथा राजा उदित नारायण सिंह बंदी बना लिए गए।

इसी समय गोरखपुर में डुमरी रियासत के बाबू बंधु सिंह अंग्रेजों के प्रबल शत्रुओं में से एक थे। अंग्रेजों से संघर्ष के क्रम में उन्होंने मोहम्मद हसन के क्रांतिकारियों के साथ मिलकर अंग्रेजों के शस्त्रागार पर धावा बोलकर शस्त्रों को लूट लिया। इस संघर्ष में कई अंग्रेज सैनिक मारे गए। शस्त्र लूटने के साथ-साथ उन्होंने जेल में बंद कैदियों को भी मुक्त करा दिया। इसके साथ ही जहाँ कहीं भी अंग्रेज सैनिक अथवा अधिकारी दिखाई देते बंधु सिंह तत्काल उनकी हत्या कर देते थे। बंधु सिंह अंग्रेजों के विरुद्ध निरंतर छापामार युद्ध लड़ रहे थे। बंधु सिंह के आक्रमणों से अंग्रेज अत्यधिक भयाक्रांत हो गए थे और उनका मनोबल टूटने लगा था।

क्रांतिकारियों ने मोहम्मद हसन के नेतृत्व में 1857 में बाँसी नगर पर हमला बोल दिया। बाँसी के राजा अंग्रेजों के हितैषी थे। क्रांतिकारियों की विशाल सेना देखकर अपनी पराजय जानकर बाँसी के राजा अपने अधिकारियों के साथ भाग खड़े हुए और अंग्रेजों के शरण में चले गए। इसके पश्चात् क्रांतिकारियों ने बाँसी राजा के महल और नगर पर कब्जा कर लिया। गोपालपुर के राजा भी अंग्रेजों के समर्थक थे। अक्तूबर 1857 में क्रांतिकारियों ने सिकरीगंज थाने को नष्ट कर दिया तथा गोपालपुर पर आक्रमण कर दिया। गोपालपुर के राजा ने क्रांतिकारियों का प्रतिरोध किया परंतु मोहम्मद हसन की सेना के सामने सफलता नहीं मिली और पराजित होने के पश्चात् वे भी भागकर अंग्रेजों के पास आजमगढ़ चले गए।

इधर गोरखपुर पर कब्जा करने के पश्चात् मोहम्मद हसन ने सफलतापूर्वक गोरखपुर पर शासन करना प्रारंभ कर दिया। क्रांतिकारी शासक ने सभी सरकारी कर्मचारियों को अभयदान देकर उन्हें सम्मानपूर्वक उसी पद पर बनाए रखा। नियमपूर्वक मालगुजारी वसूल होने लगी और न्याय व्यवस्था की स्थापना की गई। क्रांतिकारी शासन का सहयोग करनेवाले व्यक्तियों को पुरस्कृत तथा सम्मानित किया गया। इस प्रकार सन् 1857 की

क्रांति में गोरखपुर के नगर वासियों ने कुछ समय के लिए ब्रिटिश सत्ता से मुक्त होकर स्वतंत्रता प्राप्त कर ली थी।

उधर अंग्रेज सत्ता को पुनः प्राप्त करने का प्रयास करने लगे और बेतिया पहुँचकर बर्ड ने नेपाल से गोरखा फौज हेतु संपर्क किया। राना जंग बहादुर थापा के नेतृत्व में गोरखा सेना बेतिया पहुँची। सिखों ने भी अपने संधि के तहत अपनी सेना अंग्रेजों की सहायता के लिए भेजी। परिणामस्वरूप अंग्रेज कर्नल रोउक्राफ्ट ने गोरखा,सिक्ख और ब्रिटिश सेना के साथ गोरखपुर पर आक्रमण कर दिया। पिपरा एवं पिपराइच में उनका क्रांतिकारियों के साथ युद्ध हुआ। क्रांतिकारी अंग्रेजों की संयुक्त सेना का सामना नहीं कर सके और 11 जनवरी, 1858 को पराजित हो गए। मोहम्मद हसन के सिपाही राप्ती नदी को पार कर गोरखपुर से भाग गए जबकि मोहम्मद हसन यहाँ से निकलकर फैजाबाद की ओर चला गया। सेनानायक मुशर्रफ खाँ महसो के राजा के यहाँ छिपा था जहाँ से उसे गिरफ्तार करके मोती जेल गोरखपुर में फाँसी दे दी गई। 20 फरवरी को बची हुई मोहम्मद हसन की सेना को रोउक्राफ्ट ने पुनः परास्त किया।

1857 के स्वतंत्रता संघर्ष में जहाँ हजारों-लाखों गृहस्थों ने भाग लिया एवं भारी यातनाएँ सही तथा अपने प्राणों को निछावर कर दिया और जेल की कठिन सजा को काँटा वहीं दूसरी तरफ कुछ साधु-संतों ने भी इस यज्ञ में अपनी आहुति दी। इस क्षेत्र में प्रसिद्ध संत बाबा राघव दास का नाम सर्वोपरि है। 1857 के विद्रोह की सूचना गोरखनाथ मठ के योगी अपनी ताली बजाते हुए घूम-घूम कर देते थे कहा जाता है कि गोरक्ष पीठ के महंत गोपाल नाथ, प्रसिद्ध योगी गंभीर नाथ जी के दीक्षा गुरु जनता को अंग्रेजों के खिलाफ भड़काने का काम गुप्त रूप से करते थे। 1880 में अंग्रेजों को इस बात का पता चल गया और उन्हें जेल में डाल दिया गया। महाराजा जोधपुर जो गोपाल नाथ जी के शिष्य थे, जब इस बात का पता चला तब उन्होंने गोपाल नाथ जी को जेल से मुक्त कराने की बहुत कोशिश की परंतु सफल नहीं हो सके। इस असफलता से उन्हें ऐसा धक्का लगा कि उनकी मृत्यु हो गई। जोधपुर नरेश की मृत्यु से देसी रियासतों में जबरदस्त प्रतिक्रिया हुई। इससे प्रभावित होकर अंग्रेजों ने बाबा गोपाल दास को मुक्त कर दिया।

16 जनवरी, 1858 को गोरखपुर पर पुनः अंग्रेजों ने अधिकार कर शासन सँभाल लिया। धीरे-धीरे अंग्रेजों ने अन्य स्थानों पर भी विजय प्राप्त कर अपना नियंत्रण स्थापित कर लिया। गोरखपुर शहर की सैनिक सुरक्षा रोउक्राफ्ट के हाथों में सौंपी गई। इसके पश्चात् गोरखपुर के कमिश्नर विंग फील्ड हुए।

पुनः सफलता प्राप्त कर लेने के पश्चात् अंग्रेजों ने अपनी सत्ता को बनाए रखने के लिए दंड और पुरस्कार की नीति को अपनाया। इसके तहत सैकड़ों क्रांतिकारियों को खुलेआम

पेड़ों पर लटकाकर मौत के घाट उतार दिया गया तथा जिस गाँव के लोगों ने क्रांतिकारियों का साथ दिया था उनके घरों को जला दिया गया। उन गाँव के सभी पुरुषों को पेड़ों पर लटकाकर सामूहिक रूप से फाँसी दे दी गई। अंग्रेजों ने अपनी क्रूरता का परिचय देते हुए उनके शव को कई दिनों तक पेड़ों पर लटका छोड़ दिया। अंग्रेजों ने सतासी, बढ़यापार, नरहरपुर, शाहपुर, डुमरी, तिघरा, पांडेपुर आदि राज्यों को ज़ब्त कर लिया। सतासी के राजा उदित नारायण सिंह को काला पानी की सजा दे दिया गया। निचलौल के राजा रंडुल सेन की पेंशन को बंद कर दिया गया। लेफ्टिनेंट पूलन और बर्ड के नेतृत्व में सेना ने पैना के विद्रोहियों का कठोरतापूर्वक दमन करते हुए पैना गाँव को जला दिया। अनेक क्रांतिकारियों को फाँसी देकर उनके शव को कुएँ में डाल दिया गया, इसी कारण गोरखपुर के मोती जेल में स्थित कुएँ को खूनी कुआँ कहते हैं। बाबू बंधु सिंह को गिरफ्तार करके गोरखपुर शहर के अलीनगर चौक के पश्चिम में स्थित पीपल के पेड़ पर फांसी दे दी गई। बाबू बंधु सिंह डुमरी के राजा थे। जमींदार सरदार अली खाँ जो कि गोरखपुर के रिसालदार थे, इनको परिवार सहित फाँसी दे दी गई तथा इनके भव्य भवन को ध्वस्त करके उस स्थान पर गोरखपुर के कोतवाली की स्थापना की गई। आज भी कोतवाली थाना परिसर में सरदार अली व उनके परिवार के अन्य क्रांतिकारियों की मजारें विद्यमान हैं। नरहरपुर के पराजित राजा अंग्रेजों की इस तरह की क्रूरता को देखकर जंगल में चले गए। इनके अतिरिक्त अन्य सभी प्रमुख क्रांतिकारी एवं गोरखपुर के शासक मोहम्मद हसन ने 31 मार्च, 1859 को बुटवल स्थित अंग्रेजी कैंट में अंग्रेजों के समक्ष आत्मसमर्पण कर दिया। इस तरह से 1857 के स्वतंत्रता आंदोलन को दबाने में अंग्रेज सफल रहे।

दंड के साथ-साथ अंग्रेजों ने पुरस्कार की नीति भी अपनाई। जिस तरह से विरोध करने वालों को अंग्रेजों ने दंड दिया उसी तरह से स्वाधीनता संग्राम में अंग्रेजों की सहायता करनेवाले अर्थात् देश के साथ गद्दारी करनेवाले लोगों को अंग्रेजों ने पुरस्कृत भी किया। राजा गोपालपुर को बढ़यापार, शाहपुर तथा नरहरपुर कि जमींदारी अत्यल्प धन (12000 रुपए) मालगुजारी पर पुरस्कारस्वरूप दे दिया। मियाँ साहब अहमद अली शाह जिन्होंने बर्ड व अन्य अंग्रेजों को अपने यहाँ छिपाया था उन्हें गोरखपुर व पडरौना में जागीरें एवं मियाँ साहब को स्टेट खिताब दे दिया। हर सहाय नाजिर जिसने छिपने एवं बेतिया भागने में अंग्रेजों की सहायता की थी उसे जागीरें देकर गोरखपुर में रईस बना दिया। मझौली राज का ऋण माफ कर दिया तथा डुमरी रियासत की जागीर बंधु सिंह को गिरफ्तार करानेवाले सरदार सूरत सिंह को देकर उन्हें सरदार नगर स्टेट का मालिक बना दिया तथा कुछ समय बाद उनके नाम से सरदार नगर रेलवे स्टेशन भी बना दिया। नेपाल सरकार ने अंग्रेजों को सैनिक सहायता दिया था, इसलिए

उन्हें बुटवल से भैरहवा तक का मैदानी क्षेत्र पुनः वापस लौटा दिया गया। प्रशासनिक सुविधा की दृष्टि से गोरखपुर जिले को विभाजित कर 6 मई, 1865 को बस्ती नाम से नया जिला बनाया गया तथा 1865 के बाद गोरखपुर में देवरिया व कसया नामक नए सब डिवीजनों का गठन किया गया। इस तरह से दमन, पुरस्कार नीति के तहत गोरखपुर जनपद का विभाजन करके देश के प्रथम स्वतंत्रता संघर्ष का गोरखपुर में समापन हुआ।

1857 के विद्रोह के बाद भारत पर शासन करने के लिए ईस्ट इंडिया कंपनी का शासन समाप्त कर दिया गया तथा भारत के ऊपर क्राउन का शासन स्थापित कर दिया गया। इसी के साथ अनेक नियमों में भी बदलाव किया गया। जिसके तहत व्यपगत सिद्धांत पर रोक, स्थानीय राजाओं की रियासतों के विलय पर रोक, उसकी स्वतंत्रता का सम्मान जैसे बहुत से नियम बनाए गए।[7] गोरखपुर और बनारस कमिश्नरी को एक साथ जोड़ दिया गया। इस तरह से गोरखपुर जिले का क्षेत्र विस्तार काफी बढ़ गया जिससे प्रशासनिक व्यवस्था स्थापित करने में कठिनाई होने लगी। प्रशासनिक व्यवस्था को सुगम बनाने के लिए 1865 में गोरखपुर से 6 परगनों को काटकर एक नया जिला बस्ती का निर्माण किया गया तथा 1869 में गोरखपुर में सिविल एडमिनिस्ट्रेशन नागरिक शासन के लिए एक म्यूनिसिपैलिटी का गठन किया गया। गोरखपुर नगर ने 1873-74 में एक महाकाल का भी सामना किया। रेलवे के क्षेत्र में भी 1885 में भारी विकास हुआ। 15 जनवरी, 1885 को बंगाल और नॉर्थ वेस्टर्न रेलवे से नगर को जोड़ दिया गया। इस तरह से यातायात भी सुगम हो गया।

इसके साथ ही अंग्रेज सरकार ने गोरखपुर में सुदृढ़ प्रशासनिक व्यवस्था स्थापित करने का प्रयास किया। पुलिस व्यवस्था की स्थापना के लिए 1861 में एक्ट पाँच लागू किया गया। इसके तहत मजिस्ट्रेट पुलिस विभाग का प्रमुख होता था। उसका प्रमुख कार्य दीवानी के मुकदमों की सुनवाई करना एवं दोषियों को दंडित करना होता था। तहसीलदार, मजिस्ट्रेट का सहायक होता था। जिस प्रकार राजस्व का प्रधान कलेक्टर होता था उसी प्रकार पुलिस विभाग का मजिस्ट्रेट प्रधान अधिकारी था। जबकि 1832 ई. से ही तहसीलदार में दरोगा की शक्ति निवेशक कर दी गई थी और सभी थाने उसके नियंत्रण में कर दिए गए थे। तहसीलदार को 100 रुपए वेतन दिए जाते थे।[8] जिलों में थानों की स्थापना बड़े पैमाने पर की गई। ग्राम पुलिस की भी व्यवस्था की गई थी। थाने का प्रधान अधिकारी थानेदार उसके बाद क्रमशः दरोगा जो मोहर्रिर कहलाता था, इसके बाद जमादार होता था जो दरोगा के प्रति उत्तरदाई होता था। जमादार के अधीन (कांस्टेबल) आते थे जो ग्राम पुलिस के क्रम में ऊपर थे। उक्त सभी सुधार ब्रिटिश सरकार ने इंडियन पुलिस एक्ट 1861 के तहत पुलिस व्यवस्था को सुदृढ़ करने के लिए किया जिससे 1857 के विद्रोह को दबाया जा सके।

1857 के विद्रोह के दमन के बाद पुलिस व्यवस्था के साथ-ही-साथ न्याय व्यवस्था में भी सुधार किया गया। गोरखपुर में जिला कोर्ट की स्थापना हुई जो हाई कोर्ट के अधीन कार्य करती थी। जिला न्यायालय दो भागों में बँटा था—मुंसिफ न्यायालय एवं जज न्यायालय। मुंसिफ न्यायालय छोटा था जबकि जज न्यायालय बड़ा था। इसमें मुंसिफ न्यायालय गोरखपुर, देवरिया, बाँसगाँव के साथ-साथ बस्ती जिले के जज न्यायालय का भी अतिरिक्त कार्य था। भारत के गवर्नर जनरल लॉर्ड विलियम बेंटिक के न्यायिक योजना के तहत गोरखपुर में मुंसिफ, सदर अमीन, मुख्य सदर अमीन काम करते थे।[9]

इसके अलावा 1869 ई. में रेवेन्यू एक्ट 3 पारित करके सभी राजस्व मुकदमों को सिविल कोर्ट में स्थानांतरित करने का निर्णय लिया गया। धीरे-धीरे यह निर्णय बंगाल, असम और अवध में भी लागू कर दिया गया। जिससे इनके अधिकारों में वृद्धि हुई। ऐसे विभिन्न एक्ट पारित हो जाने से सिविल कोर्ट का दबाव और शक्ति दोनों में वृद्धि हुई।

1 जुलाई, 1887 ई. से जिला कोर्ट न्यायालय के अंतर्गत जिला न्यायाधीश का न्यायालय, एडिशनल न्यायाधीश का न्यायालय, सिविल जज का न्यायालय तथा मुंसिफ न्यायालय के अंतर्गत जिला कोर्ट कार्य करने लगे। इसके अलावा भूमि प्रबंधन में भी अनेक परिवर्तन किए गए। इन परिवर्तनों के कारण गोरखपुर क्षेत्र को लंबे समय तक शांत रख पाने में अंग्रेज सफल रहे। इस तरह से 1857 के विद्रोह के दमन के बाद न्यायिक, शैक्षिक एवं पुलिस व्यवस्था में अनेक सुधार किए गए।

संदर्भ

1. दमदम कार्टिरिड्ज्स, द न्यूयॉर्क टाइम्स, 4 जनवरी, 1886
2. उस समय महराजगंज गोरखपुर जनपद का हिस्सा था इसलिए स्वतंत्रता आंदोलन की जो भी घटनाएँ घटीं उसको गोरखपुर से पृथक् करके बताने में विवरण स्पष्ट नहीं हो पाएगा इसलिए गोरखपुर परिक्षेत्र सहित महराजगंज का स्वतंत्रता संघर्ष का इतिहास बताने की चेष्टा की जा रही है।
3. सिविल रिबेलियन इन द इंडियन म्यूटिनी 1857-59
4. नेवेली एच.आर., पृ. 188
5. ओल्ड गोरखपुर डिस्ट्रिक्ट गजेटियर
6. गोरखपुर डिस्ट्रिक्ट गजेटियर, पृ. 37
7. बी.एल. ग्रोवर, आधुनिक भारत
8. रेकीस नोट्स ऑन द एन. डब्ल्यू. पी. ऑफ इंडिया, लंदन 1852 , पृ. 219-20
9. 1837 का एक्ट 25, वाइड क्लॉर्क रिच एंड ओप सिटी 11, पृ. 899

अध्याय : 4

1857 के बाद और 1915 तक विभिन्न स्वतंत्रता आंदोलन में जिले का योगदान

उस समय महराजगंज गोरखपुर जनपद का हिस्सा था इसलिए स्वतंत्रता आंदोलन की जो भी घटनाएँ घटीं उसको गोरखपुर से पृथक् करके बताने में विवरण स्पष्ट नहीं हो पाएगा इसलिए गोरखपुर परिक्षेत्र सहित महराजगंज के स्वतंत्रता संघर्ष का इतिहास बताने की चेष्टा की जा रही है।

1857 में महराजगंज सहित गोरखपुर परिक्षेत्र ने विद्रोह के एक केंद्र के रूप में अपनी पहचान बना ली। कुछ समय बाद 1885 में देश में भारतीय राष्ट्रीय कांग्रेस की स्थापना हुई, जिनके नेतृत्व में पुन: स्वतंत्रता आंदोलन की चिंगारी जलने लगी। 1857 के स्वतंत्रता आंदोलन के दमन के पश्चात् 1920 ई. तक महराजगंज ज़िले में कोई महत्त्वपूर्ण घटना नहीं घटी। परंतु स्वतंत्रता आंदोलन की चिंगारी बुझी नहीं थी अभी तो धीरे-धीरे अंदर-ही-अंदर सुलग रही थी। महराजगंज सहित गोरखपुर परिक्षेत्र अंग्रेजों के अत्याचार से लड़ने के लिए तैयार हो चुका था। कांग्रेस की बागडोर बाल गंगाधर तिलक के हाथों में आने पर गोरखपुर परिक्षेत्र में भी कांग्रेस का स्वर गूँजने लगा। हिंदू तथा मुसलमान दोनों एक साथ कंधे से कंधा मिलाकर अपने प्राणों की आहुति देने के लिए तैयार हो रहे थे।

गोरखपुर परिक्षेत्र सहित महराजगंज जनपद भारतीय स्वतंत्रता आंदोलन में बढ़-चढ़ कर हिस्सा लिया था। 1897 में गोरखपुर रेलवे में काम करनेवाले मजदूर-क्लर्क एवं अन्य चतुर्थ श्रेणी के कर्मचारियों पर जब शोषण बढ़ा तो इसका विरोध करने के लिए गोरखपुर रेलवे में एक हड़ताल का आयोजन हुआ। परंतु यह हड़ताल सफल न हो सकी। इसी समय रेलवे में कार्यरत बंगालियों ने महाराष्ट्र में तिलक द्वारा प्रारंभ किए गए गणपति महोत्सव के तर्ज पर बंगाल में पहले से प्रसिद्ध दुर्गा पूजा उत्सव गोरखपुर में भी मनाना प्रारंभ कर दिया। यह

गणपति महोत्सव एवं दुर्गा पूजा उत्सव युवाओं के अंदर राष्ट्रभक्त की भावना भरने का एक माध्यम था। गोरखपुर में 1896 में प्रथम बार इस उत्सव का आयोजन किया गया। धीरे-धीरे यह भी माँ भारती की सेवा के लिए उत्साहित करने का माध्यम बना। लोकमान्य तिलक ने अपने प्रभाव से कांग्रेस को क्रांतिकारी छवि प्रदान कर दी थी। स्वतंत्रता हमारा जन्मसिद्ध अधिकार है का मंत्र पूरे भारत में गूँज चुका था। गोरखगुर में भी यह अनुगूँज सुनाई दे रही थी।[1] श्री विश्वनाथ मुखर्जी जो रेलवे में कर्मचारी थे नौकरी छोड़कर स्वतंत्रता आंदोलन में कूद पड़े। बंगाली समाज के लोग गोरखपुर कोयले की रेल इंजन का संचालन कर रहे थे तथा साथ-ही-साथ होमियोपैथिक एवं एलोपैथिक चिकित्सकीय सेवाएँ भी उपलब्ध कराते थे।

बाल गंगाधर तिलक के प्रभाव से 1915 ई. में प्रख्यात श्रमिक नेता विश्वनाथ मुखर्जी ने नगर के मशहूर रईस और प्रभावशाली व्यक्तित्व वाले मौलवी सुभानल्लाह और प्रतिष्ठित पत्रकार पंडित दशरथ प्रसाद द्विवेदी को साथ लेकर राष्ट्रीय कांग्रेस की गोरखपुर शाखा की स्थापना की। दूसरी तरफ प्रसिद्ध शायर रघुपति सहाय फिराक गोरखपुरी ने 1917 में डिप्टी कलेक्टर का पद छोड़कर गोरखपुर आकर कांग्रेस पार्टी का काम देखना शुरू कर दिया।

कांग्रेस के सक्रिय होने के बाद पूर्वांचल में आजादी के प्रति आग्रह की आग सुलगने लगी तथा आजादी के तत्कालीन दीवानों ने स्वतंत्रता आंदोलन में बढ़-चढ़कर हिस्सा लेना शुरू कर दिया। इस समय आजादी के लिए प्रयास करने वालों में शिब्बन लाल सक्सेना, शिवरत्न लाल, भगवती प्रसाद दुबे, अक्षयवर सिंह, हरिशंकर गुप्त, गुरु प्रसाद सिंह आदि थे। इसी बीच देश की राजनीति ने करवट लिया और तिलक को गिरफ्तार करके अंग्रेजों ने बर्मा की मांडले जेल भेज दिया। परंतु स्वतंत्रता आंदोलन रुका नहीं और दक्षिण अफ्रीका से स्वदेश लौटे मोहनदास करमचंद गांधी जी ने स्वतंत्रता संघर्ष की बागडोर सँभाली।

संदर्भ

1. ओल्ड डिस्ट्रिक्ट गजेटियर गोरखपुर

अध्याय : 5

स्वतंत्रता संघर्ष 1916 से 1947 तक

1885 ई. में कांग्रेस की स्थापना के पश्चात् 1905 ई. में अंग्रेजों द्वारा बंगाल विभाजन की साजिश की गई, जिसका बंगाल सहित पूरे देश में विरोध हुआ। जिसे बंग-भंग आंदोलन कहा गया। देशव्यापी आंदोलन होने के कारण सन् 1911 ई. में बंग-भंग निर्णय को ब्रिटिश हुकूमत ने वापस ले लिया। इस आंदोलन ने कांग्रेस में एक नए आत्मविश्वास को जन्म दिया। 1915 ई. में महात्मा गांधी के भारत आने एवं बंग-भंग आंदोलन से प्राप्त सफलता के पश्चात् कांग्रेस ने आंदोलनों हेतु सही दिशा में कदम बढ़ाने का निश्चय किया। महात्मा गांधी ने विरोध की एक नवीन पद्धति सत्याग्रह को जन्म दिया। गांधी जी की इस नीति का भारतीय जनमानस पर गहरा प्रभाव पड़ा और उनके एक इशारे पर लाखों लोग उनके साथ चलने के लिए तैयार हो गए।

1918 ई. में महराजगंज सहित गोरखपुर परिक्षेत्र में स्वतंत्रता आंदोलन को बल तब मिला जब जनपद की मालगुजारी में पहले की तुलना में वृद्धि करके 34,93,825 रुपए कर दी गई। इससे किसानों के शोषण में वृद्धि हुई और स्थानीय जमींदार भी असंतुष्ट होने लगे। इसी समय सन् 1919 ई. के प्रारंभिक दिनों में रोलेट एक्ट पेश किया गया जिसका उद्‌देश्य था दमन के लिए विशेषाधिकारों की प्राप्ति। भारतीय जनता ने इसका विरोध अहिंसात्मक तरीके से किया। जिसके बदले में अंग्रेजी सरकार द्वारा जलियांवाला बाग में निर्दोष सत्याग्रहियों के ऊपर गोलियाँ बरसाईं। जलियाँवाला बाग कांड में बड़ी संख्या में निर्दोष लोगों को मौत के मुँह में समा जाना पड़ा। इस घटना से पूरे देश में जोश और उत्तेजना की लहर दौड़ पड़ी। गोरखपुर वासियों ने भी इस कांड के विरोध में जुलूस निकाला और जनसभा कर शासन के प्रति आक्रोश व्यक्त किया।

1 अगस्त, 1920 को कांग्रेस कार्यकारिणी के कोलकाता अधिवेशन में अंग्रेजों के साथ असहयोग की नीति अपनाने की बात गांधी जी के नेतृत्व में स्वीकार कर लिया गया।[1] असहयोग

आंदोलन के कारण कांग्रेस को देशव्यापी समर्थन मिलने लगा तथा यह एक राष्ट्रीय पार्टी बनकर उभर गई थी। महराजगंज में स्वतंत्रता आंदोलन को ठीक से समझने के लिए गोरखपुर परिक्षेत्र में स्वतंत्रता आंदोलन को समझना होगा। इसीलिए पहले गोरखपुर परिक्षेत्र में स्वतंत्रता आंदोलन की स्थिति को समझकर बाद में महराजगंज की चर्चा करेंगे।

गोरखपुर परिक्षेत्र अपने राष्ट्रवादी विचारों एवं भावों के उफान पर था। गोरखपुर परिक्षेत्र में कई स्थानों पर सभाओं का आयोजन किया गया। असहयोग आंदोलन को और अधिक सफल बनाने के लिए महात्मा गांधी ने राष्ट्रव्यापी दौरे किए। इसी सिलसिले में 8 फरवरी, 1921 को गांधी जी गोरखपुर आए। उन्होंने बाले मियाँ के मैदान में जुटी विशाल जनसभा को संबोधित किया। अपने संबोधन में गांधी जी ने असहयोग आंदोलन को सफल बनाने की अपील की। इसी जनसभा में गांधी जी को सुनकर महान कथाकार प्रेमचंद ने, जो कि गोरखपुर के नॉर्मल स्कूल में शिक्षक थे, नौकरी से त्यागपत्र दे दिया। गांधी जी के गोरखपुर आगमन और यहाँ पर उनके आह्वान के पश्चात् कांग्रेस द्वारा आयोजित असहयोग आंदोलन जिले में अपनी जड़ें मजबूत कर चुका था यहाँ के लोगों में नई ऊर्जा का संचार हुआ। व्यापक स्तर पर कांग्रेस कार्यकर्ताओं, जिन्हें राष्ट्रीय वालेंटियर कहा जाता था, का भी अभियान चलाया गया। देखते-देखते गोरखपुर परिक्षेत्र में कांग्रेस का संगठन गाँव-गाँव तक फैल गया। जनता पूरे उत्साह के साथ असहयोग आंदोलन के अंतर्गत सभी कार्यक्रमों में अहिंसात्मक रूप से भाग लेने लगी। सहजनवा एवं चौरी-चौरा सत्याग्रहियों के केंद्र बन गए।

गांधी जी के यात्रा के बाद नगर तथा आसपास के क्षेत्रों में कांग्रेस पार्टी का प्रचार-प्रसार तेजी से बढ़ा। कांग्रेस कारसेवकों ने गोरखपुर में रात में पेट्रोलिंग शुरू कर दी, रात्रि में बैठकों का दौर प्रारंभ हुआ। शहर के हर कोने में इस रात्रि पेट्रोलिंग को बहुत सहानुभूति एवं भावनात्मक सहयोग मिला।[2] असहयोग आंदोलन दिन-प्रतिदिन तेज होता जा रहा था। अंग्रेजी वस्तुओं, मिल निर्मित विदेशी कपड़ों का बहिष्कार, शराब और ताड़ी की दुकानों पर धरना प्रदर्शन, खादी का बहुतायत उपयोग, गांधी टोपी, हाथ से बुने हुए कपड़ों का प्रयोग करना समाज में राष्ट्रवादी कदम के रूप में स्वीकार किया जाने लगा। 1922 ई. में 15,000 वालेंटियर सिर्फ गोरखपुर में कांग्रेस में पंजीकृत हुए।[3] अक्तूबर, 1921 ई. में रीडिंग ने इस बात पर चिंता व्यक्त की थी कि आज के ग्रामीण क्षेत्रों के किसानों के नाम होने वाली सभाओं में भाग लेनेवाले अधिकांश ऐसे हैं, जिनकी भूमि छिन चुकी है और जिन्हें विश्वास है कि गांधी जी उनकी भूमि वापस दिला देंगे और निम्नवर्ग के श्रमिक हैं जो सोचते हैं गांधी जी उन्हें जोत दिलाएँगे।[4] गांधी जी की दैवीय छवि पूरे भारत में जनमानस में फैलती जा रही थी। लोगों के अंदर यह अंधविश्वास प्रचलित हो गया था कि गांधी जी, गांधी बाबा,

गांधी महाराज अथवा सामान्य महात्मा भगवान् के दूत हैं। उनके विरुद्ध जानेवाले पर ईश्वर कुपित एवं क्रुद्ध होगा। कुछ घटनाएँ गोरखपुर में ऐसी हुईं जिसने इन अफवाहों को बल दिया। गोरखपुर के एक सज्जन ने चरखा चलाए जाने की आवश्यकता पर प्रश्न उठाया तो उनके घर में आग लगा दी गई। वहीं दूसरी घटना हुई, गोरखपुर के एक गाँव में किसानों ने शराब पीना छोड़ने का निश्चय किया। एक व्यक्ति अपने निश्चय पर कायम नहीं रहा। वह व्यक्ति शराब की दुकान की तलाश में जा रहा था तो जोरों की बारिश होने लगी ज्यों ही उसने गांधी जी का नाम लिया बारिश रुक गई।[5] संयुक्त प्रांत के स्थानीय समाचार-पत्रों में इस तरह की अफवाहें दर्ज की गई थीं। इन अफवाहों से गांधी जी के प्रति विश्वास आम जनता में बढ़ता ही जा रहा था। इसी समय गांधी जी ने देश की स्वतंत्रता के लिए असहयोग आंदोलन चलाने की घोषणा कर दी।

1921 में गांधी जी की दो सभा गोरखपुर में की गई। एक गोरखपुर के बाले मियाँ के मैदान में दूसरी कुसुमही स्टेशन के समीप। इतिहासकार शाहिद अमीन ने गांधी के चमत्कारिक व्यक्तित्व का वर्णन स्थानीय प्रेस एवं अफवाहों के आधार पर अपनी पुस्तक में किया है। उनके बारे में लिखते हुए शाहिद अमीन ने पूरे उत्तर प्रदेश के किसानों के मन में महात्मा गांधी की जो कल्पना थी उसे ढूँढ़ निकालने की कोशिश की है। उन्होंने लिखा है कि फरवरी 1921में जब गांधी जी गोरखपुर क्षेत्र से गुजर रहे थे तो हर जगह भीड़ ने उनका बड़े प्यार से स्वागत किया।[6] उनके भाषणों के दौरान कैसा माहौल होता था इस पर गोरखपुर के हिंदी समाचार-पत्र ने यह समाचार लिखा है कि "भटनी में गांधी जी ने स्थानीय जनता को संबोधित किया और इसके बाद ट्रेन गोरखपुर के लिए रवाना हो गई। नूर खान, देवरिया, गौरी बाजार, चौरी-चौरा और कुसुमही स्टेशनों पर 15 से 20,000 से कम लोग नहीं थे। महात्मा गांधी जी कुसुमही के दृश्य को देखकर बहुत प्रसन्न हुए हैं क्योंकि जंगल के बीच स्थित होने के बावजूद उस स्टेशन पर 10,000 से कम लोग नहीं थे प्रेम से अभिभूत होकर कुछ लोग रोते हुए देखे गए। देवरिया में लोग गांधी जी को दान देना चाहते थे किंतु उसे उन्होंने गोरखपुर में देने को कहा। गोरखपुर स्टेशन के बाहर महात्मा एक ऊँची गाड़ी पर खड़े हो गए और लोगों ने कुछ मिनटों के लिए उनके दर्शन कर लिए स्टेशन पर एक चादर फैला दी गई थी, जो कुछ ही समय में सिक्कों से भर गई।[7] गांधी जी के गोरखपुर आगमन और उनके भाषण से गोरखपुर के जनमानस में शोषण और अत्याचार से लड़ने की ऊर्जा का संचार हुआ। गोरखपुर कांग्रेस कमेटी को एक नई चेतना मिली। लोग अधिक-से-अधिक संख्या में कांग्रेस की सदस्यता लेने लगे। कांग्रेस के यह नवीन सदस्य अपने को राष्ट्रीय स्वयंसेवक कहते थे। ब्रिटिश सरकार पर दबाव बनाने के लिए विदेशी वस्तुओं का बहिष्कार, स्वदेशी का

आधिकारिक प्रयोग, नशे का बहिष्कार, खादी का प्रयोग एवं शांतिपूर्वक धरने और जुलूस पर जोर दिया गया।[8] असहयोग आंदोलन जब अपने चरम बिंदु पर पहुँच रहा था अंग्रेजों के ऊपर मनोवैज्ञानिक आर्थिक एवं राजनीतिक दबाव बढ़ने लगा। जिस अहिंसा के मार्ग का पालन करना सभी के लिए अनिवार्य कर्तव्य माना गया था एक स्थानीय घटना ने गांधी जी को आंदोलन वापस लेने को मजबूर कर दिया।

4 जनवरी, 1922 से ही चौरी-चौरा में सत्याग्रह आंदोलन प्रारंभ हो गया था। नित्य स्वयंसेवकों का जत्था सत्याग्रह के लिए मैदान में निकलता और जमींदारों और पुलिस की पिटाई सहते हुए अहिंसा व्रत का समर्थन करता। सविनय अवज्ञा आंदोलन को लेकर पुलिस द्वारा निहत्थे लोगों पर अंधाधुंध गोलियाँ चलाने के कारण अपने साथियों के क्रंदन को सुन जनता ने अपनी सहनशक्ति खो दिया, जिसके परिणामस्वरूप 5 फरवरी, 1922 को जो घटना घटी उसे इतिहास में चौरी-चौरा कांड कहा गया है।[9] इस घटना ने तत्कालीन ब्रिटिश सरकार को दहला दिया तथा उसके फलस्वरूप गांधी जी को देशव्यापी असहयोग आंदोलन को स्थगित करना पड़ा।

चौरी-चौरा क्रांति की कहानी अब्दुल्ला उर्फ सुखई पुत्र गोबर जुलाहा नामक युवक से प्रारंभ होती है। अब्दुल्ला चौरी-चौरा थाना अंतर्गत राजधानी गाँव का रहनेवाला था। कांग्रेस के अहमदाबाद अधिवेशन में वह स्वयंसेवक के रूप में संगठन से जुड़ा था। अपने गाँव लौटने पर अब्दुल्ला ने लाल मोहम्मद एवं अवकाश प्राप्त फौजी भगवान् यादव, जिसने प्रथम विश्वयुद्ध में अंग्रेज सैनिकों के रूप में युद्ध किया था, को अपना सहयोगी बनाया। अब्दुल्ला लाल मोहम्मद एवं भगवान् दास ने मिलकर यहाँ के किसानों व मजदूरों को कांग्रेस के लिए संगठित करने का कार्य प्रारंभ कर दिए। फलस्वरूप आसपास के गाँव के सैकड़ों नवयुवक कांग्रेस के स्वयंसेवक बन गए। लाल मोहम्मद के दरवाजे पर स्वयंसेवकों की कवायद अर्थात् परेड होने लगी। डुमरी खुर्द में उस समय कांग्रेस का मंडल कार्यालय था। 13 जनवरी, 1922 को हॉटा व देवरिया के अंग्रेज अधिकारियों ने जमींदारों व सरकार समर्थकों की सभा बुलाकर कांग्रेस के आंदोलन को विफल करने का संदेश दिया। इस सभा के पश्चात् बदले में अब्दुल्ला, भगवान् यादव व लाल मोहम्मद ने आम जनता की सभा कर असहयोग आंदोलन को विधिवत् चलाने का समूह संकल्प लिया।

भगवान् यादव एवं बद्री हरिजन ने 1 फरवरी, 1922 ई. को एक शराब की दुकान पर धरना देना शुरू किया, जो सविनय अवज्ञा आंदोलन का ही भाग था। शराब का ठेकेदार स्वयंसेवकों के धरने के कारण बिक्री न होने की शिकायत लेकर थाने पहुँचा और थानेदार से शिकायत की कि इन लोगों के धरने के कारण उसका नुकसान हो रहा है। निकटवर्ती मुंडेरा बाजार में भी अनाज की बढ़ती हुई कीमतों एवं शराब की बिक्री के विरोध में शांतिपूर्ण

धरने का कार्यक्रम पूर्व निर्धारित योजना के अनुसार चल रहा था। चौरी-चौरा थाना के प्रभारी गुप्तेश्वर सिंह पुलिस दल के साथ धरनास्थल पर पहुँचकर एक सिपाही द्वारा भगवान् यादव एवं बद्री हरिजन को बुलवाया। दोनों ने उनके सामने सविनय अवज्ञा आंदोलन की बात स्वीकार की। इसे जान थाना प्रभारी ने उन्हें खुलेआम बुरी तरह पीटते हुए यातनाएँ भी दीं। थानेदार ने भगवान् यादव की सरकारी पेंशन बंद करवाने के साथ ही उन्हें गोली मारने की धमकी भी दी तथा पुलिस द्वारा शांति जुलूस पर लाठीचार्ज किया गया।[10]

थानेदार द्वारा प्रताड़ित एवं धमकी दिए जाने की सूचना तथा अग्रिम कार्यवाही हेतु जिला कांग्रेस अध्यक्ष गोरखपुर मौलवी सुभानुल्लाह को देने के लिए 2 फरवरी, 1922 को डुमरी खुर्द स्थित कांग्रेस मंडल कार्यालय से 2 स्वयंसेवकों को भेजा गया। गोरखपुर कार्यालय से कोई प्रतिक्रिया अथवा दिशानिर्देश न प्राप्त होने पर निराश कांग्रेस स्वयंसेवकों ने अपने बल पर ही थाने पर प्रदर्शन में भाग लेने के लिए ग्रामीणों से आग्रह करना प्रारंभ कर दिया। 5 फरवरी, 1922 को थानेदार द्वारा की गई पिटाई व अत्याचार के विरोध में प्रतिक्रियास्वरूप 4 फरवरी, 1922 को बड़ी संख्या में कांग्रेस वालेंटियर्स की सभा डुमरी में बुलाई गई। स्थानीय नेताओं ने इस सभा को संबोधित किया। सभा के पश्चात् वहाँ एकत्रित हजारों की संख्या में स्वयंसेवकों का जुलूस चौरी-चौरा थाने की ओर चला। जुलूस पूर्णतया अहिंसात्मक था। चौरी-चौरा थाना पर उस समय पुलिस की एक गारद मौजूद थी, जिसमें थाना प्रभारी गुप्तेश्वर सिंह के अतिरिक्त सिविल पुलिस के दल सिपाही तथा आर्म्स पुलिस के एक सब इंस्पेक्टर, एक हेड कांस्टेबल तथा 6 सिपाही थे। उस दिन चार चौकीदारों को जो वहाँ थे, उन्हें भी रोक लिया गया था।

कांग्रेस वॉलेंटियर्स के जुलूस को थाने की ओर चले आने की सूचना पर पुलिस ने थाने की नाकेबंदी कर लिया। जुलूस के चौरी-चौरा थाना पर आकर पहुँच जाने के पश्चात् वहाँ मौजूद सरदार नगर स्टेट के सरदार हरचरण सिंह ने भीड़ को रोककर भीड़ एवं थाना प्रभारी के बीच मध्यस्थता का प्रयास किया। जुलूस का नेतृत्व कर रहे नेताओं ने थाना प्रभारी से भगवान् यादव एवं बद्री हरिजन के पीटने तथा उनके बर्बरतापूर्वक आचरण के लिए स्पष्टीकरण भी माँगा। थाना प्रभारी के स्पष्टीकरण व सफाई देने से संतुष्ट नेतागण सरदार हरचरण सिंह की मध्यस्थता के प्रकार जुलूस के साथ शांतिपूर्ण ढंग से वापस चल दिए परंतु अचानक पुलिस ने हवाई फायर प्रारंभ कर दिया तथा उनके कुछ जवानों ने सत्याग्रहियों के साथ दुर्व्यवहार कर दिया। जिससे जुलूस के पिछले भाग में भगदड़ मच गई और शोर सुनाई पड़ने लगा। फलस्वरूप वापस जाती हुई भीड़ पुनः थाने की ओर लौट पड़ी। भीड़ वापस आने पर पुलिस पर पथराव करने लगी उसके बाद पुलिस ने लाठीचार्ज कर भीड़ का मनोबल तोड़ना व

डराना चाहा परंतु इसी बीच जो स्वयंसेवक थाने से दूर पीछे या इधर-उधर चले गए थे, वे सभी थाने के सामने आ गए। इसके पश्चात् पुलिस ने अपार अनियंत्रित जनसमूह को देखकर बंदूकों से फायरिंग शुरू कर दिया। सिपाहियों के पास उस समय दस राउंड कारतूस ही थे। सरकारी रिकॉर्ड के अनुसार पुलिस की फायरिंग तब तक होती रही जब तक उनकी सभी गोलियाँ समाप्त नहीं हो गईं। परंतु पुलिस ने इस कांड के ट्रायल के समय अदालत सेशन जज गोरखपुर ट्रायल नंबर 44/ 45/1922 सम्राट बनाम अब्दुल्लाह वगैरह में अपनी गोलियों से केवल तीन नजर अली जुलाहा, खिलावन भर तथा भगवान् तेली के घटनास्थल पर ही मृत्यु होने को स्वीकारा था। प्रसिद्ध क्रांतिकारी मन्मथ नाथ गुप्ता के अनुसार चौरी-चौरा के सजायाफ्ता द्वारिका प्रसाद पांडेय, जो काला पानी सजा के समय उनसे मिले थे, उन्होंने बताया था कि कम-से-कम 26 लोगों की पुलिस गोलीबारी में मृत्यु हुई थी। उत्तर प्रदेश डिस्ट्रिक्ट गजेटियर गोरखपुर के रिकॉर्ड में भी 26 लोगों की मृत्यु मौके पर होने को कहा गया है। परंतु घटनास्थल पर शहीदों की वस्तुस्थिति एवं घटना की वास्तविकता से अवगत होने का जिला कांग्रेस कमेटी ने कोई प्रयास नहीं किया। जबकि पूर्वोत्तर भारत में चौरी-चौरा क्रांति सबसे बड़ा नरसंहार था। भविष्य में गांधी जी और अन्य कांग्रेसी नेताओं की उपेक्षा से इस कांड पर पुलिस ने पर्दा डाल दिया और इसे देश के इतिहास में उतना महत्त्व न मिल सका। परंतु भाजपा सरकार ने चौरी-चौरा सहित अनेक स्वतंत्रता आंदोलन की घटनाओं की वर्षी मनाना शुरू किया तथा असली तथ्य तक जाने का प्रयास किया जा रहा है। इसी का एक प्रयास है स्वतंत्रता की 75वीं सालगिरह के अवसर पर स्वतंत्रता आंदोलन के इतिहास को लिखने की।

4 फरवरी, 1922 को घटना के समय थाने के सामने सभी निहत्थे सत्याग्रही सीने पर गोलियाँ खाकर गिरते रहे।[11] घटनास्थल पर अपने साथियों के चीत्कार, क्रंदन, लहूलुहान शरीरों तथा मैदान में घायलों व शहीद हुए शवों को देखकर प्रदर्शनकारियों के धैर्य का बाँध टूट चुका था। उनके आँखों के सामने अपने साथियों के रक्तरंजित शव पड़े हुए थे घायल साथियों के लहूलुहान जिस्म दर्द से कराह रहे थे। उग्र भीड़ को देखकर तथा गोली समाप्त होने के कारण सभी सिपाही थानाध्यक्ष समेत भागकर थाने के अंदर घुसकर दरवाजा अंदर से बंद कर लिए। कन्हैयालाल मिश्रा की पुस्तक उत्तर प्रदेश स्वतंत्रता संग्राम की एक झाँकी के अनुसार पैर में गोली लगने से जख्मी हुए द्वारिका प्रसाद पांडेय उस समय आक्रोश से भर उठे, उन्होंने लोगों को ललकारा। उसी समय एक प्रदर्शनकारी मिट्टी के तेल से भरा कनस्तर ले आया। लोगों ने उस तेल को थाने पर छिड़ककर उसमें आग लगा दी। उस आग की लपटों में थाने के अंदर अधिकारियों, सिपाहियों व चौकीदारों सहित 23 पुलिसकर्मी जलकर मर गए। कुछ अन्य तथ्यों के अनुसार अग्निकांड में 22 पुलिसकर्मी जिसमें 1 इंस्पेक्टर सहित 21

पुलिसकर्मी की मृत्यु हो गई।[12] चौरी-चौरा डाकघर का पोस्टमास्टर थाने पर गोली कांड की जानकारी पाते ही डाकघर बंद कर भाग गया। सत्याग्रहियों ने डाकघर एवं रेलवे स्टेशन पर तिरंगा फहरा दिया। करमहाँ गाँव के पास रेलवे लाइन उखाड़ दी गई। थाने पर तैनात सिविल पुलिस का एकमात्र जीवित सिपाही मोहम्मद सिद्दीकी किसी तरह भागकर जान बचाने में सफल हो गया था। उसने समीप के गौरी थाना वर्तमान झंगहा थाना में चौरी-चौरा कांड की सूचना दिया, जहाँ से यह सूचना जिले के सभी प्रशासनिक अधिकारियों तक पहुँच गई। इस घटना की जानकारी गोरखपुर जिला कांग्रेस कमेटी के उपसभापति तथा स्वदेशी के संपादक श्री दशरथ प्रसाद द्विवेदी ने महात्मा गांधी को तार भेज कर दिया। महात्मा गांधी को घटना की एकपक्षीय सूचना दी गई। उन्हें न तो पुलिस के जुल्म की कहानी बताई गई न ही सत्याग्रहियों पर किए गए फायरिंग और थाने पर मारे गए शहीदों की संख्या की जानकारी दी गई। महात्मा गांधी इस घटना से क्षुब्ध होकर 6 फरवरी, 1922 को देशव्यापी असहयोग आंदोलन को वापस ले लिए। इस एकपक्षीय निर्णय के लिए गांधी जी की तमाम आलोचनाएँ हुईं। चौरी-चौरा में हुई घटना के पश्चात् अंग्रेजों द्वारा दमन अत्याचार एवं क्रूरता का तांडव डीआईजी सेंड के नेतृत्व में शुरू हुआ। सेंड के आदेश पर पुलिस ने चौरी-चौरा से तीन-चार मील के अंदर के गाँव में गदर मचा दिया। फसलों को आग के हवाले कर दिया। घरों को लूट लिया गया। ग्रामवासियों को तबाह कर दिया गया। अधिकांश लोगों ने अत्याचारों के कारण गाँव छोड़ दिया था। गाँव के गाँव वीरान हो गए थे। गाँव में केवल बूढ़े-बच्चे व स्त्रियाँ ही रह गई थीं परंतु रात-दिन एक कर पुलिस ने कई सौ लोगों को यातनाएँ देकर बंदी बना लिया। कन्हैयालाल मिश्र की पुस्तक उत्तर प्रदेश स्वतंत्रता संग्राम की एक झाँकी में दिए गए विवरण के अनुसार सम्राट बनाम अब्दुल्ला वगैरा ट्रायल नंबर 44/ 45/ 1922 के अंतर्गत चौरी-चौरा में धारा 120, 130 डी, 147, 149, 302, 149 /395, 435,149/332 तार एक्ट-412/125, रेलवे एक्ट 126 के अंतर्गत मुकदमा दायर किया गया। चौरी-चौरा क्रांति में कुल 225 व्यक्तियों[13] के विरुद्ध अभियोग पत्र दायर कर सेशन जज एच.ई. होल्मस के न्यायालय में भेजा गया। 9 फरवरी, 1923 को सेशन जज ने अपने ऐतिहासिक फैसले में 172 को फाँसी की सजा दी, दो व्यक्ति को 2 वर्ष की सजा दिया, 47 को संदेह का लाभ देकर बरी कर दिया, तीन जेल में ही मर गए थे और एक गंभीर बीमारी के कारण छोड़ दिया गया। जिन्हें आज देशभक्त के रूप में देशवासी याद करते हैं उनके नाम तत्कालीन पुलिस अभिलेखों में बलबाइयों और दंगाइयों के रूप में दर्ज है। सेशन जज के फैसले के विरुद्ध उच्च न्यायालय इलाहाबाद में अपील दायर किया गया। जिसमें पंडित मदन मोहन मालवीय, पंडित मोतीलाल नेहरू ने सत्याग्रहियों के पक्ष में जोरदार बहस किया और उनके अकाट्य तर्कों के आधार पर मुख्य न्यायाधीश

ग्रीम वुड पियर्स एवं न्यायमूर्ति टी.सी.पीगट ने 30 अप्रैल, 1923 को सुनाए अपने फैसले में 19 अभियुक्तों को मृत्युदंड, 16 को आजीवन कारावास 19 को 8- 8 वर्ष की सजा 57 को 5-5 वर्ष की सजा 3 को दो-दो वर्ष की सजा 20 अभियुक्तों को अधिक उम्र के कारण 2-2 वर्ष की सजा तथा 28 अभियुक्त निरपराध घोषित कर रिहा कर दिए गए। ब्रिटिश हुकूमत का यह दोहरा चरित्र उजागर हुईं जिसमें जलियाँवाला बाग हत्याकांड के निहत्थे भीड़ पर गोलियाँ चलानेवाले जनरल डायर को सम्मानित किया जाता है तथा अपने देश की आजादी के लिए आंदोलन करनेवाले और शोषण के विरुद्ध की जा रही अन्यायपूर्ण कार्यवाही का प्रतिरोध करनेवाले सेनानियों के लिए मृत्यु और केवल मृत्युदंड की सजा ही मुनासिब मानती है, वस्तुतः न्याय का यह दोहरा मानदंड अंग्रेजी हुकूमत की पहचान रही है। 19 मृत्युदंड प्राप्त अभियुक्तों को 2 जुलाई, 1923 को फाँसी दे दी गई। चौरी-चौरा ग्रंथालय एवं शहीद स्मारक के अनुसार जिन किसानों को फाँसी की सजा दी गई उनके नाम निम्नलिखित हैं—

1. श्री अब्दुल्ला पुत्र श्री गोबर, ग्राम राजधानी।
2. श्री भगवान् अहीर पुत्र श्री रामनाथ अहीर, ग्राम चौरी-चौरा।
3. श्री विक्रम पुत्र श्री शिवचरण, ग्राम डुमरी खुर्द।
4. श्री दुधई पुत्र श्री समझावन, ग्राम चौरा।
5. श्री कालीचरण पुत्र श्री निर्गुण, ग्राम चौरा।
6. श्री लाल मोहम्मद पुत्र श्री हमीम फकीर, ग्राम चौरा।
7. श्री लौटू पुत्र श्री शिवनंदन, ग्राम बाले।
8. श्री महादेव पुत्र श्री कुंज बिहारी, ग्राम भाऊपार।
9. श्री मेघू पुत्र श्री जानकी तिवारी।
10. श्री लाल बिहारी
11. श्री नजर अली पुत्र श्री हुसैन, ग्राम डुमरी खुर्द।
12. श्री रघुवीर पुत्र श्री जाद्दू सोनार, ग्राम बाले।
13. श्री रामलगन पुत्र श्री शिवटहल, ग्राम पोखर भिंडी।
14. श्री रुदली पुत्र श्री रामदीहल, ग्राम लक्ष्मण पुरवा।
15. श्री सहदेव पुत्र श्री जाद्दू उर्फ सिद्धू, ग्राम जं,. महादेव।
16. श्री संपत पुत्र श्री मोहर, ग्राम चौरा।
17. श्री श्याम सुंदर पुत्र श्री राम नारायण मिश्र, ग्राम रामनगर बगही।
18. श्री सीताराम पुत्र श्री राम फल, ग्राम बाले।
19. श्री रामस्वरूप पुत्र श्री राम टहल, ग्राम मुंडेरा बाजार।

इन वीर शहीदों ने अपने बलिदान से चौरी-चौरा की भूमि को इतिहास के पन्ने में अमर कर दिया।

भारतीय स्वतंत्रता संग्राम के इतिहास में चौरी-चौरा क्रांति अपने पीछे ढेर सारे प्रश्न छोड़ गया। चौरी-चौरा क्रांति भी स्वतंत्र आंदोलन का एक अविस्मरणीय भाग था। सजा प्राप्त सभी व्यक्ति देश भक्त थे जिन्होंने देश के लिए कांग्रेस के आह्वान पर आंदोलनरत होकर घोर यातनाएँ सहीं अथवा अपने प्राणों का उत्सर्ग किया। चौरी-चौरा क्रांति ने यह भी सिद्ध किया कि हिंदू और मुसलमान के बीच खाई खोदने का जो कुत्सित प्रयास अंग्रेजों द्वारा किया जा रहा था वह आस्वाभाविक था। इस आंदोलन हेतु सजा-ए-मौत पानेवाले सेनानियों में पहला नाम अब्दुल्ला का था एवं लाल मोहम्मद वा नजर अली इसके नायकों में से थे। भारत के स्वतंत्रता संग्राम में एक बार फिर हिंदू तथा मुसलमान एक मंच से ब्रिटिश उपनिवेशवाद के विरुद्ध एक साथ उठ खड़े हुए थे, जिससे ब्रिटिश साम्राज्य हिल उठा था।

इसके पश्चात् गांधी जी द्वारा आंदोलन वापस ले लेने पर लोगों में मिश्रित प्रतिक्रिया व्यक्त की गई। जहाँ मोतीलाल नेहरू ने यह कहते हुए कि यह आंदोलन हमें विजय की ओर ले जा रहा था, ऐसे में महात्मा गांधी द्वारा आंदोलन को स्थगित करने का फैसला दुर्भाग्यपूर्ण है, यह कहकर इस फैसले से अपनी असहमति व्यक्त की। लेकिन महात्मा गांधी ने खुद यह लिखा है कि ईश्वर मेरे प्रति अत्यधिक सहृदय रहा है और चौरी-चौरा के माध्यम से ईश्वर ने मुझे बहुत ही स्पष्ट संदेश दिया है कि भारत अभी सत्य और अहिंसा के परिवेश में दीक्षित नहीं हो पाया है और ऐसे जन आंदोलन के लिए पूरी तरह से तैयार नहीं है जो पूरी तरह से सिविल हो जिसका अर्थ सज्जनता, सत्य, विनम्रता, ज्ञान और प्रेम में है और जिसका अर्थ कदापि घृणा से नहीं है। देशबंधु चितरंजन दास, जवाहरलाल नेहरू, सुभाषचंद्र बोस, इत्यादि महात्मा गांधी के इस निर्णय को सुनकर अवाक् रह गए। यद्यपि महात्मा गांधी का यह फैसला सामाजिक था अथवा नहीं इस पर बहस अनंत काल तक चलती रहेगी और इतिहासकारों के मध्य मत विभाजन की स्थिति बनी रहेगी। आज इतने दिन बीत जाने के बाद भी हम अपने चौरी-चौरा के शहीदों को नमन करते हैं।

10 मार्च, 1922 को गांधी जी को राजद्रोह के आरोप में गिरफ्तार कर लिया गया था।[14] 18 मार्च, 1922 ई. को अहमदाबाद के सेशन जज ब्रूमफील्ड की अदालत में मुकदमा चलाकर गांधी जी को 6 वर्ष की सजा दी गई। गांधी के जेल चले जाने पर नेहरू सहित अन्य कांग्रेस के नेता कांग्रेस को मजबूत करने और स्वतंत्रता संघर्ष को आगे बढ़ाने में लग गए।

25 मार्च, 1923 ई. से लेकर 28 मार्च तक पंडित जवाहरलाल नेहरू ने गोरखपुर में 10 बड़ी जनसभाएँ की और कांग्रेस संगठन को मजबूत करने पर बल दिया।[15] तत्पश्चात् कुछ

महीनों के अंदर ही अन्य बड़े नेताओं ने गोरखपुर में समय-समय पर अपने आगमन से स्वतंत्रता की मशाल जलाए रखा। 26 अगस्त, 1923 ई. को मोतीलाल नेहरू, मार्च 1924 ई. में पुन: जवाहरलाल नेहरू पटना के प्रसिद्ध नेता डॉ. मसूद के साथ गोरखपुर में हिंदू- मुस्लिम एकता एवं देश की स्वतंत्रता के लिए प्राण न्योछावर करने का आह्वान किया। इन्होंने कांग्रेस के फंड में पैसे इकट्ठा किए जिससे स्वतंत्रता आंदोलन की गति धीमी ना पड़े। सन् 1926 ई. में देश के अनेक प्रमुख नेताओं ने गोरखपुर में अपने अभियान किए। जिसमें श्रीमती सरोजिनी नायडू, लाला लाजपत राय, मोतीलाल नेहरू, तेज बहादुर सप्रू, मदन मोहन मालवीय आदि प्रमुख थे।[16]

गोरखपुर अमर शहीदों के उत्सर्ग का भी साक्षी रहा है। 9 अगस्त, 1925 ई. को प्रखर क्रांतिकारी विचारधारा वाले संगठन हिंदुस्तान रिपब्लिकन एसोसिएशन के सदस्यों ने जिसमें पंडित राम प्रसाद बिस्मिल, अशफाक उल्ला खाँ, राजेंद्र लाहिड़ी, रोशन लाल, चंद्रशेखर आजाद, सचिंद्र नाथ सान्याल, प्रवणेश कुमार चटर्जी, राम दुलारे द्विवेदी, योगेश चंद्र चटर्जी, मुकुंदी लाल, मन्मथ नाथ गुप्ता जैसे वीरों ने सहारनपुर-लखनऊ लाइन पर जाने वाली 8 डाउन पैसेंजर ट्रेन (मालगाड़ी) पर धावा बोलकर सरकारी खजाने को लूट लिया। अंग्रेजी हुकूमत ने 40 क्रांतिकारियों पर मुकदमा चलाया जिसमें चार को फाँसी की सजा दी गई जिसमें पंडित राम प्रसाद बिस्मिल को गोरखपुर जिला जेल, अशफाक उल्ला खाँ को फैजाबाद, रोशन लाल को नैनी इलाहाबाद और राजेंद्र लाहिड़ी को गोंडा जेल में रखा गया। काकोरी केस के नायक पंडित राम प्रसाद बिस्मिल को गोरखपुर की जिला जेल में 19 दिसंबर, 1927 को प्रात: 6:00 बजे फाँसी दी गई। फाँसी दिए जाने के 1 दिन पूर्व बिस्मिल से मिलने आई माँ को देखकर बिस्मिल के आँखों में आँसू आ गए। माँ ने बिस्मिल से कहा कि हमने बहुत तपस्या करके राम जैसा पुत्र माँगा था परंतु तुम फाँसी से डर गए। निर्भीक माँ के बेटे ने कहा कि माँ मेरे आँखों में डर के आँसू नहीं अपितु तुमसे बिछड़ने का दर्द है। पंडित राम प्रसाद बिस्मिल वंदे मातरम् और भारत माता की जय कहते हुए फाँसी के फंदे को चूम लिए।

फाँसी के फंदे पर लटकने से पहले उन्होंने 'डाउनफॉल ऑफ ब्रिटिश एंपायर' से अपनी अंतिम इच्छा बताई। गोरखपुर की जमीन इस शहीद के लिए भारत माँ की गोद बनी। गोरखपुर बिछिया जेल के बाहर मुख्य दीवार से सटे पंडित जी का समाधि स्थल स्मारक के रूप में बना हुआ है। इन 4 शहीदों के अतिरिक्त 16 अन्य को भी काले पानी की सजा दी गई। इस तरह से देश के महान क्रांतिकारियों की भूमि गोरखपुर बनी।

साइमन कमीशन के 1928 में भारत में आने पर पूरे देश के साथ-साथ गोरखपुर में भी कमीशन को काले झंडे दिखाए गए। 'साइमन गो बैक' का नारा लगाया गया। 4 अक्तूबर, 1929 ई. को गांधी जी का दूसरी बार गोरखपुर आगमन हुआ और उन्होंने अंग्रेजों के खिलाफ

सविनय अवज्ञा आंदोलन चलाने की बात की। गोरखपुर की जनता ने गांधी जी के इस निर्णय का स्वागत किया।[17]

गोरखपुर में सविनय अवज्ञा आंदोलन 1930 से 1934 ई. तक चला। विदेशी वस्तुओं का बहिष्कार स्वदेशी अपनाओ का नारा जुलूस, धरना-प्रदर्शन यहाँ जगह-जगह पर हुए। जहाँ-जहाँ गांधी जी गए वहाँ-वहाँ उनका भव्य स्वागत हुआ। जब गांधी जी बड़हलगंज, लार, आचार्य जी. बी. कृपलानी के साथ पहुँचे तब वहाँ लगभग 5000 लोगों ने उनका स्वागत किया। बड़हलगंज से गगहा कौड़ीराम होते हुए गांधी जी जब घुघली रेलवे स्टेशन पहुँचे तब वहाँ पर 10000 की जनसंख्या में जनता ने उनका स्वागत किया। उसी दिन गांधी जी ने गोरखपुर के परेड ग्राउंड मैदान में 15,000 से अधिक की भीड़ को अपने ओजस्वी भाषण से संबोधित किया। 5 और 6 अक्तूबर, 1929 को गांधी जी ने महराजगंज, चौरी-चौरा एवं बरहज में सभाएँ कीं और कांग्रेस को मजबूत करने और देश के लिए तैयार रहने का आह्वान किया। गोरखपुर में उनके आह्वान पर नौजवान दल, नवयुवक सेवा संघ, किसान सभा का गठन हुआ। नवयुवकों में राष्ट्रवादी चेतना कूट कूट कर भरा था। बहिष्कार स्वराज आंदोलन ने अंग्रेजी सरकार को परेशानी में डाल दिया था। धरना-प्रदर्शन में महिलाओं की भागीदारी ने आंदोलन को बल प्रदान किया। शराब की दुकानों के सामने धरना-प्रदर्शन एवं साड़ी निकालने पर रोक के लिए उठाया गया महिलाओं का कदम आश्चर्यचकित करनेवाला था।

1930 ई. में सविनय अवज्ञा आंदोलन के समय जब गांधी जी ने नमक सत्याग्रह चलाया और समुद्र के किनारे नमक बनाया। ब्रिटिश कानून तोड़ते के जुर्म में गांधी जी को अंग्रेजों ने गिरफ्तार कर लिया। गांधी जी की गिरफ्तारी का गोरखपुर में भी तीव्र विरोध हुआ। हड़ताल, प्रदर्शन एवं जगह-जगह आम सभाएँ हुईं नगर में नमक स्वतंत्रता आंदोलन का एक प्रतीक बन गया। 17 मई को गोरखपुर में पूर्ण हड़ताल हुई। 22 जुलाई, 1930 को मदन मोहन मालवीय ने नगर में अपनी सभा की जिसमें आठ हजार की संख्या में हिंदू-मुसलमान एक साथ हिस्सा लिए। मालवीय जी ने यहाँ के हिंदू-मुसलमानों को एक साथ आंदोलन में भाग लेने का आह्वान किया। इस आंदोलन को और तीव्र करने के लिए गांधी जी के पुत्र देवदास गांधी 1932 ई. में गोरखपुर पहुँचे। उन्हें गिरफ्तार कर जिला जेल (बिछिया जेल) में डाल दिया गया। जहाँ जेल में उन्हें टाइफाइड हो जाने के पश्चात् गोरखपुर के समाजसेवी एवं गांधीवादी श्री हनुमान प्रसाद पोद्दार भाईजी ने उनकी जेल में सेवा की थी।[18] इस समय सन् 1931 ई. में गोरखपुर में जमींदारों के खिलाफ भी किसान सभा ने जुलूस निकाला। अंग्रेजों ने जमींदारों का साथ दिया। किसानों को बुरी तरह पीटा गया एवं जेल में डाल दिया गया। किसानों की तरफ से सभाएँ हुईं, जिसको

हृदयनाथ कुँजरू ने भी 20 जुलाई, 1934 ई. को संबोधित किया। इनके अतिरिक्त 1935 में रफी अहमद किदवई, डॉ. संपूर्णानंद ने भी गोरखपुर का दौरा किया।[19]

13 अगस्त, 1936 ई. को जवाहरलाल नेहरू ने यहाँ विशाल जनसभा को संबोधित किया। 5000 किसानों ने इस सभा में भाग लिया। गोरखपुर की जनता के द्वारा भारत शासन अधिनियम 1935 का कड़ा विरोध किया गया। 1937 ई. में इसी संबंध में उत्तर प्रदेश के प्रथम मुख्यमंत्री एवं प्रखर वक्ता पंडित गोविंद बल्लभ पंत ने यहाँ 12 सभाएँ कीं।[20] 1936 ई. में गीता वाटिका गोरखपुर में भाईजी ने 1 वर्ष का अखंड कीर्तन आरंभ किया तथा देश के बड़े-बड़े नेता एक बार फिर गोरखपुर आना शुरू किए। साइमन कमीशन का विरोध करने एवं सविनय अवज्ञा आंदोलन में भाग लेने के कारण जवाहरलाल नेहरू एवं पंत जी आदि राष्ट्रीय नेताओं को कठोर दंड दिए गए थे। जेल से छूटने के बाद 1936 ई. में जब नेहरू जी गोरखपुर पहुँचे तब यहाँ बाढ़ आई हुई थी। नेहरू जी क्षेत्र का दौरा करना चाहते थे अंग्रेजों के दबाव से नेहरू जी को किसी ने कार-गाड़ी देने से मना कर दिया तब भाईजी ने अपना वाहन नेहरू जी को उपलब्ध कराया था।[21]

स्वतंत्रता आंदोलन में महराजगंज की भूमिका

महराजगंज जनपद में स्वतंत्रता संग्राम का अभ्युदय 1931 में प्रो. शिब्बन लाल सक्सेना के पदार्पण से हुआ। इसके पूर्व जनपद में जमींदारों का वर्चस्व रहा। इन जमींदारों में रामपुर बलडीहा के श्री लक्ष्मण प्रसाद तिवारी का वर्चस्व रहा और अब वर्तमान में इनके प्रपौत्र देवांशु तिवारी जी का वर्चस्व है और सिसवा बाजार के श्री नवल किशोर सिंह तथा श्री परमहंस सिंह, रजवल एवं करमहा के श्री भगवती प्रसाद का था। श्री चतुर्भुज दास एवं इनके अलावा नंदाभार के तिवारी जी आदि की भी जमींदारियाँ रही हैं।

महात्मा गांधी जी के 1930 में नमक सत्याग्रह एवं 1931 में जमींदारों के अत्याचार के विरुद्ध यहाँ की जनता ने प्रो. शिब्बन लाल सक्सेना के नेतृत्व में भाग लिया। 1930 में प्रो. सक्सेना जी ने ईख संघ की स्थापना करके जमींदारों एवं अंग्रेजी शासन के विरुद्ध आंदोलन छेड़ दिया।

प्रो. सक्सेना जी ने अपने कार्यकर्ता श्री सुदामा प्रसाद, कपिलदेव पांडेय, नरसिंह नारायण पांडेय, रामानुज पांडेय, हौसला प्रसाद त्रिपाठी 'पथिका जी' अब्दुल रऊफ लारी, दुर्योधन प्रसाद के साथ पूरे जनपद में जनजागरण का कार्य प्रारंभ किया। जमींदारों का विरोध किया और गाँव-गाँव में अपने समर्थकों की पंचायत गठित की। इसके अतिरिक्त श्री राधेश्याम

केसरवानी, हरिशंकर प्रसाद गुप्त, राम प्रसाद भलोटिया, मनोहर लाल वैद्य, चिल्लरा, नंदू नंद किशोर जायसवाल, मदन पांडेय सिसवा बाजार, बैठवलिया के तेजई, सेखुई के श्री रामेश्वर मौनी, अहिरौली के श्री राम दयाल भगत, करमी के श्री रघुनंदन, खेसरारी के श्री राजबली व सुखई भगत दुर्गवलिया के श्री तिलक चौधरी, बलुअही के श्री जानकी शरण तिवारी (जिनका कार्यक्षेत्र सिसवा बाजार व खड्डा रहा) एवं घुघली के मुंशी छत्रधारी लाल आदि लोगों के साथ भारत के स्वतंत्रता संग्राम में कूद पड़े।

अंग्रेजी शासन काल में अंग्रेजों तथा उनके सहयोगी जमींदारों, कांग्रेस कार्यकर्ताओं तथा जनता पर एक-एक नहीं, अपितु अनेक अत्याचार हुआ करते थे। मई 1931 में प्रो. शिब्बन लाल सक्सेना के गढ़ कहे जानेवाले गाँव खेसरारी के जमींदारों ने इसलिए लुटवाया कि वहाँ के लोग दो या ढाई रुपए बीघे के स्थान पर 4 रुपए प्रति बीघा की दर से लगान देने में आना-कानी कर रहे थे। यह मामला महात्मा गांधी जी ने इंग्लैंड में होनेवाले गोल मेज कॉन्फ्रेंस में उठाया। फलस्वरूप बाबा राघवदास जी इस मामले के निस्तारण के लिए पंच नियुक्त हुए। 1941 के सत्याग्रह के माहौल में सिसवा के जमींदार श्री परमहंस सिंह के जेष्ठ पुत्र श्री राम प्रसाद ने सत्याग्रह में भाग लिया और कांग्रेस पार्टी में सम्मिलित हो गए।

1942 में असहयोग आंदोलन को तेज करने के लिए प्रो. सक्सेना जी ने क्षेत्र में जन जागृति हेतु टोलियाँ बनाईं। स्वतंत्रता संग्राम में विशुनपुर गबडुआ गाँव के उत्साह को देखते हुए प्रो. सक्सेना ने गाँव के श्री काशीनाथ को तहसील स्तर का मंत्री बनाया तथा गाँव की टोली का नायक श्री रामदेव को बनाया गया। 26 अगस्त, 42 की रात्रि में जमींदार हरपुर महंत श्री महेंद्रानंद गिरि ने आंदोलन की संभावित बैठक में प्रो. सक्सेना को पकड़ने की योजना बनायी परंतु सक्सेना जी विशुनपुर गबडुवा में बैठक न कर परासखाड़ रात्रि में ही चले गए। बौखलाए जमींदारों ने 27 अगस्त, 42 को गाँव में लूटपाट एवं गोली चलवाई जिसमें श्रीसुखराज एवं झिनकू की घटनास्थल पर मृत्यु हो गई। घायल श्री काशी की मृत्यु 1943 में जेल में हो गई। सर्व श्री रामदेव, जनकराज, त्रिलोक, तिलकधारी, रामधारी, शिवदत्त, सरजू, हरिवंश, रामजतन एवं नगई को पुलिस पकड़ ली तथा मृत क्रांतिकारियों की लाश को भी ले गई। पकड़े गए क्रांतिकारियों को 29 सितंबर, 42 में दफा 353 व 147 ताजीरात हिंद के अंतर्गत एक साल की सख्त कैद व 12-12 बेंत की सजा मिली।

क्रांति की मशाल जब जल चुकी तो वह क्षेत्र में फैलती गई और स्थानीय नेताओं की देखरेख में आगे बढ़ी। प्रो. सक्सेना जी के विश्वास पात्र कार्यकर्ता श्री सुदामा प्रसाद जो बाद में विधायक हुए थे, लेहड़ा के अंग्रेज जमींदार के विरुद्ध मोर्चा सँभाला। जमींदार के अत्याचार का बुकलेट छपवाकर जनसामान्य में वितरित किया। नौतनवां क्षेत्र में

श्री पूर्णमासी एवं श्री राम लगन दूबे ने जनता का नेतृत्व किया और स्वतंत्रता प्राप्ति के लिए जन्-जागृति पैदा की।

श्याम देउरवा के श्री अनजान सिंह, परतावल के श्री हेमराज, भिटौली के श्री सूर्यबली लाल, रामपुर बलडीहा के सर्व श्री गोगई, शिवनंदन, यमुना राम, सेखई के नागेश्वर, मौनी, श्यामसुंदर, बसंतपुर के श्री राम लगन दूबे, बैकुंठपुर-महराजगंज के श्री अवध बिहारी शरण, सिसवा के श्री रामचंद्र दास, खालिकगढ़ के श्री चेतन दास उर्फ छोटकन दास, गिरिहिया के चोकट, कानपुर के श्री केदार, गिरधारी लाल, महाबीर प्रसाद, दयानंद, फरेंदा खुर्द के अयोध्या प्रसाद, मुंडेरा कला के गंगा, बाँसपार बेजौली के बन्ने, रजवल के त्रिवेनी परतावल के देवेंद्र गांगुली, विशुनपुर गबडुआ के छोटू, महादेव सूरज, रामलखन, मानिक, बनारसी, खुटहा भीम टोला के राम अधार, चिउरहा मऊपाकड़ के मुन्नर प्रसाद, मुजुरी के उदय भान सिंह, परसौनी के बुद्धिराम, पतरेंगवा के योगी राजपत पांडेय, महराजगंज के अमर नाथ मिश्र, फरेंदा खुर्द के रघुबर यादव, रुदलापुर के मुक्तिनाथ, सेमरा के रामसुमेर, शाहाबाद के रुपई, सिसवा बाजार के विश्वनाथ सिंह, बीजापार के पारसनाथ पांडेय, सिंहपुर निचलौल के शहतू प्रसाद, मोहनापुर के बद्री, मिठौरा के चंद्रभूषण, नंदना शिवपुर के सर्वजीत दास, बृजमनगंज के शंकर कलवार, सबया के गरुण लाल, मझौली के उदयभान मिश्र और अन्य बहुत से सेनानियों ने जनपद के भिन्न-भिन्न भागों में जनता का नेतृत्व और प्रो. शिब्बन लाल सक्सेना को पूर्ण समर्थन दिया। जनजागरण अभियान में प्रो. सक्सेना सहित उनके सभी कार्यकर्ताओं को अनेक बार जेल जाना पड़ा। समर्थकों को अनेक प्रकार की प्रताड़नाएँ हो गईं। परंतु जब जागृति की लहर दौड़ गई थी तो उसे रोकने की शक्ति किसी में नहीं थी और सबके सम्मिलित प्रयास में 1947 को स्वतंत्रता प्राप्ति हुई।

शिब्बन लाल शुरू से ही स्वराज आंदोलन से काफी प्रभावित थे जिसकी वजह से वह हमेशा ही लोगों की नजरों में चढ़े रहे। विश्वविद्यालय में एक बार किसी उत्सव में भाग लेने पहुँचे शिब्बन लाल ने शेरवानी पहना था जिसे देखकर प्राचार्य ने उन्हें देसी पहनावा पहनने के लिए टोक दिया। शिब्बन लाल ने उसी समय से अंग्रेजी वेशभूषा को त्यागने का प्रण किया और आजीवन धोती-कुर्ता ही पहनते रहे। शिब्बन लाल पढ़ाई के साथ-साथ खेलों को भी पूरा महत्त्व देते थे और यह मानते थे कि स्वस्थ शरीर में ही स्वस्थ मन का विकास होता है। वे पहलवानी करते थे और विश्वविद्यालय में फुटबाल टीम के कप्तान थे।

कानपुर में रहते हुए ही शिब्बन लाल आजादी की लड़ाई का महत्त्व समझने लगे थे और स्वराज आंदोलन में अपनी उपस्थिति दर्शाने लगे थे। सन् 1919 में हुए जलियाँवाला कांड ने जब पूरे भारत को हिलाकर रख दिया तब कानपुर में शिब्बन लाल ने भी 13 वर्ष की उम्र

में एक विरोध जुलूस का नेतृत्व किया और पकड़े गए। उस समय उन्हें तीन बेतों की सजा मिली। उनका विश्वास और भी मजबूत बना दिया और आजादी के लिए लड़ी जा रही लड़ाई में अपना सर्वस्व न्योछावर करने के लिए प्रेरित किया।

सन् 1930 में शिब्बन लाल सेंट एंड्रयूज कॉलेज में गणित के प्रवक्ता नियुक्त हुए और उन्होंने यहीं से कारखाना मजदूरों को एकत्र करके कारखाना मालिकों की मनमानी का विरोध करना शुरू कर दिया। उसी समय महात्मा गांधी एक सभा में भाषण देने के लिए गोरखपुर आए हुए थे। गांधी जी से उनकी पहली मुलाकात यहीं हुई और गांधी जी ने उन्हें कांग्रेस में आने की सलाह दी जिसे शिब्बन लाल ने स्वीकार कर लिया। इसी घटना के कुछ दिनों के बाद ही शिब्बन लाल कांग्रेस के एक अधिवेशन में भाग लेने के लिए बनारस पहुँचे जहाँ पर गांधी जी ने एक बड़ी ही हृदयविदारक घटना के बारे में बताया जिसने शिब्बन लाल को पूरी तरह झकझोर दिया और शिब्बन लाल ने महराजगंज जाने का निर्णय लिया। अखबार में निकली एक खबर के अनुसार महात्मा गांधी ने बताया कि महराजगंज में जमींदारों ने राजबली नाम के एक किसान को जिंदा जला दिया है। गांधी जी ने उस समय उपस्थित लोगों से महराजगंज की दयनीय हालत के बारे में चर्चा की और किसी को वहाँ जाकर जागृति फैलाने का अनुरोध किया। कोई जाने के लिए तैयार नहीं हुआ अंत में शिब्बन लाल ने महराजगंज जाकर वहाँ के लोगों को एक करने का बीडा़ उठाया और गांधी जी से आशीर्वाद लेकर अपने प्रवक्ता पद से इस्तीफा देकर महराजगंज आ गए।

उस समय महराजगंज गोरखपुर जिले का एक तहसील हुआ करता था। यहाँ पर किसी भी प्रकार की कोई सुविधाएँ नहीं थीं। चारों ओर जमींदारों का आतंक छाया हुआ था जिनके खिलाफ बोलने की हिम्मत किसी में नहीं थी। ऐसे समय में जब शिब्बन लाल यहाँ आए तो उन्हें अपने साथ काम करने के लिए लोगों को इकट्ठा करने में ही तमाम परेशानियाँ झेलनी पड़ीं। आरंभ में उन्होंने गाँव-गाँव जाकर प्राथमिक स्तर पर लोगों का संगठन खड़ा किया और उन्हें जमींदारों के खिलाफ तैयार किया। गन्ना यहाँ की प्रमुख फसल थी। गन्ना किसानों के हक के लिए उन्होंने 1931 में 'ईख संघ' की स्थापना की जिसका अस्तित्व आज भी है और जो सबसे पुराने संघों में से एक है। आगे चलकर ईख संघ के आंदोलनों की वजह से ही केंद्रीय विधान सभा को गन्ना एक्ट लागू करना पड़ा था। शिब्बन लाल ने अपनी सफल हड़तालों की वजह से गन्ने का तत्कालीन मूल्य दो आना प्रति मन से पाँच आना प्रति मन करा दिया था।

शिब्बन लाल ने महराजगंज आते ही यह समझ लिया था कि यहाँ के किसानों में जागृत फैलाए बिना यहाँ का विकास असंभव है जिसके लिए उन्होंने पहले किसानों को ही एक करना प्रारंभ किया। उस समय जमींदार ही उन सारी जमीनों के मालिक होते थे जिसे किसान

जोतते थे और अन्न उगाते थे। किसान अपनी उपज का अधिकांश हिस्सा जमींदारों को लगान के रूप में दे देते थे जिससे उनकी हालत में कोई सुधार नहीं हो रहा था।

गन्ना किसानों की बेहतरी के लिए उन्होंने गन्ना उत्पादन नियंत्रण बोर्ड की भी स्थापना की। जिस समय पूरा भारत गांधी जी के अहिंसा मार्ग पर चलते हुए आजादी का सपना देख रहा था उसी समय महराजगंज शिब्बन लाल के नेतृत्व में जमींदारी प्रथा के उन्मूलन की दिशा में कदम बढ़ा रहा था। 1936 से लेकर 1940 तक शिब्बन लाल ने विभिन्न किसान आंदोलनों से अंग्रेज सरकार की नाक में दम कर दिया जिसकी वजह से सरकार को जमीनों का एक बार फिर से सर्वे कराना पड़ा और जमीनों का पुनः आबंटन करना पड़ा। यह वही व्यवस्था थी जिसकी वजह से तत्कालीन महराजगंज के एक लाख पचीस हजार किसानों को उनकी जमीनों पर मालिकाना हक प्राप्त हुआ और किसानों को जमींदारों के चंगुल से आजादी मिली। अखबारों ने शिब्बन लाल को 'पूर्वी उत्तर प्रदेश का लेनिन' कहकर संबोधित किया था। किसानों की जमीनों पर मालिकाना हक की इस व्यवस्था को 'गंडेविया बंदोबस्त' कहते हैं।

शिब्बन लाल ने न केवल किसानों के हित के लिए बल्कि कारखाना मजदूरों के बेहतरी के लिए काम किया। उस समय महराजगंज प्रमुख गन्ना उत्पादक क्षेत्र था जिसकी वजह से इसके विभिन्न उपक्षेत्रों जैसे—घुघली, सिसवा, फरेंदा इत्यादि में चीनी मिलें अपनी उन्नत अवस्था में थीं। लेकिन इनके मजदूरों की हालत बड़ी खराब थी। शिब्बन लाल ने इन मिलों में मजदूर संघ बनाए और इनके मालिकों के अत्याचारों पर लगाम लगाई। अपने विकास के कार्यों और फौलादी इरादों की वजह से शिब्बन लाल इस क्षेत्र के लिए मसीहा बनकर उभरे जिसकी वजह से यहाँ के जमींदारों ने उनके खिलाफ तरह-तरह के षड्यंत्र करना शुरू कर दिया। किसानों के लिए शिब्बन लाल का नारा हुआ करता था कि 'अपने खेत के मेड़ पर डटे रहो, उसे हरगिज न छोड़ो'।

1940 तक आते-आते शिब्बन लाल जमींदारों के लिए आँख की किरकिरी बन चुके थे जिसे निकालना उनके लिए आवश्यक हो गया था। शिब्बन लाल पर जमींदारों और पुलिस का मिला-जुला पहला सशक्त हमला 1942 में हुआ जिसमें शिब्बन लाल बचकर तो निकल गए लेकिन उनके तीन कार्यकर्ता शहीद हो गए। शहीदों की याद में विशुनपुर गबडुआ नामक गाँव में एक शहीद स्मारक भी बना हुआ है। यहाँ से निकलने के बाद शिब्बन लाल को आखिरकार गोड़धोवा गाँव के बाहर उसी गाँव के जमींदार ने पकड़ लिया क्योंकि वह शिब्बन लाल पर घोषित किए गए पुरस्कार को लेना चाहता था। जब गोड़धोवा गाँव के जमींदार ने शिब्बन लाल को अपने आँगन में पकड़कर रखा था तो उसी समय हरपुर महंत का काजी वहाँ पर पहुँचा और उसने शिब्बन लाल सक्सेना को माँगा जिसे न देने पर काजी ने जमींदार

को गोली मार दी और उसकी वहीं पर मृत्यु हो गई। हरपुर महंत ने शिब्बन लाल को गोरखपुर के तत्कालीन कलेक्टर ई.वी.डी. मॉस को सौंप दिया, जहाँ से शिब्बन लाल को कालकोठरी में डाल दिया गया, वहाँ वह छब्बीस महीनों तक रहे और उन पर ना जाने कितने अत्याचार किए गए जिसकी वजह से शिब्बन लाल की ठीक तरह से बोलने की शक्ति चली गई।

1940 से पहले महराजगंज में कोई स्कूल नहीं था। चारों तरफ अशिक्षा का बोलबाला था। मुश्किल से ही कोई शिक्षित व्यक्ति मिलता था। शिब्बन लाल ने अशिक्षा की कमी से होने वाली समस्या को समझा और 1940 में अपने राजनीतिक जीवन के प्रथम गुरु गणेश शंकर विद्यार्थी के नाम पर यहाँ का पहला स्कूल खोला। इसका वर्तमान नाम गणेश शंकर विद्यार्थी स्मारक इंटरमीडिएट कॉलेज है। 23 मार्च, 1965 में उन्होंने यहाँ का पहला डिग्री कॉलेज आरंभ किया जिसका नाम जवाहरलाल नेहरू के नाम पर रखा। इसके बाद 24 मार्च, 1972 में उन्होंने दूसरा डिग्री कॉलेज लाल बहादुर शास्त्री के नाम पर खोला।

1946 में शिब्बन लाल संविधान निर्मात्री सभा के सदस्य चुने गए और संविधान निर्माण में भी अपना योगदान दिया। स्वतंत्रता-प्राप्ति के बाद वे महराजगंज के पहले सांसद बने और इस क्षेत्र के विकास के लिए कार्य किया। उन्होंने महराजगंज को रेलवे लाइन से जोड़ने के लिए 1946 में ही प्रयास शुरू कर दिया था लेकिन उनके उस प्रयास का महराजगंज को आज भी कुछ नहीं मिला है। आजादी के बाद उन्होंने कांग्रेस पार्टी को छोड़ दिया और अपनी खुद की पार्टी बनाकर सांसद निर्वाचित हुए। वे महराजगंज से तीन बार सांसद चुने गए।

संदर्भ

1. बिपिन चंद्रा-भारत का स्वतंत्रता संघर्ष
2. आधुनिक भारत-सुमित सरकार
3. प्रसाद गुंजेश्वरी का लेख राप्ती के साथ सैर
4. भारत सचिव के नाम वायसराय का पत्र 10 जुलाई, 1921 रीडिंग कलेक्शन
5. शाहिद अमीन गांधी जी एज महात्मा सबाल्टर्न स्टडीज थर्ड ऑक्सफोर्ड यूनिवर्सिटी प्रेस दिल्ली।
6. भारतीय इतिहास के कुछ विषय ,भाग-3 एन.सी.ई. आर.टी., पृ. 353
7. शाहिद अमीन-गाँधी जी एज महात्मा सबाल्टर्न स्टडीज थर्ड ऑक्सफोर्ड यूनिवर्सिटी प्रेस दिल्ली
8. मन्मथ नाथ गुप्ता-हिस्ट्री ऑफ द इंडियन रिवोल्यूशनरी मूवमेंट, मुंबई 1972, पृ. 99
9. उत्तर प्रदेश सरकार ने निर्णय लिया है कि 'चौरी-चौरा कांड' को 'चौरी-चौरा क्रांति' के नाम से जाना जाएगा। योगी सरकार ने उस घटना को 'काण्ड' शब्द को हटाकर उसके जगह पर क्रांति शब्द जोड़ दिया है।
10. डिस्ट्रिक्ट गजेटियर, गोरखपुर, पृ. 40
11. कुछ विद्वान इस घटना की तिथि 5 फरवरी, 1922 बताते हैं।
12. उत्तर प्रदेश डिस्ट्रिक्ट गजेटियर्स गोरखपुर, पृ. 41, सुमित सरकार-आधुनिक भारत, पृ. 244, बिपिन

चंद्रा-भारत का स्वतंत्रता संघर्ष, पृ. 169

13. उत्तर प्रदेश डिस्ट्रिक्ट गजेटियर गोरखपुर भी इसकी पुष्टि करता है।
14. शेखर बंद्योपाध्याय फ्रॉम प्लासी टू पार्टीशन: ए हिस्ट्री ऑफ मॉडर्न इंडिया, ओरिएंट लाग मैन दिल्ली।
15. उत्तर प्रदेश डिस्ट्रिक्ट गजेटियर, गोरखपुर पृ. 42
16. वही।
17. डिस्ट्रिक्ट गजेटियर ऑफ यूनाइटेड प्रोविंस ऑफ आगरा एंड अवध, सप्लीमेंट्री नोट्स एंड स्टैटिक्स अप टू 1931-32, वॉल्यूम XXXl, पृ. 25
18. श्री भाईजी, एक अलौकिक विभूति, पृ. 223
1९. उत्तर प्रदेश डिस्ट्रिक्ट गजेटियर गोरखपुर, पृ. 44
20. द डिस्कवरी ऑफ इंडिया-जवाहरलाल नेहरू
21. श्री भाईजी, एक अलौकिक विभूति

अध्याय : 6

स्वतंत्रता संग्राम सेनानियों, शहीदों के नाम एवं उनका योगदान

1. राजा रंडुल सेन

नेपाल की दक्षिणी सीमा से सटे गोरखपुर के उत्तरी भाग में स्थित तत्कालीन तिलपुर के राजा रंडुल सेन ने विद्रोह में महत्त्वपूर्ण भूमिका अदा किया था। यह भू-भाग पहले बुटवल के राजा के अधिकार में था। 1801 ई. में कंपनी सरकार ने बुटवल के राजा से परगना तिलपुर व विनायकपुर का बंदोबस्त अपने हाथ में ले लिया। 1806 ई. में नेपाल के राजा ने बुटवल कें राजा पृथ्वीपाल सेन को पहले बंदी बनाया फिर उनकी हत्या करा दिया। तत्पश्चात् उनके पुत्र रतनसेन भागकर गोरखपुर अंग्रेजों के शरण में आ गए। ईस्ट इंडिया कंपनी शासन ने उनको संरक्षण के साथ मासिक भत्ता (पेंशन) देना प्रारंभ कर दिया। 1826 ई. राजा रतन सेन की मृत्यु हो गई। रतनसेन के पश्चात् उनके उत्तराधिकारी विजयसेन राजा बने। राजा विजय सेन से पुनः बुडवल पर कब्जे की आशा छोड़ परगना तिलपुर अंतर्ग़त निचलौल को अपना निवास व राजधानी बना लिया। इसके उपरांत वह निचलौल के राजा के नाम से संबोधित किए जाने लगे। राजा विजय सेन के उपरांत उनके पुत्र रंडुल सेन निचलौल के राजा बने।

सन् 1857 के महासंग्राम में उन्होंने अंग्रेज कंपनी सरकार के विरुद्ध लड़ने का निर्णय ले लिया। उन्होंने गोरखपुर के नाजिम मुहम्मद हसन को मान्यता एवं सहयोग दिया। बदले में मुहम्मद हसन ने उसे खिलअत देकर सम्मानित किया। रंडुल सेन इस युद्ध में बर्डपुर से मिस्टर षेपे को बेदखल तथा बाँसी के राजा के पूर्वी भू-भाग को अपने अधीन करना चाहते थे। जिसमें वह सफल नहीं हो सके।

11 जनवरी, 1858 को गोरखपुर पर पुनः अंग्रेजों ने अधिकार कर लिया। इसके पश्चात् मिस्टर फोर्ब्स के नेतृत्व में दो रेजीमेंट सेना उसे बंदी बनाने तथा उसके किले को ध्वस्त करने के लिए रवाना की गई। इसकी जानकारी होने पर राजा रंडुल सेन अपना महल छोड़ पलायन कर गया। अंग्रेज उसे पकड़ने में असफल रहे परंतु उसके किले को ध्वस्त कर गोरखपुर लौट गए। 21 मई, 1858 को रंडुल सेन ने उतरौला के मुस्लिम ताल्लुकेदार के साथ सेना संगठित कर मिस्टर पेपे के बर्डपुर स्थित जमींदारी व आवास पर आक्रमण कर दिया। पेपे को अपने अंग्रेज सहयोगियों के साथ भागकर गोरखपुर आना पड़ा। रंडुल सेन ने डुमरी के बाबू बंधू सिंह के साथ मिलकर छापामार युद्ध जारी रखा।

अंत में लेफ्टिनेंट पुल्लन के नेतृत्व में सिखों की सेना रंडुल सेन को गिरफ्तार करने हेतु भेजी गई। परंतु पुल्लन उन्हें पकड़ने में सफल नहीं हो सका। 5 अक्तूबर, 1858 को ज्वाइंट मजिस्ट्रेट मिस्टर बर्ड ने भी रंडुल सेन को गिरफ्तार करने का असफल प्रयास किया। रंडुल सेन को बंदी बनाने में कंपनी सरकार अंत तक सफल नहीं हुई, हारकर अंग्रेज सरकार ने उनकी पेंशन बंद कर दिया। कहा जाता है कि बाबू बंधु सिंह व निचलौल के राजा रंडुल सेन 1857 के विद्रोह में अंग्रेजों को अत्यधिक भयाक्रांत करनेवाले नायकों में थे।[1]

2. प्रो. शिब्बन लाल सक्सेना

प्रो. शिब्बन लाल सक्सेना महराजगंज के ऐसे क्रांतिकारी एवं जननेता थे, जिनके सरकार विरोधी कार्यों एवं जनता में उनके प्रभाव को देखकर तत्कालीन अंग्रेज सरकार उन्हें जिंदा अथवा मुर्दा गिरफ्तार करने के लिए पुरस्कार घोषित करने के लिए मजबूर हुई। यद्यपि उनकी जन्मभूमि महराजगंज की धरती नहीं रही परंतु उन्होंने अपना संपूर्ण जीवन देशसेवा करते हुए महराजगंज में ही व्यतीत किया। उनके आंदोलन एवं क्रियाकलापों का केंद्र तत्कालीन गोरखपुर की महराजगंज तहसील (अब जनपद) रही, जो उनके रखे हुए नींव पर आगे चलकर जनपद बन गया।

प्रो. शिब्बन लाल सक्सेना का जन्म 13 जुलाई, 1907 को बरेली जनपद के आँवला तहसील के ग्राम बलिया में एक मध्यवर्गीय कायस्थ परिवार में हुआ था। दस वर्ष की आयु में ही माता व पिता के स्वर्गवासी हो जाने पर बालक का लालन-पालन एवं शिक्षा-दीक्षा का दायित्व उनके मामा दामोदर प्रसाद ने पूरा किया। दर्शनशास्त्र में स्वर्ण पदक के साथ इलाहाबाद विश्वविद्यालय से एम.ए. और फिर आगरा विश्वविद्यालय से गणित में एम.ए. करने के पश्चात् सन् 1930 में सेंट एंड्रयूज कॉलेज गोरखपुर में गणित एवं दर्शनशास्त्र

के प्रवक्ता पर वे नियुक्त हुए। सेंट एंड्रयूज कॉलेज की ख्याति उस समय गोरखपुर में ही नहीं बल्कि संपूर्ण यूनाइटेड प्राविंस (अब उत्तर प्रदेश) में थी। विद्यालय परिसर में ब्रिटिश परिधान में ही आना अनिवार्य था। कॉलेज के अंग्रेज प्राचार्य द्वारा एक दिन कुर्ता-पाजामा पहनकर कॉलेज आने पर टोक देने पर प्रो. सक्सेना ने अपने सारे यूरोपीय कपड़ों की होली जला दिया।

एक वर्ष व्यतीत होने के पश्चात् महात्मा गांधी के आह्वान पर वे कांग्रेस में शामिल हो गए और कॉलेज से इस्तीफा देकर पूरी तरह आजादी की लड़ाई में कूद पड़े। उच्च शिक्षा के धनी, वाणी व लेखन में सक्षम प्रो. सक्सेना ने शीघ्र ही कांग्रेस में अपनी पहचान बना लिया। सन् 1931 में उन्होंने गोरखपुर में मजदूरों और किसानों का नेतृत्व सँभाला और 'ईख संघ' की स्थापना कर उसके माध्यम से गन्ना किसानों को संगठित किया। सन् 1936 के प्रारंभ में महराजगंज तहसील के सिसवा बाजार के सामंत द्वारा कांग्रेसी स्वयंसेवकों, दलितों तथा किसानों पर जघन्य जुल्मों की सूचना से व्यथित महात्मा गांधी ने बनारस के 'गाय घाट' पर श्री सक्सेना द्वारा 'कभी विवाह न करने और अपना घर न बनाने' का व्रत लेने के पश्चात् उनको अपना दूत बनाकर गोरखपुर के महराजगंज भेजा ताकि वे स्वतंत्रता आंदोलन को जन-आंदोलन बनावें और साधारणजनों को जागृत करें। प्रो. सक्सेना बापू द्वारा सौंपे गए दायित्वों द्वारा इस धरती से ऐसे जुड़े कि इसे अपनी कार्यस्थली बना यहीं रम गए।

सन् 1942 के 'भारत छोड़ो आंदोलन' में प्रो.सक्सेना गोरखपुर के जननायक थे। इस आंदोलन को चलाने के लिए बंबई में हुई बैठक में प्रो. सक्सेना भी मौजूद थे। गोरखपुर में आंदोलन का नेतृत्व करने के लिए वहाँ छिपते-छिपते वे 13 अगस्त, 1942 को पहुँच गए। सन् 1942 के अगस्त क्रांति आंदोलन में सक्सेना जी के क्रांतिकारी गतिविधियों से घबड़ाई अंग्रेज सरकार ने उन्हें जिंदा अथवा मुर्दा गिरफ्तार करने के लिए पाँच हजार रुपए का इनाम घोषित किया।

27 अगस्त, 1942 को प्रो. सक्सेना, ग्राम बिशुनपुर गबडुआ, थाना घुघली, महराजगंज में क्रांतिकारियों की बैठक करनेवाले थे परंतु कुछ खतरा जानकर अंतिम समय में बैठक का स्थान बदलकर परसाखंड का जंगल कर दिया परंतु हरपुर महंत महेंद्रानंद गिरि ने प्रथम सूचना को ही सत्य समझ प्रो. सक्सेना को पकड़कर इनाम पाने के लिए अपने आदमियों द्वारा विशुनपुर गबडुआ को चारों तरफ से घेरवा लिया। उनका विचार था कि बिशुनपुर गबडुआ में सक्सेना मीटिंग करके तहसील महराजगंज को घेरने का कार्यक्रम बना रहे हैं। उन्होंने इसके बारे में तत्कालीन कलेक्टर गोरखपुर मि. ई.बी.डी. मॉस को तुरंत सूचना दिया। महराजगंज

तहसीलदार ठाकुर परमहंस ने भी दल-बदल के साथ बिशुनपुर गबडुआ के दक्षिण में जाकर गाँव को घेरवा लिया। गाँव में इन लोगों द्वारा अत्याचार शुरू हो गया और गाँव में गोली चलने लगी जिसमें गाँव के सुखराज एवं झिनकू घटनास्थल पर ही शहीद हो गए तथा काशीनाथ थाने पर जाकर शहीद हो गए।

प्रो. सक्सेना पर घोषित इनाम को प्राप्त करने तथा उन्हें गिरफ्तार करने के लिए दूसरा प्रयास ग्राम गोड़धोवा (महराजगंज) के मुखिया हंसराज दूबे जो कांग्रेस वालेंटियर थे, द्वारा किया गया। उसने 6 सितंबर, 1942 को प्रो. सक्सेना को अपने यहाँ बैठक हेतु आमंत्रित किया और उस दिन उनके यहाँ पहुँचते ही पकड़कर अपने घर के बरामदे के खंबे में बँधवा दिया। तत्पश्चात् सक्सेना जी को गोरखपुर भेजने हेतु हरपुर महंत महेंद्रानंद गिरि से गाड़ी मँगवाने हेतु अपने आदमी को हरपुर भेजा। शिब्बन लाल को पकड़ लेने की खबर सुनकर हरपुर महंत ने काजी नामक अपने खूँखार कारिंदे को हाथी से गोड़धोवा भेजा। उसने हंसराज दूबे से शिब्बन लाल सक्सेना को अपने साथ ले जाने का जिद किया परंतु दूबे द्वारा लगातार इनकार करने पर काजी ने बंदूक से दूबे की नृशंस हत्या कर दिया। बाद में प्रो. सक्सेना की गिरफ्तारी को हरपुर में दिखाकर महंत ने उन्हें पुलिस को सौंप दिया। सक्सेना की गिरफ्तारी से खुश अंग्रेजों ने मुखिया की हत्या का कोई संज्ञान नहीं लेते हुए हरपुर महंत को घोषित इनाम भी दिया। खुश अंग्रेज कलेक्टर मॉस ने सक्सेना जी को जेल की ऐसी काल कोठरी में डाल दिया जिसमें मृत्युदंड प्राप्त कैदियों को रखा जाता था। अंग्रेज पुलिस की यातनाएँ उनके मनोबल को न तोड़ सकी। 1942 में ब्रिटिश हुकूमत के विरुद्ध बगावत करने के आरोप में प्रो. सक्सेना को 27 महीने तक जेल में रहना पड़ा।

शोषण तथा जुल्म की शिकार महराजगंज के किसानों की सबसे बड़ी समस्या जोती- बोई जानेवाली भूमि पर स्वामित्व या दखीलकारी अधिकार का अभाव था। प्रो. सक्सेना ने इसमें भूमि सुधार आंदोलन प्रारंभ किया। इस आंदोलन की तीव्रता के आगे घुटने टेकते हुए तत्कालीन यूनाइटेड प्राविंस की सरकार ने 1345 फ. (1938 ई.) का विशेष गण्डेविया बंदोबस्त लागू किया। इसके अंतर्गत सात लाख एकड़ भूमि पर काश्तकार किसानों को दखीलकारी अधिकार प्राप्त हुआ।

महराजगंज तहसील में शिक्षा के प्रसार हेतु 1940 ई. में उन्होंने गणेश शंकर विद्यार्थी स्मारक इंटर कॉलेज की स्थापना पं. नेहरू के हाथों कराया। उसके पश्चात् उच्च शिक्षा के लिए समीप में ही जवाहरलाल नेहरू स्मारक पी.जी. कॉलेज महराजगंज का शिलान्यास 6 सितंबर, 1966 को प्रधानमंत्री इंदिरा गांधी के हाथों तथा

लाल बहादुर शास्त्री डिग्री कॉलेज, फरेंदा (अब आनंद नगर) महराजगंज की स्थपाना 1972 में किया।

6 दिसंबर, 1946 से 26 नवंबर, 1949 तक भारतीय संविधान निर्मात्री सभा के एक सक्रिय सदस्य के रूप में प्रो. सक्सेना ने अपना योगदान दिया। संविधान के मौलिक अधिकार और असंवैधानिक उपचारों के अधिकार (अनुच्छेद 32) की तैयारी में प्रो. सक्सेना का योगदाना महत्त्वपूर्ण रहा।

महराजगंज क्षेत्र में किसानों की खुशहाली एवं खेती की सिंचाई हेतु नहरों का जाल बिछाने के लिए प्रो. सक्सेना ने पं. नेहरू के प्रधानमंत्री काल में इक्कीस दिनों तक भूख हड़ताल किया और पं. नेहरू को गंडक नगर परियोजना गोरखपुर को स्वीकृत करना पड़ा।

स्वतंत्रता-प्राप्ति के पश्चात् प्रो. सक्सेना राजनीति में सक्रिय रहे। उन्होंने 13 वर्षों तक उत्तर प्रदेश विधान परिषद एवं विधान सभा तथा 23 वर्षों तक लोकसभा के सदस्य के रूप में जनहित व राष्ट्रहित के लिए सदैव संघर्ष किया। स्वाधीनता सेनानी प्रो. सक्सेना ने अपनी अव्यवस्थित जीवनशैली, लगातार दौड़-धूप तथा अग्रेजों की यातनाओं का शिकार होने के कारण लंबी बीमारी के बाद 20 अक्तूबर, 1985 को बलरामपुर अस्पताल लखनऊ में मृत्यु को गले लगा लिया।[2]

3. स्वतंत्रता संग्राम सेनानी स्व. अशरफी लाल

अशरफी लाल का जन्म सन् 1916 में तेलवा टीकर नामक गाँव में हुआ था। 1927-28 में साइमन कमीशन के विरोध के समय स्व. अशरफी लाल मिडिल स्कूल के छात्र थे साइमन कमीशन के विरोध प्रदर्शन में लाला लाजपत राय की मृत्यु हो गई जिससे स्व.लाल विचलित हो गए और स्वतंत्रता संग्राम में रुचि लेने लगे।

सन् 1929 में महात्मा गांधी जी महराजगंज पधारे जिससे स्व.लाल की राष्ट्र प्रेम भावना चरम पर पहुँच गई, मिडिल स्कूल में कुछ लोग देश-प्रेम की कविता की पुस्तिकाएँ बेच रहे थे उसमें एक कविता थी—

बताएँ तुम्हें हम कि क्या चाहते हैं
गुलामी से होना रिहा चाहते हैं
अजी ऐसे जीने पर सौ बार लानत
वतन के लिए सर दिया चाहते हैं।

स्व. अशरफी लाल ने सन् 1930 में पढ़ाई छोड़कर स्वतंत्रता संग्राम आंदोलन में शामिल हो गए और जनपद बस्ती को अपना कार्य क्षेत्र बनाया। पहली बार सन् 1930 दिसंबर में गिरफ्तार हुए, 23 मार्च, 1931 को सरदार भगत सिंह को फाँसी हो गई जिसके फलस्वरूप शिब्बन लाल सक्सेना के नेतृत्व में मशाल जुलूस निकाला गया और 24 मार्च को गोरखपुर में हड़ताल किया गया।

6 फरवरी को दूसरी बार गिरफ्तार हुए और जुर्माना न भरने पर 6 माह की अतिरिक्त सजा हुई। और पैतृक जमीनों को अंग्रेज सरकार द्वारा नीलाम कर दिया गया। इसके पश्चात् 1933 में फिर गिरफ्तार हुए और 10.1.1933 को 6 माह की सख्त कैद की सजा सुनाई गई।

सन् 1933 में ही ईख संघ की स्थापना हुई। स्व. लाल कांग्रेस में कार्य करते हुए समाजवाद से प्रभावित हुए एवं सन् 1934 में जिला कांग्रेस समाजवादी संगठन में विशेष भाग लिए जिसमें श्री जयप्रकाश नारायण, अशोक मेहता, लोहिया जी आदि प्रमुख नेता थे।

सन् 1934 में बिहार में भूकंप आया जिसमें स्व.लाल ने पं. राजाराम शर्मा के साथ मिलकर कविता छपवाकर 1 एक-एक पैसे में बेचकर भूकंप पीडितों की सहायता में योगदान दिया।

गोरखपुर एवं बस्ती में तमाम जमीनें किसानों के नाम दर्ज नहीं थीं सन् 1937-38 के बाद शिब्बन लाल सक्सेना के नेतृत्व में किसानों को उनकी जमीन पर कब्जा दिलाने में मदद की।

स्व.लाल ने 11 जनवरी, 1941 को खलीलाबाद के महुली में सत्याग्रह किया और उन्हें तीन माह की सजा सुनाई गई और दस दिन बाद गाजीपुर भेज दिया गया। 9 अगस्त, 1942 को जिला कांग्रेस कार्यालय पक्का बाजार चौक में लोग इकट्ठे थे कि पुलिस ने सबको गिरफ्तार कर लिया, स्व. लाल को इंस्पेक्टर भुलोटन दास ने गिरफ्तार किया और दफा 29 में जेल में बंद कर दिया। स्व.लाल 9 नवंबर, 42 तक बस्ती जेल में बंद रहे फिर नैनी सेंट्रल जेल भेज दिया गया। सन् 1944-45 के आसपास सभी लोग रिहा हो गए। तीन माह बस्ती में एवं 28 माह नैनी सेंट्रल जेल में बंद रहे।

सन् 1952 से 1964 तक केंद्रीय मंत्री भानु प्रताप सिंह के फार्म पर रहे, इसी बीच 1964 में ही मेहदावल डी.ए.वी. हाईस्कूल पर आकर कुछ दिनों तक कार्यालय का भी काम किए। सन् 1966 में अपने पैतृक गाँव जनपद बेलवा टीकर लौटकर कृषि कार्य करने लगे। बेलवा टीकर में प्रतिवर्ष उनका स्मृति दिवस 16 अक्तूबर को मनाया जाता है। जिसमें लोगों का योगदान रहता है। श्री लाल की 1999 में मृत्यु हो गई।

4. अक्षयवर सिंह

अक्षयवर सिंह ने अल्पायु में ही विद्यालय छोड़ असहयोग आंदोलन में भाग लिया। इन्होंने 1930 में सनहा सत्याग्रह आंदोलन का संचालन किया। व्यक्तिगत सत्याग्रह आंदोलन का संचालन करने के कारण भारत रक्षा कानून के अंतर्गत इन्हें सजा हुई। 1942 में 18 माह नजरबंद रहे। सन् 1946 से 1967 तक उत्तर प्रदेश विधानसभा के सदस्य रहे।

5. डॉ. विश्वनाथ मुखर्जी

लोकप्रिय नेता एवं गोरखपुर परिक्षेत्र में कांग्रेस की स्थापना करने वालों में डॉ. मुखर्जी प्रमुख थे। असहयोग आंदोलन में 1920-21 में दो वर्ष की सजा पाई। 1929 में मेरठ षड्यंत्र केस के सिलसिले में पकड़े गए, 4 वर्ष जेल में रहे। जेल से मुक्त होने के बाद किसान व मजदूर सभा तथा रेलवे यूनियन के संगठन कार्य से जुट गए। श्री विश्वनाथ मुखर्जी प्रथम आम चुनाव में विधानसभा के सदस्य थे।

6. बाबा राघवदास

बाबा राघवदास का असली नाम 'राघवेंद्र' था। उनका जन्म 12 दिसंबर, 1896 को महाराष्ट्र के पूना (अब पुणे) नगर के पाच्छापुर ग्राम में पिता शेषो दामोदर उर्फ शैषप्पा के ब्राह्मण परिवार में माता यशोदा के यहाँ हुआ था। पिता माधव संप्रदाय के वैष्णवी साधक थे। उनके पाँच भाई एवं तीन बहन थीं। सन् 1901 में प्लेग की बीमारी से उनके माता-पिता, सभी भाई व बहन काल-कवलित हो गए। इस प्रकार मात्र 5 वर्ष की अल्पायु में ही राघवेंद्र अनाथ हो गए। राघवेंद्र ने 1913 तक बंबई (मुंबई) में रहकर एफ.ए. पास किया। 11 फरवरी, 1913 को राघवेंद्र ने बंबई छोड़ दिया। राघवेंद्र के व्यथित मन को शांति के लिए एक योग्य गुरु की तलाश थी और इसी खोज में बंबई से इधर-उधर भारत भ्रमण करते तथा भटकते हुए महान संत अनंत महाप्रभु के बरहज आश्रम, गोरखपुर (अब देवरिया) पर पहुँच गए। योगिराज अनंत महाप्रभु के सान्निध्य में राघवेंद्र को परम शांति प्राप्त हुई। योगिराज अनंत महाप्रभु का शिष्यत्व ग्रहण कर राघवेंद्र से वे बाबा राघवदास बन गए। 1916 में अनंत महाप्रभु के ब्रह्मलीन होने के पश्चात् बाबा राघवदास उनके उत्तराधिकारी एवं बरहज आश्रम के महंत हो गए। इसके पश्चात् बरहज आश्रम स्थित गुफा में लगभग तीन वर्ष तक उन्होंने एकांत साधना किया।

1 अगस्त, 1920 को लोकमान्य तिलक की मृत्यु पर आश्रम की शोकसभा को संबोधित करते हुए उन्होंने कहा, 'तिलक जी कह गए हैं कि स्वराज्य हमारा जन्मसिद्ध अधिकार है। उनके न रहने पर उसका बड़ा दायित्व हम लोगों के कंधे पर आ गया है।' संन्यासी बाबा राघवदास की वाणी ने वहाँ उपस्थित लोगों को हतप्रभ कर दिया। इसके पश्चात् उनका मन गुफा से बाहर निकलकर स्वतंत्रता आंदोलन में भाग लेने के लिए व्यग्र हो उठा और अब क्षेत्र के स्वतंत्रता सेनानी उनके पास आजादी की लड़ाई में संघर्ष करने के निवेदन करने गए, तो उनके कदम सहर्ष गुफा छोड़कर आत्म-मुक्ति की अपेक्षा जन्ममुक्ति के महत्तर आदर्श की ओर बढ़ गए।

8 फरवरी, 1921 में महात्मा गांधी के गोरखपुर आगमन पर बरहज आश्रम के पीत वस्त्रधारी छात्रों के साथ बाबा राघवदास जार्ज इस्लामिया कॉलेज में उनसे मिले। विद्यार्थियों ने गांधी के समक्ष वेद का सस्वर पाठ किया तो प्रभावित बापू ने विद्यार्थियों से प्रश्न किया कि पढ़कर क्या करोगे? विद्यार्थियों ने उत्तर दिया 'देश सेवा'। इसके पश्चात् गांधी ने मंच से घोषणा की कि 'यदि बाबा राघवदास जैसे दस संत मुझे मिल जाएँ तो भारत की आजादी मेरे लिए दाएँ-बाएँ हाथ का खेल होगा।' गांधी जी से मुलाकात के पश्चात् बाबा कांग्रेस में सम्मिलित हो गए।

गोरखपुर मंडल में बाबा राघवदास गांधी के हनुमान बन गाँव-गाँव घूमने से यहाँ का चप्पा-चप्पा जाग उठा और अंग्रेजी हुकूमत के खिलाफ हुंकार भरने लगा। बाबा राघवदास की सक्रियता से अंग्रेज शासक घबरा उठे और मार्च 1921 को दफा '144 ए' के अंतर्गत गिरफ्तार करके जेल भेज दिए। यह उनकी प्रथम गिरफ्तारी थी। अब बाबा प्रांतीय स्तर के नेता हो गए थे। 13 अप्रैल, 1921 को जलियाँवाला बाग कांड की स्मृति में एक विशाल जुलूस निकाला गया। जुलूस में नंगे पाँव, नंगे सिर लगभग 15 हजार जनसमूह ने भाग लिया। संयुक्त प्रांत (अब उत्तर प्रदेश) की तत्कालीन सरकार को यह जुलूस बहुत खटका फलस्वरूप गणेश शंकर विद्यार्थी, रंगा ऐडयर के साथ बाबा राघवदास को गिरफ्तार कर लिया गया। बाबा राघवदास को 'दफा 108' में गिरफ्तार किया गया था। 19 जुलाई, 1921 को देवरिया में उन्हें एक वर्ष का सश्रम कारावास का दंड दिया गया। अदालत के बाहर निर्णय सुनने को व्यग्र लगभग 70 हजार की भीड़ को उन्होंने शांतिपूर्वक चले जाने का आदेश दिया। जिसका जनता ने चुपचाप पालन किया।

गोरखपुर में उस समय असहयोग आंदोलन अपने उत्कर्ष पर चल रहा था। 4 फरवरी, 1922 को गोरखपुर के चौरी-चौरा थाने पर देश के इतिहास में प्रसिद्ध चौरी-चौरा कांड

घटित हुआ। इस घटना में एक तरफ थाने पर मौजूद पुलिसकर्मियों ने बंदूकों से गोली रहने तक गोलियाँ चलाकर जलियाँवाला कांड को दुहराने का प्रयास किया, तो दूसरी तरफ यह जानकारी होने पर कि पुलिस की गोलियाँ समाप्त हो गई हैं, वहाँ मौजूद क्रुद्ध भीड़ ने थाने में आग लगा दिया। फलस्वरूप थाने में मौजूद सभी पुलिसवाले जलकर मर गए। इस कांड से क्रोधित होकर अंग्रेजी सरकार ने उस क्षेत्र में गाँवों में निरीह लोगों पर नादिरशाही अत्याचार किया। गोरखपुर में सरकार द्वारा चलाए गए मुकदमे के फैसले से सेशन कोर्ट ने 9 फरवरी, 1923 को 172 व्यक्तियों को फाँसी की सजा, दो को दो वर्ष की सजा तथा अन्य 47 को बरी कर दिया।

बाबा राघवदास ने इन स्वतंत्रता सेनानियों को छुड़ाने हेतु प्रयत्न प्रारंभ कर दिया। सेशन कोर्ट ने निर्णय के विरुद्ध उच्च न्यायालय में याचिका दायर की गई। इलाहाबाद जाकर बाबा राघवदास ने मुकदमे की पैरवी के दौरान पं. मोतीलाल नेहरू व पं. मदन मोहन मालवीय से संपर्क किया। पं. मदन मोहन मालवीय से बाबा राघवदास इतनी भावुकता से मिले कि मालवीय जी स्वयं मुकदमे में वकालत करने के लिए तैयार हो गए। मालवीय जी के प्रखर वाणी एवं तर्कपूर्ण बहस ने अभियोग की धारा ही बदल दी। फलस्वरूप 172 व्यक्तियों में से केवल 19 को ही फाँसी की सजा बहाल हुई। बाबा राघवदास के प्रयासों से चौरी-चौरा कांड मुकदमे में जो सफलता मिली उससे जनता में उनका प्रभाव बहुत बढ़ गया।

इसके पूर्व बाबा राघवदास ने 11 फरवरी, 1923 को सभा न करने की सरकारी आज्ञा भंग कर चौरी-चौरा थाने के समीप एक विशाल आमसभा का योजन कर ढाई घंटे तक जनता को संबोधित किया। उपरोक्त फैसले पर क्रुद्ध अंग्रेज सरकार ने थाने वाले भाषण को 'राजद्रोहात्मक' घोषित करते हुए बाबा राघवदास को गिरफ्तार कर लिया और उन्हें एक वर्ष की ही कैद की सजा दिया।

सन् 1928 में साइमन कमीशन के भारत आने पर कांग्रेस द्वारा उसके बहिष्कार के कारण लाहौर में पुलिस की लाठियों से घायल लाला लाजपत राय की मृत्यु हो गई। लाला जी पर हुए इस बर्बर प्रहार से बाबा जी बहुत आहत हुए। 1928 में इस घटना के विरोध में गोरखपुर में हुए जनसभा में रोषपूर्वक कहा कि लाला जी यह कहना कि 'हर लाठी जो मेरे ऊपर पड़ी है, अंग्रेजी सरकार के दामन में कील बनकर चुभेगी' सच निकलेगा। हमारे नौजवान अंग्रेजी सरकार का दामन फाड़ डालेंगे। इस घटना के उपरांत बाबा जी यद्यपि कांग्रेसी थे, परंतु उनके मन में क्रांतिकारियों के प्रति अनुराग उत्पन्न हो गया। वे पं. राम प्रसाद बिस्मिल से गोरखपुर जेल में मिले और बिस्मिल से उनकी

मित्रता हो गई। पं. राम प्रसाद बिस्मिल को 19 दिसंबर, 1927 को गोरखपुर जेल में फाँसी दिए जाने के बाद बाबा जी उनके अस्थिकलश को बरहज आश्रम लेकर आए और अपने गुरु अनंत महाप्रभु की समाधि के पास ही एक पक्का चबूतरा बनवाकर स्थापित किया।

12 मार्च, 1930 को नमक आंदोलन हेतु गांधी ने दांडी मार्च प्रारंभ किया। गांधी जी द्वारा चलाए जा रहे नमक सत्याग्रह को पूर्वांचल में चलाने हेतु बाबा जी ने बरहज आश्रम में सत्याग्रही जत्थे के साथ बरहज से पडरौना की पद यात्रा की और 14 अप्रैल, 1930 को बसंतपुर घूसी में हजारों ग्रामीणों के बीच नमक बनाया। पडरौना वापस आने पर वह पुलिस द्वारा गिरफ्तार कर लिए गए। न्यायालय द्वारा उन्हें 6 माह के सश्रम कारावास की सजा दी गई। जेल से छूटने पर बिहार में सरकार के दमन चक्र के विरुद्ध एक बड़े जुलूस के साथ जब वह भोरे थाना (जिला गोपालगंज, बिहार) पर पहुँचे तो उन्हें गिरफ्तार कर लिया गया, परंतु 15 दिन बाद उन्हें मुक्त कर दिया गया।

8 अगस्त, 1942 को बंबई में अखिल भारतीय कांग्रेस कमेटी ने 'अंग्रेजो भारत छोड़ो' प्रस्ताव पारित किया। कांग्रेस के बड़े नेता वहीं गिरफ्तरा कर लिए गए परंतु बाबा राघवदास बंबई से छिपकर यहाँ चले आए और आंदोलन का संचालन करने लगे। बाबा जी की गिरफ्तारी के लिए संयुक्त प्रांत की सरकार ने 500 रुपया इनाम की घोषणा की पर पुलिस अपने तमाम प्रयासों के बावजूद उन्हें पकड़ने में असमर्थ रही। इस बीच दो वर्षों तक भूमिगत रहते हुए उन्होंने अंग्रेजी शासन के खिलाफ अनेक क्रियाकलापों को अंजाम दिया। 1944 में महात्मा गांधी द्वारा भूमिगत देशभक्त नेताओं से आत्मसमर्पण की अपील पर बाबा राघवदास ने 7 अगस्त, 1944 को लखनऊ में चारबाग रेलवे स्टेशन पर अपनी गिरफ्तारी दिया। 1946 में पूरी सजा काटकर वह जेल से छूटने के पश्चात् जब वह अपने बरहज आश्रम पहुँचे तो लाखों लोगों के अपार जनसमूह ने बाबा का भव्य स्वागत किया।

15 अगस्त, 1947 को भारत को पूर्ण स्वतंत्रता प्राप्त हो गई। गांधी जी के स्वराज आंदोलन को पूर्वी उत्तर प्रदेश के गाँव-गाँव तक पहुँचाने का श्रेय बाबा राघवदास को है। इसीलिए आजादी की लड़ाई के समय लोग उन्हें पूर्वांचल का गांधी कहने लगे परंतु इस लोकप्रियता के बदले बाबा जी अंग्रेजों के कोप का शिकार होकर आंदोलन के समय दस बार जेल भी भेजे गए।

सन् 1948 में एक समर्पित कार्यकर्ता की भाँति कांग्रेस का अनुशासन मानकर उन्होंने कांग्रेस प्रत्याशी के रूप में ऐतिहासिक विधानसभा चुनाव में फैजाबाद से आचार्य नरेंद्र

देव के विरुद्ध चुनाव लड़े। इस चुनाव में अपनी विजय से वे प्रसन्न नहीं हुए। विधानसभा में उन्होंने सदैव उपेक्षित, पीड़ित, दलित तथा गरीब किसानों को हक की आवाज उठाई। 1951 ई. में आचार्य विनोबा भावे द्वारा संचालित 'भूदान यज्ञ' हेतु अपना जीवन समर्पित करते हुए, भावे द्वारा 'भूदान के हनुमान' की उपाधि प्राप्त किया।

पूर्वी उत्तर प्रदेश में शिक्षा के प्रचार-प्रसार के लिए बाबा जी ने अथक प्रयास किया। तत्कालीन गोरखपुर व आधुनिक देवरिया एवं महराजगंज के विद्यालयविहीन पिछड़े क्षेत्र में अनेक विद्यालयों की स्थापना के पीछे उनका सक्रिय योगदान था। कुष्ठ रोगी सेवा को पवित्र कार्य मानने वाले बाबा जी ने गोरखपुर में 1951 में कुष्ठ सेवा आश्रम की स्थापना किया। जिसे समस्त उत्तर प्रदेश में गैर ईसाइयों द्वारा संचालित प्रथम संस्था होने का गौरव प्राप्त है।

1952 में जब उन्हें यह सूचना प्राप्त हुई कि उ.प्र. सरकार ने किसान विरोधी निर्णय लेते हुए 'कोल्हू' पर टैक्स लगा दिया है तो सरकार के इस निर्णय से दुखी होकर उन्होंने 12 फरवरी, 1952 को विधानसभा की सदस्यता से त्यागपत्र दे दिया। 1954 तक वे गांधी स्मारक निधि के अध्यक्ष बने रहे।

आचार्य विनोबा भावे ने भूदान यज्ञ हेतु उन्हें बड़ी जिम्मेदारी सौंप दिया था। भूदान यज्ञ हेतु उन्होंने लगभग 21000 किमी. की पदयात्रा किया जिससे लगभग 100 गाँव दान में प्राप्त करने के साथ 50 हजार एकड़ भूमि व 48 हजार नकद धनराशि भी प्राप्त किया था। पूर्वांचल की माटी से उनका अगाध लगाव था। महाराष्ट्र का पूना उनकी जन्मभूमि थी तो वर्तमान देवरिया, पडरौना, महराजगंज सहित पूरा गोरखपुर उनकी कर्मभूमि थी। अंततः 15 जनवरी, 1958 को मध्य प्रदेश के सिवनी में 'महाकोसल सर्वोदय सम्मेलन' में भाग लेने गए बाबा राघवदास ने अपने नश्वर शरीर को त्याग दिया। प्रयागराज के संगम तट पर उनका पार्थिव शरीर पंचतत्त्व में विलीन किया गया।[3]

7. रामप्रसाद भलोटिया

स्वतंत्रता संग्राम सेनानी रामप्रसाद भलोटिया का जन्म फाल्गुनी सुदी पंचमी, दिन बुधवार, सन् 1947 विक्रमी को जनपद महराजगंज के अंतर्गत सिसवा बाजार में हुआ था। उनके पौत्र श्री प्रकाश भलोटिया के अनुसार श्री रामप्रसाद भलोटिया ने असहयोग आंदोलन व विदेशी वस्तुओं के बहिष्कार का कांग्रेस एवं गांधी जी के आह्वान पर अपने दुकान से समस्त विदेशी कपड़ों को निकालकर आचार्य नरेंद्र देव की उपस्थिति

में जला दिया। उन्हें अंग्रेज सरकार ने 13 जनवरी, 1922 को धारा 147 का दोषी मानते हुए छह माह की कैद एवं 1000 रुपए जुर्माना की सजा दिया। 22 सितंबर, 1922 को पुनः एक माह की कैद एवं 1000 रुपए की जुर्माना की सजा मिली। सन् 1931 में सिसवा क्षेत्र के मौजा खेसारी में लगान देने का विरोध करने पर सिसवा के जमींदार नवल किशोर सिंह एवं परमहंस सिंह ने उन्हें घोड़ाबघी में बाँधकर घसीटते हुए कुछ समय पश्चात् मरणासन्न समझकर, वे लोग उन्हें जमीन पर छोड़कर चले गए। इस जुल्म के विरोध में महात्मा गांधी ने ब्रिटिश सरकार के समक्ष इंग्लैंड में अपनी बात को रखा। उसके उपरांत उन्हें 23 दिसंबर, 1940 को धारा 38 (5) डिफेंस ऑफ इंडिया रूल के अंतर्गत 9 माह की कैद और 1000 रुपए जुर्माने की सजा दी गई। 1943 में रामप्रसाद भलोटिया ने 18 माह नजरबंदी की सजा पूर्व प्रधानमंत्री लाल बहादुर शास्त्री एवं मंगला प्रसाद के साथ केंद्रीय कारागार नैनी इलाहाबाद में पूरा किया। भलोटिया ने कार्तिक बदी एकादशी संवत 2034 विक्रमी दिनांक 27.10 .1978 को अपने शरीर का त्याग कर दिया।

सूची-1

सन् 1857 की क्रांति में कुछ विद्रोहियों को अंग्रेजों द्वारा दिए गए दंड का विवरण*

1.	मुशर्रफ खाँ (नायब नाजिम, गोरखपुर)	फाँसी
2.	रसूल अली	फाँसी
3.	औलाद अली	फाँसी
4.	नवंदा राय	फाँसी
5.	वाहिद अली	फाँसी
6.	पशुपति नाथ	फाँसी
7.	रमजान अली खाँ	फाँसी
8.	लाल खाँ	फाँसी
9.	वलीदाद खाँ	फाँसी
10.	करीमदाद खाँ	फाँसी

* 1857 की क्रांति में शहीद हुए सेनानियों को उनके ग्राम आदि का उल्लेख न होने के कारण गोरखपुर से महराजगंज के क्रांतिकारियों को पृथक् करना संभव नहीं है, इसलिए पूरी सूची दी जा रही है।

11.	हैदर हुसेन (तहसीलदार, बृजमनगंज)	फाँसी
12.	इनायत अली	फाँसी
13.	सीताराम (मंसूरगंज का जमींदार)	फाँसी
14.	हैदर खाँ	फाँसी
15.	उमर खाँ	फाँसी
16.	शिवगुलाम सिंह (रुधौलीपुर के बाबू)	युद्ध में शहीद
17.	खैरात अली	10 वर्ष की कैद
18.	शेख फैजू	10 वर्ष की कैद
19.	राजा नगर	जेल में मृत्यु
20.	मिर्जा फतह अली	कालापानी
21.	राजा सतासी	कालापानी
22.	अज्ञात 10 व्यक्ति	फाँसी
23.	अज्ञात 09 व्यक्ति	फाँसी

सूची-2

फ्रीडम स्ट्रगल इन उत्तर प्रदेश वा. 4, उत्तर प्रदेश सरकार, लखनऊ, 1959 (सैयद अतहर अब्बास रिजवी-सं.) के अनुसार सन् 1857 में गोरखपुर (महराजगंज) के क्रांतिकारियों की सूची*

1.	राजा रंडुल सेन	निचलौल	गोरखपुर
2.	राजा इनायत अली शाह	शाहपुर	गोरखपुर

सूची-3

शासकीय अभिलेखों के अनुसार सन् 1942 के संघर्ष में एक वर्ष तक सजा पाने वाले स्वतंत्रता सेनानियों की सूची

1.	रघुवीर अहीर पुत्र श्री चिनकू अहीर, फरेंदा, महराजगंज	11.2.1942 38(5)	नौतनवा में सरकार विरोधी भाषण, 6 माह कैद।
2.	जनकराज, पुत्र श्री महावीर सेखुई, निचलौल महराजगंज	23.2.1942 38 डी.आई. आर.	6 माह कैद।

* डिस्ट्रिक्ट गजेटियर, बस्ती 1907 (संपादक—राजेंद्र सिंह)

3.	श्यान सुंदर पुत्र श्री हीरा सेखुई, निचलौल, महराजगंज	23.2.1942 38 डी.आई. आर.	6 माह कैद।
4.	नामचंद्र पुत्र श्री जियावन, रजौत, महराजगंज	38 डी.आई.आर.	आपत्तिजनक भाषण दिए, 3 माह कैद।
5.	रक्षा मिसिर पुत्र श्री रामअवतार मिसिर सोनबरसा, कोठीभार, महराजगंज	28.6.1942 38 डी.आई. आर.	सरकार विरोधी गतिविधियाँ, 2 माह कैद।
6.	इंद्रपाल सिंह पुत्र श्री महावीर सिंह कोठीभार, महराजगंज	17.7.1942 38 डी.आई. आर.	आपत्तिजनक पत्र प्राप्त हुए, 500 रुपए जुर्माना, 3 माह कैद।
7.	रामगति पुत्र श्री चित्तू कोठीभार, महराजगंज	03.4.1942 38 डी.आई. आर.	आपत्तिजनक पत्र प्राप्त हुए, 500 रुपए जुर्माना, 3 माह कैद।
8.	भवानी पुत्र श्री जोर कोठीभार, महराजगंज	03.4.1942 38 डी.आई. आर.	आपत्तिजनक पत्र प्राप्त हुए, 500 रुपए जुर्माना, 3 माह कैद।
9.	नृसिंह पांडेय पुत्र श्री हंसबहादुर पांडेय कोठीभार, महराजगंज	26.1.1942 39 डी.आई.आर.	आपत्तिजनक पत्र प्राप्त हुए, 500 रुपए जुर्माना, 6 माह कैद।
10.	रामगुलाम पुत्र श्री रघुनंदन कोठीभार, महराजगंज	16.9.1942 38 डी.आई. आर.	रेलवे लाइन तोड़ने पर एक वर्ष सजा।
6.	इंद्रपाल सिंह पुत्र श्री महावीर सिंह कोठीभार, महराजगंज	17.7.1942 38 डी.आई. आर.	आपत्तिजनक पत्र प्राप्त हुए, 500 रुपए जुर्माना, 3 माह कैद।
7.	रामगति पुत्र श्री चित्तू कोठीभार, महराजगंज	03.4.1942 38 डी.आई. आर.	आपत्तिजनक पत्र प्राप्त हुए, 500 रुपए जुर्माना, 3 माह कैद।
8.	भवानी पुत्र श्री जोर कोठीभार, महराजगंज	03.4.1942 38 डी.आई. आर.	आपत्तिजनक पत्र प्राप्त हुए, 500 रुपए जुर्माना, 3 माह कैद।
9.	नृसिंह पांडेय पुत्र श्री हंसबहादुर पांडेय कोठीभार, महराजगंज	26.1.1942 39 डी.आई.आर.	आपत्तिजनक पत्र प्राप्त हुए, 500 रुपए जुर्माना, 6 माह कैद।
10.	रामगुलाम पुत्र श्री रघुनंदन कोठीभार, महराजगंज	16.9.1942 38 डी.आई. आर.	रेलवे लाइन तोड़ने पर एक वर्ष सजा।

सूची–4

1 साल से ऊपर और 3 साल तक सजा पाने वाले स्वतंत्रता संग्राम सेनानियों की सूची*

1.	तेजई पुत्र श्री चोकट बिटौलिया, निचलौल, महराजगंज	24.2.1942 38 डी.आई.आर.	सरकार विरोधी प्रचार किया, 18 माह की कैद।
2.	काली पुत्र श्री गजाधर अहिरौली, निचलौल, महराजगंज	24.8.1942 38 डी.आई.आर.	सरकार विरोधी प्रचार किया, 18 माह की कैद।
3.	किरतार्थ पुत्र श्री नंदन अहिरौली निचलौल, महराजगंज	24.8.1942 38 डी.आई.आर.	सरकार विरोधी प्रचार किया, 18 माह की कैद।
4.	सुमारी पुत्र श्री छटकई, अहिरौली, निचलौल, महराजगंज	24.8.1942 38 डी.आई.आर.	सरकार विरोधी प्रचार किया, 18 माह की कैद।
5.	सिअई पुत्र श्री रघुनई सुखूर, निचलौल, महराजगंज	24.8.1942 38 डी.आई.आर.	सरकार विरोधी प्रचार किया, 18 माह की कैद।
6.	पूरन पुत्र श्री चिरकुट झुलनीपुर, निचलौल, महराजगंज	24.8.1942 38 डी.आई.आर.	सरकार विरोधी प्रचार किया, 18 माह की कैद।
7.	पतराज पुत्रश्री चोकट गड़हिया, निचलौल, महराजगंज	24.8.1942 38 डी.आई.आर.	सरकार विरोधी प्रचार किया, 18 माह की कैद।
8.	चोकट पुत्रश्री तपेसर गड़हिया, निचलौल, महराजगंज	24.8.1942 38 डी.आई.आर.	सरकार विरोधी प्रचार किया, 18 माह की कैद।
9.	गोविंद पुत्र श्री हरपत, झुलनीपुर, निचलौल, महराजगंज	24.8.1942 38 डी.आई.आर.	सरकार विरोधी प्रचार किया, 18 माह की कैद।
10.	नौइरी पुत्र श्री पूरन मीलपुर, निचलौल, महराजगंज	24.8.1942 38 डी.आई.आर.	सरकार विरोधी प्रचार किया, 18 माह की कैद।
11.	मोहन पुत्र श्री अभिलख, विशुनपुर, निचलौल, महराजगंज	26.11.1942 38 डी.आई.आर.	सरकार विरोधी प्रचार किया, 18 माह की कैद।
12.	सूरज पुत्र श्री त्रिवेणी बागापार, महराजगंज	31.8.1942 38 डी.आई.आर.	आपत्तिजनक भाषण दिया, 2 वर्ष की कैद।
13.	वीपल पुत्र श्री तेमल अनवरातर, महराजगंज	24.8.1942 38 डी.आई.आर.	सरकार विरोधी गतिविधियाँ, 18 माह की कैद
14.	बिरजू पुत्र श्री बुद्ध सिगार, महराजगंज	23.9.1942 35 डी.आई.आर.	आपत्तिजनक भाषण दिया, 2 वर्ष की कैद।
15.	संपत पुत्र श्री फूनी अनवरातर, महराजगंज	28.4.1942 38 डी.आई.आर.	सरकार विरोधी गतिविधियाँ, 18 माह की कैद।

* गृह मंत्रालय, राजनैतिक-1942

16.	बुद्धराम पुत्र श्री ठाकुर गनेशपुर, महराजगंज	24.8.1942 38 डी.आई.आर.	सरकार विरोधी गतिविधियाँ 18 माह की कैद।
17.	मदन पांडेय पुत्र श्री हनुमान पांडेय, सिसवा बाजार, कोठीभार, महराजगंज	07.2.1942 38 डी.आई.आर.	आपत्तिजनक भाषण दिया, 2 वर्ष की कैद।
18.	सुंदर अहीर पुत्र श्री चरित्र अहीर, सिसवा बाजार, महराजगंज	17.2.1942 38 डी.आई.आर.	आपत्तिजनक भाषण दिया, 2 वर्ष की कैद।
19.	हामिद दर्जी पुत्र श्री बली दर्जी मधुबनी, कोठीभार, महराजगंज	26.2.1942 38 डी.आई.आर.	आपत्तिजनक भाषण दिया, 2 वर्ष की कैद।
20.	लाल पुत्र श्री बिझावन लाल भिसो-रौलिया, निचलौल महराजगंज	22.2.1942 38 डी.आई.आर.	सरकार विरोधी प्रचार किया, 2 वर्ष की कैद।

(सूची 3-4)

1. जिलाधिकारी कार्यालय, गोरखपुर
   क. केस फाइल बंडल 1941–1 एवं 2
   ख. केस फाइल बंडल 1942–1 एवं 2
2. लोकल इंटेलिजेंस यूनिट, गोरखपुर
   क. गोपनीय रजिस्टर 1941
   ख. गोपनीय रजिस्टर 1942
3. राजकीय अभिलेखागार, लखनऊ
   क. राजनैतिक विभाग–1942
   ख. पुलिस विभाग–1942
   ग. सेवोटेंज केसेज–1942
   घ. होम जेल डिपार्टमेंट–1942
4. राष्ट्रीय अभिलेखागार, नई दिल्ली।
5. होम डिपार्टमेंट, पॉलिटिकल फाइल, 1942।

संदर्भ

1. पूर्वांचल में स्वाधीनता संघर्ष—डॉ. कृष्ण कुमार पांडेय, पृ. 47
2. वही
3. वही

अध्याय : 7

स्वतंत्रता संग्राम से संबंधित प्रमुख गाँव उनकी वर्तमान स्थिति, स्मारकों का विवरण

1. निचलौल और तिलपुर

1857 के स्वतंत्रता संघर्ष में इस गाँव का अत्यधिक महत्त्व था। निचलौल के राजा रंडुल सेन के कारण स्वतंत्रता आंदोलन के समय इस स्थान का महत्त्व बढ़ गया था। नेपाल की दक्षिणी सीमा से सटे गोरखपुर के उत्तरी भाग में स्थित तत्कालीन तिलपुर के राजा रंडुल सेन ने विद्रोह में महत्त्वपूर्ण भूमिका अदा किया था। यह भू-भाग पहले बुटवल के राजा के अधिकार में था। 1801 ई. में कंपनी सरकार ने बुटवल के राजा से परगना तिलपुर व विनायकपुर का बंदोबस्त अपने हाथ में ले लिया। 1806 ई. में नेपाल के राजा ने बुटवल के राजा पृथ्वीपाल सेन को पहले बंदी बनाया फिर उनकी हत्या करा दिया। तत्पश्चात् उनके पुत्र रतनसेन भागकर गोरखपुर अंग्रेजों की शरण में आ गए। ईस्ट इंडिया कंपनी शासन ने उनको संरक्षण के साथ मासिक भत्ता (पेंशन) देना प्रारंभ कर दिया। 1826 ई. में राजा रतनसेन की मृत्यु हो गई। रतनसेन के पश्चात् उनके उत्तराधिकारी विजयसेन राजा बने। राजा विजय सेन से पुनः बुडवल पर कब्जे की आशा छोड़ परगना तिलपुर अंतर्गत निचलौल को अपना निवास व राजधानी बना लिया। इसके उपरांत वह निचलौल के राजा के नाम से संबोधित किए जाने लगे। राजा विजयसेन के उपरांत उनके पुत्र रंडुल सेन निचलौल के राजा बने।

सन् 1857 के महासंग्राम में उसने अंग्रेजी कंपनी सरकार के विरुद्ध लड़ने का निर्णय ले लिया। उसने गोरखपुर के नाजिम मुहम्मद हसन को मान्यता एवं सहयोग दिया। बदले में मुहम्मद हसन ने उसे खिलअत देकर सम्मानित किया। रंडुल सेन इस युद्ध में बर्डपुर से मिस्टर पेपे को बेदखल तथा बाँसी के राजा के पूर्वी भू-भाग को अपने अधीन करना चाहता था। जिसमें वह सफल नहीं हो सका।

11 जनवरी, 1858 को गोरखपुर पर पुनः अंग्रेजों ने अधिकार कर लिया। इसके पश्चात् मिस्टर फोर्ब्स के नेतृत्व में दो रेजीमेंट सेना उसे बंदी बनाने तथा उसके किले को ध्वस्त करने के लिए रवाना की गई। इसकी जानकारी होने पर राजा रंडुल सेन अपना महल छोड़ पलायन कर गया। अंग्रेज उसे पकड़ने में असफल रहे परंतु उसके किले को ध्वस्त कर गोरखपुर लौट गए। 21 मई, 1858 को रंडुल सेन ने उतरौला के मुस्लिम ताल्लुकेदार के साथ सेना संगठित कर मिस्टर पेपे के बर्डपुर स्थित जमींदारी व आवास पर आक्रमण कर दिया। पेपे को अपने अंग्रेज सहयोगियों के साथ भागकर गोरखपुर आना पड़ा। रंडुल सेन ने डुमरी के बाबू बंधु सिंह के साथ मिलकर छापामार युद्ध जारी रखा।

अंत में लेफ्टीनेंट पुल्लन के नेतृत्व में सिखों की सेना रंडुल सेन को गिरफ्तार करने हेतु भेजी गई। परंतु पुल्लन उन्हें पकड़ने में सफल नहीं हो सका। 5 अक्तूबर, 1858 को ज्वाइंट मजिस्ट्रेट मिस्टर बर्ड ने भी रंडुल सेन को गिरफ्तार करने का असफल प्रयास किया। रंडुल सेन को बंदी बनाने में कंपनी सरकार अंत तक सफल नहीं हुई, हारकर अंग्रेज सरकार ने उनकी पेंशन बंद कर दिया। कहा जाता है कि बाबू बंधु सिंह व निचलौल के राजा रंडुल सेन 1857 के विद्रोह में अंग्रेजों को अत्यधिक भयाक्रांत करनेवाले नायकों में थे।[1]

2. सिसवा

महराजगंज जनपद के ग्राम सिसवा का स्वतंत्रता आंदोलन में बहुत महत्त्वपूर्ण योगदान रहा है। यहाँ के रामप्रसाद भलोटिया ने गांधी जी के आह्वान पर अपनी दुकान के सभी विदेशी कपड़ों को जला दिया और लगान देने से मना कर दिया।

स्वतंत्रता संग्राम सेनानी रामप्रसाद भलोटिया का जन्म फाल्गुनी सुदी पंचमी दिन बुधवार सन 1947 विक्रमी को जनपद महराजगंज के अंतर्गत सिसवा बाजार में हुआ था। उनके पौत्र श्री प्रकाश भलोटिया के अनुसार श्री रामप्रसाद भलोटिया ने असहयोग आंदोलन व विदेशी वस्तुओं के बहिष्कार का कांग्रेस एवं गांधी जी के आह्वान पर अपने दुकान से समस्त विदेशी कपड़ों को निकालकर आचार्य नरेंद्र देव की उपस्थिति में जला दिया। उन्हें अंग्रेज सरकार ने 13 जनवरी, 1922 को धारा 147 का दोषी मानते हुए छह माह की कैद एवं 1000 रुपए जुर्माना की सजा दिया। 22 सितंबर, 1922 को पुनः एक माह की कैद एवं 1000 रुपए की जुर्माना की सजा मिली। सन् 1931 में सिसवा क्षेत्र के मौजा खेसारी में लगान देने का विरोध करने पर सिसवा के जमींदार नवल किशोर सिंह एवं परमहंस सिंह ने उन्हें घोड़ाबग्घी में बाँधकर घसीटते हुए कुछ समय पश्चात् मरणासन्न समझकर वे लोग उन्हें जमीन पर छोड़कर चले गए। इस जुल्म के विरोध में महात्मा गांधी ने ब्रिटिश सरकार के समक्ष इंग्लैंड में अपनी बात

को रखा। उसके उपरांत उन्हें 23 दिसंबर, 1940 को धारा 38 (5) डिफेंस ऑफ इंडिया रूल के अंतर्गत 9 माह की कैद और 1000 रुपए जुर्माने की सजा दी गई। 1943 में रामप्रसाद भलोटिया ने 18 माह नजरबंदी की सजा पूर्व प्रधानमंत्री लाल बहादुर शास्त्री एवं मंगला प्रसाद के साथ केंद्रीय कारागार नैनी इलाहाबाद में पूरा किया। भलोटिया ने कार्तिक बदी एकादशी संवत् 2034 विक्रमी दिनांक 27.10.1978 को अपने शरीर का त्याग कर दिया।

3. गोड़धोवा

शिब्बन लाल जमींदारों के लिए आँख की किरकिरी बन चुके थे जिसे निकालना उनके लिए आवश्यक हो गया था। शिब्बन लाल पर जमींदारों और पुलिस का मिला-जुला पहला सशक्त हमला 1942 में हुआ जिसमें शिब्बन लाल बचकर तो निकल गए लेकिन उनके तीन कार्यकर्ता शहीद हो गए। शहीदों की याद में विशुनपुर गबडुआ नामक गाँव में एक शहीद स्मारक भी बना हुआ है। यहाँ से निकलने के बाद शिब्बन लाल को आखिरकार गोड़धोवा गाँव के बाहर उसी गाँव के जमींदार ने पकड़ लिया क्योंकि वह शिब्बन लाल पर घोषित किए गए पुरस्कार को लेना चाहता था। जब गोड़धोवा गाँव के जमींदार ने शिब्बन लाल को अपने आँगन में पकड़कर रखा था तो उसी समय हरपुर महंत का काजी वहाँ पर पहुँचा और उसने शिब्बन लाल सक्सेना को माँगा जिसे न देने पर काजी ने जमींदार को गोली मार दी और उसकी वहीं पर मृत्यु हो गई। हरपुर महंत ने शिब्बन लाल को गोरखपुर के तत्कालीन कलेक्टर ई. वी. डी. मॉस को सौंप दिया जहाँ से शिब्बन लाल को कालकोठरी में डाल दिया गया जहाँ पर वह छब्बीस महीनों तक रहे और उन पर न जाने कितने अत्याचार किए गए जिसकी वजह से शिब्बन लाल की ठीक तरह से बोलने की शक्ति चली गई।

1940 से पहले महराजगंज में कोई स्कूल नहीं था। चारों तरफ अशिक्षा का बोलबाला था। मुश्किल से ही कोई शिक्षित व्यक्ति मिलता था। शिब्बन लाल ने अशिक्षा की कमी से होने वाली समस्या को समझा और 1940 में अपने राजनीतिक जीवन के प्रथम गुरु गणेश शंकर विद्यार्थी के नाम पर यहाँ का पहला स्कूल खोला। इसका वर्तमान नाम गणेश शंकर विद्यार्थी स्मारक इंटरमीडिएट कॉलेज है। 13 मार्च, 1965 में उन्होंने यहाँ का पहला डिग्री कॉलेज आरंभ किया जिसका नाम जवाहरलाल नेहरू के नाम पर रखा। इसके बाद 24 मार्च, 1972 में उन्होंने दूसरा डिग्री कॉलेज लाल बहादुर शास्त्री के नाम पर खोला।

1946 में शिब्बन लाल संविधान निर्मात्री सभा के सदस्य चुने गए और संविधान निर्माण में भी अपना योगदान दिया। स्वतंत्रता प्राप्ति के बाद वे महराजगंज के पहले सांसद बने और इस क्षेत्र के विकास के लिए कार्य किया।

4. विशुनपुर-गवडुआ नरसंहार महराजगंज का गोली कांड

9 अगस्त, 1942 को प्रारंभ हुए स्वतंत्रता आंदोलन 'अंग्रेजो भारत छोड़ो' के सिलसिले में महराजगंज क्षेत्र के प्रसिद्ध नेता बाबू शिब्बन लाल सक्सेना उन दिनों फरार रहकर आंदोलन चला रहे थे, अंग्रेजी सरकार ने उन्हे गिरफ्तार के लिए दस हजार रुपए का इनाम घोषित किया था। श्री शिब्बन लाल जी ने महराजगंज के तहसील कार्यालय पर जनता द्वारा कब्जा करने का प्रोग्राम बनाया था। इसी प्रोग्राम को सफल बनाने हेतु सक्सेना जी गवडुआ, विशुनपुर किसानों को एकजुट करने हेतु तैयारी कर रहे थे, इस बात की खबर यहाँ के जमींदार हरपुर महंत को लगी। महंत के सहयोग से पुलिस ने श्री सक्सेना जी को गोड़धोवा ग्राम में गिरफ्तार कर लिया और दूसरे दिन 28 अगस्त, 1942 को पुलिस तथा महंत के सिपाहियों ने प्रात: अंधेरे में विशुनपुर गवडुआ ग्राम को घेर लिया और गाँव पर हमला बोल दिया। गाँववालों ने हमले का विरोध किया, पुलिस ने गाँव के कई स्थानों पर आग लगा दी और गाँव से बाहर निकलने वालों पर गोलियों से बौछार करने लगी। तत्काल दो किसान गोली लगने से मारे गए, दर्जनों घायल हो गए, बहुत से लोग गिरफ्तार किए गए।

गोली से मारे गए किसान हैं—

1. सुखराज कुर्मी पुत्र बेचन कुर्मी।
2. झिनकू पुत्र खानिक कुर्मी।
3. काशी पुत्र हरदयाल कुर्मी (पुलिस की मार से घायल हो गए थे, 15 दिन बाद जेल में मर गए)।

गिरफ्तार लोगों में कुछ लोग माफी माँग लिए और छोड़ दिए गए। परंतु जिन लगों के ऊपर मुकदमे चलाए गए, उनकी सूची इस प्रकार है—

जिन किसानों पर मुकदमे चलाए गए उन्हें एक-एक बरस कैद तथा 15-15 बेंत की सजा दी गई, सभी लोग गोरखपुर जेल में बंद किए गए।

सजा पाने वाले किसान—

1. रामदेव पुत्र फेकू कुर्मी।
2. त्रिलोक पुत्र जद्दू कुर्मी।
3. जनकराज पुत्र परमेश्वर लोहार।
4. नगई पुत्र रुपई लोहार।
5. छोटू उर्फ हरिवंश पुत्र रामकिशुन कुर्मी।
6. रामधारी पुत्र बृजमोहन कुर्मी।

7. शिवदत्त पुत्र बिशुन कुर्मी।
8. सरजू पुत्र रामसुभग कुर्मी।
9. तिलकधारी पुत्र जद्दू तेली।
10. रामजतन पुत्र किरतारथ कुर्मी।
11. सरजू पुत्र किरतारथ कुर्मी।

उपरोक्त सभी जेल यात्री पूरी सजा काटकर जेल से छूटे। इन सभी को राजनैतिक पेंशन प्रांतीय सरकार उत्तर प्रदेश तथा केंद्र सरकार से मिल रही थी, इनमें जो लोग अब मर गए हैं उनके आश्रित विधवाओं को पेंशन मिल रही है।

उत्तर प्रदेश सरकार ने 1994-95 में गोली से मर गए लोगों का स्मारक बनवाया है। स्मारक के स्थान पर हर वर्ष 15 अगस्त, 28 अगस्त, 9 अगस्त, 26 जनवरी को शहीद मेला का आयोजन स्थानीय तथा क्षेत्रीय लोगों द्वारा होता है। खेल,कूद तथा सभा व मेला भी होता है, जिसमें हजारों लोग सम्मिलित होते हैं।

5. सेखुई

महराजगंज जिले के मिठौरा विकास खंड क्षेत्र के सेखुई गाँव में प्राचीन शिव मंदिर स्वतंत्रता आंदोलन और भगवान् शिव से जुड़ी एक कथा है। यह गाँव स्वतंत्रता सेनानियों का गाँव कहा जाता है। इस गाँव का एक प्राचीन शिव मंदिर भक्तों की अटूट आस्था से जुड़ा हुआ है।

इस मंदिर में स्थित शिवलिंग को कभी अंग्रेजों ने हथियार से प्रहार कर तोड़ने की कोशिश की थी। वह भी इसलिए कि वे यहाँ की स्वतंत्रता संग्राम सेनानियों को पकड़ने आए थे, और असफल रह गए थे। वहीं शिवलिंग तोड़ने में असफल अंग्रेजों के सभी घोड़े गाँव से निकलते ही मर जाते थे। जबकि गाँव से कुछ ही दूर निकलने के बाद एक भी अंग्रेज नहीं बचते थे।

मंदिर के पुजारी जोगिंदर मिश्र के अनुसार यहाँ के स्वतंत्रता संग्राम सेनानियों को पकड़ने के लिए कुछ अंग्रेज अधिकारी अपनी सेना की एक टुकड़ी के साथ आनेवाले थे। लेकिन अंग्रेजों के आने से पहले ही भगवान् शिव की महिमा से किसी ने स्वप्न देखा और अंग्रेजों के आने की जानकारी मिल गई। और सभी क्रांतिकारी सजग होकर गाँव से भाग गए।

संदर्भ

1. पूर्वांचल में स्वाधीनता संघर्ष—डॉ. कृष्ण कुमार पांडेय, पृ. 47

अध्याय : 8

आजादी के बाद स्वतंत्रता की रक्षा करनेवाले विशिष्ट जनों की भूमिका

भारत बहुत सारे संघर्षों का गवाह रहा है और स्वतंत्रता के बाद भारत द्वारा लड़े गए युद्ध की एक लंबी सूची है। हमारी इतिहास की किताबें उन युद्धों से जुड़ी कहानियों से भरी हैं, जो भारतीय सैनिकों ने आंतरिक और बाह्य दुश्मनों से लड़ी हैं। पानीपत की पहली लड़ाई से लेकर अंग्रेजों के साथ आजादी के लिए 300 साल लंबा अहिंसक संघर्ष! भारत ने एक लंबा सफर तय किया है। भौगोलिक रूप से एक देश के रूप में, भारत उन अनुकूल पड़ोसियों के साथ धन्य नहीं है जिनके परिणामस्वरूप अब और फिर छोटे संघर्ष होते हैं।

भारतीय सेना ने हमारे विदेशी समकक्षों के साथ जो युद्ध किए हैं, उन्होंने सेना को दुनिया की सबसे शक्तिशाली सेनाओं में से एक के रूप में स्थापित करने में मदद की है। कुछ सबसे अधिक आइकॉनिक युद्ध, जिन्होंने विश्व के लोगों को आकृष्ट किया है, वे हैं भारत- पाकिस्तान युद्ध और भारत-चीन युद्ध। स्वतंत्रता के बाद भारत द्वारा लड़े गए सभी युद्धों के बारे में बहुत सारे विवरण हैं जो हर भारतीय को पता होना चाहिए।

भारत पाकिस्तान और चीन सहित कई देशों के साथ अपनी सीमा साझा करता है, फिर भी दोनों देश भारतीय सेना के साथ टकराव में हैं! आजादी के बाद भारत द्वारा लड़े गए सभी युद्ध भारत के इन दो पड़ोसियों के साथ हैं। ये दोनों देश, पश्चिम में एक जबकि उत्तर में अन्य, सीमाओं के साथ अशांति पैदा करने के लिए कोई भी स्वतंत्र पोस्ट नहीं छोड़ते हैं।

कश्मीर युद्ध का अवलोकन नीचे दिया गया है। कश्मीर विभाजन के बाद, डोगरा राजवंश के महाराजा हरि सिंह, जो उस समय कश्मीर राज्य के शासक थे, ने एक स्वतंत्र राज्य के रूप में रहना चुना। हालाँकि, पाकिस्तान द्वारा कश्मीर को देश का अभिन्न हिस्सा बनाने के लिए तनाव और दबाव बनाया था। इस दावे के लिए पाकिस्तान द्वारा कारण

सामने रखा गया था कि कश्मीर की 3/5वीं आबादी मुस्लिम बहुल थी और वह भारत सरकार से खुश नहीं थी। कश्मीर के क्षेत्र पर कब्जा करने के लिए पाकिस्तान के लगातार कदमों के बाद, डोगरा के महाराजा को 2 अक्तूबर, 1948 को भारत में शामिल होने के लिए कोई विकल्प नहीं बचा था। कश्मीर घाटी को आधिकारिक तौर पर भारत सरकार को हस्तांतरित कर दिया गया था। हालाँकि, हरि सिंह ने कुछ शर्तें रखीं। इस प्रकार, राजा की भावनाओं का सम्मान करने के लिए, पीएम नेहरू ने विशेष आदेश पारित किए, जिसके अनुसार कश्मीर को भारत के राज्य के रूप में घोषित किया गया था, लेकिन एक स्वायत्त स्थिति के साथ। इससे आहत होकर पाकिस्तान ने भारत पर युद्ध की घोषणा कर दी जो थोड़े समय के लिए जारी रही। यह स्वतंत्रता के बाद भारत द्वारा लड़े गए सभी युद्धों में से पहला था। हालाँकि, संयुक्त राष्ट्र द्वारा खींची गई भारत और पाकिस्तान के बीच युद्ध विराम रेखा की स्थापना के साथ युद्ध समाप्त हो गया।

इस युद्ध के बीज तब बोए गए थे जब चीन, भारत और चीन की सीमा के रूप में मैकमोहन रेखा को स्वीकार करने के लिए अपने शब्दों से पीछे हट गया था। 20 जुलाई, 1962 को चीनी सैनिकों ने सीमा पार कर तिब्बत पर कब्जा कर लिया। भारत को भरोसा नहीं था कि एक युद्ध हो सकता है और इसलिए वे सैनिकों की तैनाती के बारे में बहुत गंभीर नहीं थे। हालाँकि, चीनी सेना ने सभी प्रकार के संचारों को काट दिया और भारतीय सेना पर हमला करके बादलों को साफ कर दिया कि यह एक 'युद्ध' है। एक लंबा युद्ध हुआ, जिसमें चीनी पक्ष के 80,000 सैनिक और भारतीय पक्ष के 20,000 सैनिक थे, चीन विजयी रहा।

दूसरी बार भी, पाकिस्तान ने युद्ध की शुरुआत की जब लगभग 33,000 पाकिस्तानी सैनिकों ने भारतीय सीमा में प्रवेश किया। यह पोस्ट, भारतीय सेना ने अपनी योजना को निष्प्रभावी करने के लिए संघर्ष विराम रेखा को पार किया। इसके बाद, दोनों देशों के बीच एक गंभीर युद्ध हुआ और यह आजादी के बाद भारत द्वारा लड़े गए सभी युद्धों में से दूसरा था। पहले युद्ध के बाद, भारत और पाकिस्तान के बीच तनाव को रोकने का कोई रास्ता नहीं मिला। अब और फिर दोनों देशों के बीच नियमित विवाद थे। इस प्रकार इस मुद्‌दे को संबोधित करने के लिए, ताशकंद में एक भारत पाकिस्तान शिखर सम्मेलन आयोजित किया गया था। भारत के प्रधानमंत्री लाल बहादुर शास्त्री और पाकिस्तान के राष्ट्रपति अयूब खान ने बैठक में भाग लिया। उनके साथ ही प्रीमियर कोश्यिन थे जिन्होंने सोवियत संघ की ओर से काम किया और देशों के बीच तनाव को सुलझाने के लिए मध्यस्थ के रूप में काम किया। बैठक ताशकंद घोषणा-पत्र पर हस्ताक्षर के साथ समाप्त

हुई। यद्यपि दोनों देशों के नेताओं ने ताशकंद घोषणा-पत्र पर हस्ताक्षर किए, लेकिन इसका कोई मूल्य नहीं था।

तत्कालीन प्रधानमंत्री, इंदिरा गांधी पूर्वी कश्मीर या वर्तमान बांग्लादेश से पाकिस्तान की सेना को हटाने के लिए थीं। इसके परिणामस्वरूप बांग्लादेश मुक्ति युद्ध 15 दिनों तक लड़ा गया था। यह युद्ध पाकिस्तानी सेना के हाथों बहुत अधिक रक्तपात और मानव अधिकारों के उल्लंघन का गवाह था। इस युद्ध में भारतीय सेनाओं का ऊपरी हाथ था क्योंकि उन्होंने पाकिस्तान की सेना, नौसेना बल और वायु सेना को पूरी तरह से नष्ट कर दिया था। वास्तव में, कुल 90,000 पाकिस्तानी सैनिकों को भारतीय बलों द्वारा POW के रूप में लिया गया था। INS विक्रांत जैसे कई युद्धपोतों ने भी भारत में ऑपरेशन पाइथन और ऑपरेशन ट्राइडेंट के नाम पर PNS गजनी, PNS खैबर, PNS मुहाफिज, PNS शाहजहाँ का सफाया करने में महत्त्वपूर्ण भूमिका निभाई। पाकिस्तानी सेना द्वारा शिमला समझौते पर हस्ताक्षर करने और आधिकारिक रूप से भारतीय सेना के सामने आत्मसमर्पण करने के साथ युद्ध समाप्त हो गया।

कारगिल युद्ध का प्रमुख कारण पाकिस्तानी सेना द्वारा भारत के आगे के जमीन पर कब्जा करना था। इसके चलते भारतीय सेना ने ऑपरेशन विजय शुरू किया, जबकि पाकिस्तानी सेना ने ऑपरेशन बद्र को लांच किया। इसके अतिरिक्त, भारतीय वायु सेना ने ऑपरेशन सफेद सागर का शुभारंभ किया। इस युद्ध में भारतीय वायु सेना द्वारा मिराज 2000 विमानों को शामिल करना भी देखा गया। IAF ने पाकिस्तानियों की तैनाती पर भारी बमबारी की और उनके आपूर्ति मार्ग और बंकरों को नष्ट कर दिया। लंबी लड़ाई के बाद, पीएम अटल बिहारी वाजपेयी ने 11 जुलाई, 1999 को कारगिल युद्ध में भारत को विजयी घोषित किया।

भारत आजादी के शुरुआती दौर से युद्धों का शिकार रहा है। भारतीय सेना ने हमेशा आजादी के बाद भारत द्वारा लड़े गए सभी युद्धों में अपना 100 प्रतिशत दिया है। लेकिन युद्ध कभी भी किसी भी देश या उसके लोगों या सैनिकों के लिए खुशी नहीं लाते हैं। धन, समय और संसाधनों को नष्ट करने के अलावा सबसे अधिक मूल्यवान मानव संसाधन है जिसकी तुलना किसी भी अन्य चीज से नहीं की जा सकती है। इन युद्धों में विपक्षी सेना के साथ-साथ हमारी सेना ने भी अपने सैनिकों को खोया है वह हमारे लिए बहुत ही कीमती थे।

कारगिल विजय दिवस यानी 26 जुलाई स्वतंत्र भारत के लिए एक खास दिन है। लगभग 60 दिनों तक चलनेवाला कारगिल युद्ध 26 जुलाई को समाप्त हुआ और इसमें

भारत की विजय हुई। इस दिन को कारगिल युद्ध में शहीद हुए जवानों के सम्मान के रूप में मनाया जाता है। देश के मान और सम्मान में महराजगंज के सपूतों ने भी अपना सर्वस्व न्योछावर कर दिया। हर महराजगंज वासी अपने शहीद जवानों के बलिदान पर गर्व करते हैं।

सैनिक ग्राम - उदित पुर

सैनिक गाँव उदित पुर, उत्तर प्रदेश के महराजगंज जिले की फरेंदा तहसील में स्थित है। यह तहसील फरेंदा से 8 किमी. जिला मुख्यालय महराजगंज से 38 किमी. तथा भारत नेपाल के सीमा से इसकी दूरी लगभग 55 किलोमीटर है। यह गोरखपुर-सोनौली मार्ग पर स्थित है। उदितपुर की कुल जनसंख्या 600 है, उदितपुर गाँव में करीब 90 घर हैं।

सन् 1910 में इस गाँव को बसाने की शुरुआत की गई। उस समय उत्तर प्रदेश नादर्न प्रोविंसेस का हिस्सा हुआ करता था और वर्तमान जिला महराजगंज, जनपद गोरखपुर का एक भाग था। उस समय गोरखा सैनिकों की भर्ती वर्तमान आनंद नगर रेलवे स्टेशन पर होती थी। वहाँ पर सेना में भर्ती करने के लिए आनेवाले अग्रेंज सैन्याधिकारियों ने गोरखा सैनिकों की समस्या को नजदीक से देखा। जब उनको यह पता चला कि अवकाश पर जानेवाले गोरखा सैनिक कई-कई दिनों तक पैदल चलकर अपने घर तक पहुँचते हैं और अवकाश समाप्त होने के कई दिन पहले अपने घर से यूनिट के लिए निकल पड़ते हैं, तो उन्होंने सोचा कि क्यों न यहीं पर इन सैनिकों का एक गाँव बसा दिया जाए जिससे इन सैनिकों को पैदल चलने से छुटकारा मिल जाए।

लेहड़ा रियासत (अब तहसील फरेंदा) के जंगलों को काटकर सबसे पहले इस स्थान पर गोरखा रेजिमेंट के पाँच सैनिकों—छविलाल गुरंग, पदम सिंह थापा, रणजीत सिंह गुरंग, हीरा सिंह गुरंग तथा बुद्धमान गुरंग के परिवारों को बसाया गया। इसके बाद सेना में भर्ती होने के इच्छुक कुछ परिवार यहाँ आकर बस गए। पहले यह गाँव नेपाली टोला के नाम से जाना जाता था इस गाँव के हर घर से कोई न कोई सैन्य सेवा से जुड़ा हुआ है।

वर्ष 2012 में इस गाँव को सैनिक गाँव की मान्यता देने के लिए महराजगंज की तत्कालीन डीएम श्रीमती सौम्या अग्रवाल ने सराहनीय प्रयास किया। उनके ही प्रयासों से मई 2012 में यह गाँव सैनिक ग्राम घोषित हो सका। इस गाँव के लोगों ने वर्ष 2020 में गोरखा गाँव सुधार समिति बनाया जिसका उद्देश्य गाँव के लोगों की प्रत्येक समस्या को

गाँव में ही निपटाना है। आज भी इस गाँव के लोग किसी समस्या को लेकर पुलिस के पास नहीं जाते। गाँव के बुजुर्ग ही समस्या का निपटारा करते हैं।

जनपद महराजगंज का जिला सैनिक कल्याण एवं पुनर्वास कार्यालय की स्थापना सन् 1992 को हुआ था, प्रारंभ में किराए के मकान में हनुमानगढ़ी रोड, पकड़ी बुजुर्ग, महराजगंज में कार्यालय स्थापित किया गया था। सन् 2002 में कार्यालय भवन के मौजूदा जगह में निर्माण शुरू हुआ और दिनांक 16.5.2005 में इस भवन में स्थानांतरित हुआ।

जिला सैनिक कल्याण एवं पुनर्वास अधिकारियों की सूची

क्र.सं.	रैंक	नाम	कब से	कब तक
1.	ले. कर्नल	जी.एस. थापा (अ.प्रा.)	20.8.1991	31.7.1995
2.	एस.डी.एम. (सदर)	-	01.8.1995	04.7.2018
3.	विंग कमांडर	पी.डी. शुक्ला (अ.प्रा.)	05.7.2018	02.3.2020
4.	ले. कर्नल	के.ए. मैथ्यू (अ.प्रा.)	03.3.2020	15.12.2020
5.	एस.डी.एम. (सदर)	-	16.12.2020	25.3.2021
6.	कर्नल	धीरेंद्र नाथ राय (अ.प्रा.)	26.3.2021	कार्यरत

पूर्व सैनिकों/विधवाओं की संख्या

		थल सेना	नव सेना	वायु सेना	कुल
पूर्व सैनिक	पंजीकृत	976	72	76	1124
	जीवित		717		-
	मृत्यु		407		-
		थल सेना	नव सेना	वायु सेना	कुल
विधवाएँ	पंजीकृत	227	21	19	267
	जीवित		126		-
	मृत्यु		141		-

द्वितीय विश्वयुद्ध के पूर्व सैनिकों/विधवाओं की सूची

क्र.सं.	पूर्व सैनिकों/ दिवंगत सैनिक की पत्नियों का नाम	नंबर रैंक नाम	पता	2021 में उम्र
1	-	नं. 7537199 सिपाही परदेशी	ग्राम-राजमंदिर, पो. राजा सिसवा, तहसील-सदर, जनपद-महराजगंज	93 वर्ष
2	-	नं. 961238 सिपाही सनाउल्लाह	ग्राम-जिगिनिहा, पो.-कैशौली, तहसील-फरेंदा, जनपद-महराजगंज	101 वर्ष
3	श्रीमती सुशीला उर्फ कौशल्या	नं. 831567 स्व. सिपाही दमड़ी	ग्राम व पो. माधोनगर, तहसील-सदर, जनपद-महराजगंज	89 वर्ष
4	श्रीमती रामरती	नं. 175186 स्व. सिपाही बालेश्वर	ग्राम व पो. भिटौली, तहसील-सदर, जनपद-महराजगंज	80 वर्ष
5	श्रीमती नजबुन	नं. 175186 स्व. सिपाही बालेश्वर	ग्राम व पो.—कोटामुकुंदपुर, तहसील-सदर जनपद-महराजगंज	86 वर्ष
6	श्रीमती सावित्री	नं. 6528047 स्व. सिपाही धर्मराज	ग्राम व पो. बेलौहा, तहसील-फरेंदा, जनपद-महराजगंज	77 वर्ष
7	श्रीमती लल्ली	नं. 112037 स्व. सिपाही भागीरथी	ग्राम-नौवाबारी, पो.-ठूठीबारी, तहसील-निचलौल, जनपद-महराजगंज	84 वर्ष
8	श्रीमती गुलाइची	नं. 122731 स्व. सिपाही विंध्याचल	ग्राम-घघरू आखडेसर, पो.-बसंतपुर, तहसील-सदर, जनपद-महराजगंज	90 वर्ष
9	श्रीमती अकलीमुन निशा	नं. 852998 स्व. सिपाही अब्दुल हुसैन	ग्राम व पो. हरखपुरा, तहसील-सदर, जनपद-महराजगंज	87 वर्ष

10	श्रीमती छल कुमारी	नं. 5733288 स्व. सिपाही कर्ण बहादुर	ग्राम-कुरवाटोला, पो.-नौतनवा, तहसील-नौतनवा, जनपद-महराजगंज	95 वर्ष
11	श्रीमती पियारी देवी	नं. 34031 स्व. सिपाही रामजनम	ग्राम-चैनपुर, पो.-बृजमनगंज, तहीसल-फरेंदा, जनपद-महराजगंज	100 वर्ष

भारत-पाक के 1971 युद्ध की स्वर्ण जयंती (विजय दिवस) युद्ध में भाग लिए सैनिक का विवरण

क्रं.	नाम
1.	आ. कैप्टन अंबिका प्रसाद गुप्ता
2.	आ. कैप्टन हरी बहादुर गुरुंग
3.	आ. कैप्टन मान सिंह गुरुंग
4.	आ. कैप्टन जहीर खान
5.	सू. मेजर एस.बी. गुरुंग
6.	सू. मेजर राम कुमार थापा
7.	ना. सू. राम बहादुर
8.	हवलदार हस्त बहादुर थापा
9.	नायक मन बहादुर
10.	नायक होम बहादुर थापा
11.	सिपाही तूल बहादुर थापा
12.	सिपाही राम बहादुर राइ
13.	सिपाही पूरन सिंह क्षत्री
14.	सिपाही शेर बहादुर
15.	सिपाही ईश्वर दास राना
16.	सूरज कुमार थापा

महराजगंज के शहीदों की सूची

महराजगंज जनपद में 02 सैनिक शहीद हुए हैं, दोनों कारगिल युद्ध 1999 में शहीद हुए—

1. अमर शहीद राइफल मैन पूरन बहादुर थापा,
   19 JAK RIF, No. 13761575
   कारगिल शहीद क्षेत्र पर 28-5-1999 को शहीद।
2. अमर शहीद हवलदार प्रदीप कुमार थापा
   3/4 J&K GR No. 5343538H
   आपरेशन विजय (08 Rkshna) J&K

कारगिल की ऊँची चोटियों पर भारत-पाक के बीच हुए युद्ध में महराजगंज के पूरन बहादुर थापा और प्रदीप कुमार थापा भी शहीद हो गए थे। पूरन बहादुर के भाई श्याम थापा भी भारतीय सेना में नायक पद पर लद्दाख क्षेत्र में कार्यरत हैं। इनका छोटा भाई अशोक खेती करता है। अशोक भी सेना में भर्ती होना चाहता था परंतु शारीरिक रूप से अनफिट होने के कारण सेना में भर्ती नहीं हो पाया।

नौतनवा कस्बा के महेंद्र नगर निवासी शहीद, प्रदीप कुमार थापा के दोनों पुत्र सेना में रहकर देश सेवा कर रहे हैं। बड़े पुत्र अकर बहादुर थापा सेना से सेवानिवृत्त होकर बच्चों के साथ दिल्ली में रहते हैं। तथा छोटे पुत्र केहर बहादुर थापा भारतीय सेना में पालमपुर में तैनात हैं। दोनों शहीद नौतनवा सहित महराजगंज के सभी तैनात हैं। दोनों शहीद नौतनवा सहित महराजगंज के सभी युवाओं को देश-सेवा के प्रति जागरूक कर गए।

शहीद पंकज त्रिपाठी

उत्तर प्रदेश के महराजगंज स्थित फरेंदा क्षेत्र के हरपुर बेलहिया निवासी पंकज त्रिपाठी भी पुलवामा हमले में शहीद हुए थे। पंकज सीआरपीएफ में चालक के पद पर तैनात थे। पंकज अपने पीछे प्रतीक के रूप में एक बेटा छोड़ गए। प्रतीक का जन्म 2016 में हुआ था। पंकज की शहादत के समय पत्नी रोहिणी गर्भवती थी। कुछ समय बाद शहीद के घर किलकारी गूँजी और शहीद की पत्नी ने बेटी को जन्म दिया। शहीद पंकज के बारे में बताते हुए पत्नी की आँखें नम हो जाती हैं। शहीद की पत्नी ने बताया कि पुलवामा हमले के बाद देर रात सीआरपीएफ कमांडेंट ने पहले फोन कर पिता ओमप्रकाश त्रिपाठी को पंकज के लापता होने की सूचना दी। फिर अगले दिन सुबह उनके शहादत की खबर घर पहुँची।

संदर्भ ग्रंथ सूची

1. अक्षय कुमार : राघव दास स्मृति ग्रंथ, सेवापुरी, वाराणसी, 1963।
2. अबुल फजल : आइन-ए-अकबरी
3. अब्दुर्रहमान गोहुआँसागरी : गोरखपुर का इतिहास, 2012
4. अभ्युदय (मासिक) : जोन्हिया ट्रेन डकैती।
5. अमर उजाला-गोरखपुर, 21.01.2008 एवं 04.02.2008।
6. अयोध्या सिंह : भारत का मुक्ति संग्राम, प्रकाशन संस्थान, नई दिल्ली।
7. अरुण कुमार त्रिपाठी : कथा नाथपंथ की, सं. 2022
8. अरुण कुमार त्रिपाठी : नवनाथ, सं. 2022
9. अरुण कुमार त्रिपाठी : नाथ संप्रदाय के सिद्धयोगी, सं. 2020
10. अर्ली हिस्ट्री ऑफ इंडिया बी.ए. स्मिथ
11. आर्कियोलॉजिकल सर्वे ऑफ इंडिया रिपोर्ट के कई जिल्द।
12. वही, आजमगढ़ (डी.एल.ब्रोकमैन-सं.), 1911।
13. वही, गोरखपुर (ओमप्रकाश-सं.), 1987
14. वही, गोरखपुर, सप्लिमेंट्री नोट्स 1931-32, 1935।
15. वही, बस्ती (इलाहाबाद), 1907।
16. वही, बस्ती (कैलाश नारायण पांडेय-सं.), 1988।
17. वही, आजमगढ़ (बलवंत सिंह-सं.), 1989।
18. उत्तर प्रदेश हिंदुस्तान (दैनिक), गोरखपुर, 12 नवंबर, 2013।
19. उदयभान मिश्र : रामग्राम से कामाख्या तक, साक्षी प्रकाशन दिल्ली, 2007
20. कन्हैया लाल मिश्र : उत्तर प्रदेश स्वतंत्रता संग्राम की झाँकी।
21. किंग इम्परर बनाम जामिन अली वगैरह, मुकदमा नं. 17/28 (जी) 1939 पिपरीडीह ट्रेन डकैती केस, फैसला दिनांक 18.12.1939।
22. कैंब्रिज हिस्ट्री ऑफ इंडिया, जिल्द 1,3,4,5,6
23. जगदीश नारायण श्रीवास्तव : पूर्वी उत्तर प्रदेश का साहित्यिक परिषद, भाग-1 एवं भाग-2, अमरसत्य प्रकाशन, दिल्ली, 2011।
24. जनवार्ता-बनारस : स्वतंत्रता की लड़ाई और गोरखपुर।

25. जार्ज वेस्टन ब्रिग्स : गोरखनाथ एंड दी कनकटा योगीज, कलकत्ता सं. 1938
26. टाइम्स ऑफ इंडिया : 19.8.1942 एवं 29.8.1942।
27. ठाकुर प्रसाद सिंह : स्वतंत्रता संग्राम के सैनिक, जिला आजमगढ़, सूचना एवं प्रकाशन विभाग, उत्तर प्रदेश, लखनऊ।
28. डॉ. अनिल कुमार श्रीवास्तव : चौरी-चौरा का स्वातंत्र्य समर, लीला प्रकाशन, गोरखपुर, 1986।
29. डॉ. अर्जुन सिंह : बाबा राघवदास, शिल्पी प्रकाशन, इलाहाबाद 1993
30. डॉ. कृष्ण कुमार पांडेय : सरयूपार के युगपुरुष, नमन प्रकाशन, नई दिल्ली, 2020।
31. डॉ. कृष्ण कुमार पांडेय : पूर्वांचल में स्वाधीनता संघर्ष, राधा पब्लिकेशन, नई दिल्ली, 2021
32. डॉ. दानपाल सिंह : गोरखपुर परिक्षेत्र का इतिहास, गोरखपुर, 2006
33. डॉ. दिवाकर प्रसाद तिवारी : गोरखपुर परिक्षेत्र का इतिहास, प्राच्य अध्ययन मण्डल, देवरिया, 2004।
34. डॉ. पी. एन. चोपड़ा : हू इज हू ऑफ इंडियन मार्टेयर्स, 1857, खंड-3, गवर्नमेंट ऑफ इंडिया, मिनिस्ट्री ऑफ एजुकेशन सोशल वेलफेयर, एंड कल्चर, 1973
35. डॉ. पी.एन. चोपड़ा : हू इज हू ऑफ इंडियन मार्टेयर्स 1857 खंड-3 गवर्नमेंट आफ इंडिया, मिनिस्ट्री ऑफ एजुकेशन सोशल वेलफेयर एंड कल्चर 1973
36. डॉ. महेंद्र प्रताप सिंह : 1857 का महा समर और पूर्वी उत्तर प्रदेश, इतिहास दृष्टि, गोरखपुर, 2013।
37. डॉ. रविंद्र श्रीवास्तव : गोरखपुरिया के बहाने, नमन प्रकाशन, नई दिल्ली, 2015
38. डॉ. राजबली पांडेय : गोरखपुर जनपद और उसकी क्षत्रिय जातियों का इतिहास : ठाकुर महातम राव, पब्लिशर और बुकसेलर, गोरखपुर, 1946।
39. डॉ. राधेश्याम तिवारी : संक्षिप्त जीवन परिचय पूज्य महंत दिग्विजय नाथ जी महाराज, उ.प्र. हिंदू महासभा, लखनऊ
40. डॉ. वेद प्रकाश पांडेय, शहरनामा गोरखपुर : वाणी प्रकाशन, नई दिल्ली, 2017
41. डॉ. सुरति नारायण मणि त्रिपाठी, ए कामनर्स स्ट्रगिल इन लाइफ, एजुकेशनल एंड सोशल ट्रस्ट, गोरखपुर, 2013
42. दिग्दर्शक (साप्ताहिक, देवरिया) : बाबा राघवदास जयंती विशेषांक, 1969।
43. दीनानाथ व्यास : 1942 का महान विप्लव।
44. दैनिक जागरण, गोरखपुर : 16.8.2001, 06.4.2005, 06.4.2006 एवं 14.8.2020
45. पं. गंगाधर मिश्र : भारतवर्ष में ब्रिटिश साम्राज्य
46. पं. सुंदरलाल : भारत में अंग्रेजी राज
47. पी.के. लाहिड़ी एवं डॉ. के. के. पांडेय : आईने-गोरखपुर, सुधा संस्मृति संस्थान, गोरखपुर, 2018।
48. प्रो. शिब्बन लाल सक्सेना : प्रो. शिब्बन लाल सक्सेना का संक्षिप्त जीवन-चरित, शारदा प्रेस, गोरखपुर, 1977।
49. फूल बदन सिंह : आजमगढ़ का स्वाधीनता संग्राम, खंड-1, आजमगढ़, 1974।
50. बाबू कुँवर बहादुर : श्री अयोध्या दास जी की संक्षिप्त जीवनी, सं. 1940
51. भगवती प्रसाद सिंह (सं.) राष्ट्रीय स्वाधीनता संघर्ष और गोंडा जनपद, शिवम् प्रिंटर्स प्रेस, वाराणसी, 1993।
52. भारतीय इतिहास की रूपरेखा—जयचंद्र विद्यालंकार
53. मन्मथ नाथ गुप्त : आजादी के सौ वर्ष।
54. मन्मथ नाथ गुप्त : भारतीय क्रांतिकारी आंदोलन का इतिहास।
55. महाभारत

56. मार्क्स एंगेल्स, द फर्स्ट इंडियन वार ऑफ डिपेंडेंस, 1857-58, प्रोग्रेस पब्लिशर्स, मास्को, 1978।
57. यशवंत राव : श्रीनेत राजवंश सतासी, विजय बहादुर संस्कृति निधि, लखनऊ, 2015
58. रघुवंश—कालिदास कृत
59. राजश्री तिवारी : स्वतंत्रता आंदोलन में गोरखपुर का योगदान (1880-1947), शोध-प्रबंध, इलाहाबाद, विश्वविद्यालय, इलाहाबाद, 1988
60. राजेश चौहान : 1857 के क्रांतिकारी, राजा पाकेट बुक्स, दिल्ली, 2014।
61. राजेश त्रिपाठी : जहाँ चरन पड़े रघुवर के, किताबघर प्रकाशन, नई दिल्ली, 2015।
62. रामदेव शुक्ल (सं.) : सुधाबिंदु त्रिपाठी ग्रंथावली, सुधा संस्मृति संस्थान, गोरखपुर, 2012।
63. रामप्रसाद पांडेय : गोरखपुर जनपद का इतिहास
64. राष्ट्रीय सहारा, गोरखपुर, 20.9.2000, 13.7.2001, 25.8.2001, 20.7.2002, 15.8.2002 एवं 11.12.2002।
65. रुचि अग्रवाल : तालुक्केदार्स ऑफ अवध एंड द रिवोल्ट ऑफ 1857, एस.आर. साइंटिफिक पब्लिकेशन, आगरा, 2013।
66. वाल्मीकि रामायण
67. विश्वामित्र उपाध्याय : 1857 के भूले-बिसरे शहीद, भाग-2, प्रकाशन विभाग, भारत सरकार, नई दिल्ली।
68. श्यामानंद श्रीवास्तव एवं रमेश चंद महिपाल : क्रांति की ज्वाला, बिस्मिल भवन, बिस्मिल पार्क, गोरखपुर, 2005।
69. संसार : सिसई कांड—30.8.1942।
70. सरनाम सिंह सूर्यवंशी : लखनऊ की सत्तावनी क्रांति, जन कल्याण समिति प्रकाशन, लखनऊ, 2008।
71. सेंसस ऑफ इंडिया रिपोर्ट, 1865 ई.
72. वही, 1881 ई.
73. वही, 1901 ई.
74. वही, 1911 ई.
75. वही, 1931 ई.
76. वही, 1941 ई.
77. सेशन जज, गोरखपुर बनाम शिब्बन लाल सक्सेना एवं अन्य। दफा 120 बी, मुकदमा नं. 116/53, फैसला दिनांक 10.8.1944।
78. सैयद अतहर अब्बास रिजवी, फ्रीडम स्ट्रगल इन यूपी. वॉ. 4, लखनऊ
79. सैयद अहमद अली शाह, कश्फुल-बगावत, गोरखपुर, आरफिन प्रेस, मिर्जापुर, 1860।
80. सैयद नजमुल रजा रिजवी : 1857 का विद्रोही जगत—पूर्वी उत्तर प्रदेश, ओरियंट ब्लैक स्वान, हैदराबाद, 2018।
81. सैयद नजमुल रजा रिजवी : अठारहवीं सदी के जमींदार, पीपुल्स पब्लिकेशन हाउस, नई दिल्ली, 1988।
82. हिंदू राष्ट्र क्यों? : महंत दिग्विजयनाथ, अखिल भारतीय हिंदू महासभा, गोरखपुर
83. जनपद महराजगंज के बौद्ध स्थल—डॉ. परशुराम गुप्त

चित्रावली

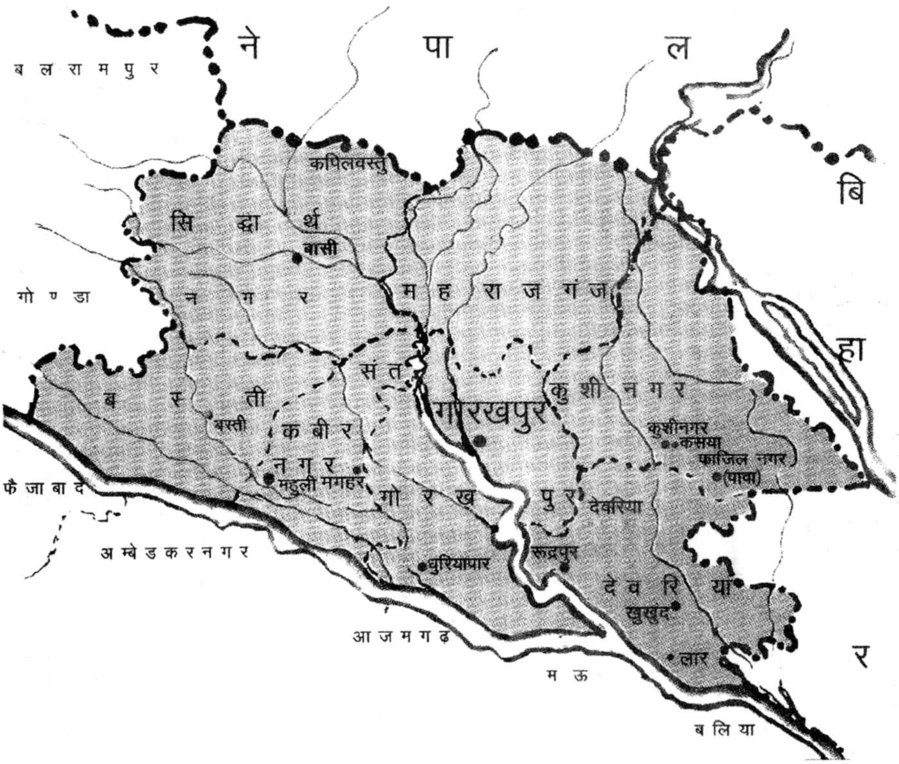

ने पा ल
ब ल रा म पु र
कपिलवस्तु
सि द्धा र्थ
बासी
गो ण्डा
न ग र
म ह रा ज गं ज
बि
हा
सं त
ब स्ती
बस्ती
क बी र
न ग र
गोरखपुर
कु शी न ग र
कुशीनगर
कसया
फाजिल नगर
(पावा)
फै जा बा द
महुली मगहर
गो र ख पु र
देवरिया
अ म्बे ड क र न ग र
धुरियापार
रुद्रपुर
दे व रि या
खुखुंद
लार
र
आ ज म ग ढ़
म ऊ
ब लि या

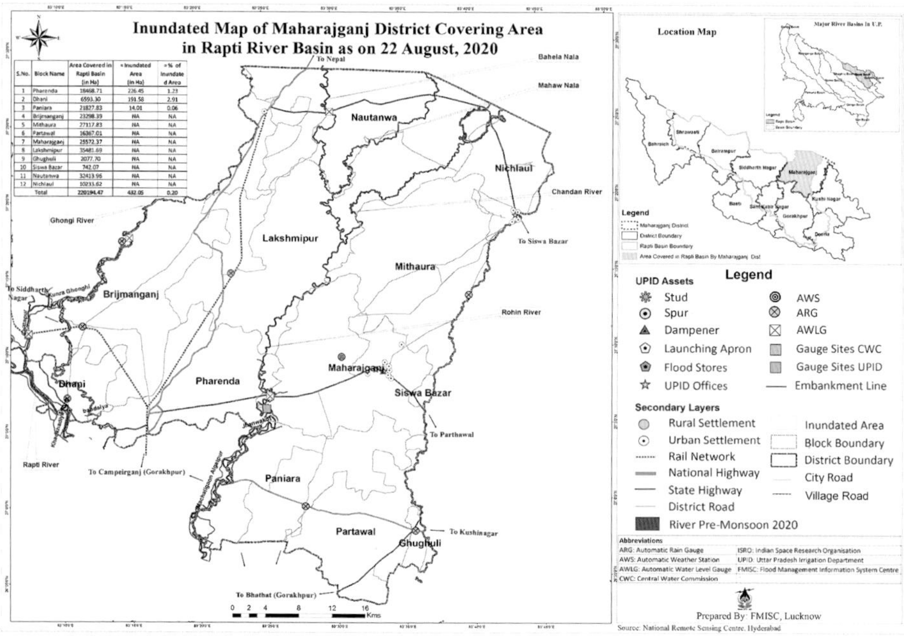

S.No.	Block Name	Area Covered in Rapti Basin (in Ha)	≈ Inundated Area (in Ha)	≈% of Inundated Area
1	Pharenda	18468.71	226.45	1.23
2	Dhani	6593.30	191.58	2.91
3	Paniara	21827.83	14.01	0.06
4	Brijmanganj	23298.39	NA	NA
5	Mithaura	27117.83	NA	NA
6	Partawal	16367.01	NA	NA
7	Maharajganj	25572.37	NA	NA
8	Lakshmipur	35481.69	NA	NA
9	Ghughuli	2077.70	NA	NA
10	Siswa Bazar	742.07	NA	NA
11	Nautanwa	32413.96	NA	NA
12	Nichlaul	10233.62	NA	NA
	Total	220194.47	432.05	0.20

वर्तमान मानचित्र

स्वतंत्रता संग्राम सेनानी शिब्बन लाल सक्सेना

स्वतंत्रता संग्राम सेनानी अशरफी लाल जी

शहीद स्मारक विशुनपुर गबडुआ, महराजगंज

स्वतंत्रता आंदोलन से गहरा नाता रखनेवाला सेखुई (मिठौरी) का शिव मंदिर

शहीद पंकज त्रिपाठी को माल्यार्पण करती उनकी पत्नी एवं बच्चे

शहीद पंकज त्रिपाठी स्मृति द्वार

अमर शहीद राइफल मैन पूरन बहादुर थापा का चित्र एवं प्रतिमा

अमर शहीद हवलदार प्रदीप कुमार थापा का चित्र एवं प्रतिमा

शहीद स्मारक महराजगंज

The Nau-Tana Tree

गोरखा गाँव
जनपद - महराजगंज
शिलान्यास

भारत-नेपाल सीमा

सोहगीबरवा वन्य जीव विहार, महराजगंज

लेहड़ादेवी मंदिर महराजगंज

इटहिया शिव मंदिर महराजगंज

बनरसिया कला (प्राचीन देवदह) का बौद्ध स्तूप